新能源
项目投资并购法律实务

华能景顺私募基金管理有限公司
北京市中盛律师事务所　编

中国政法大学出版社
2024·北京

声　明　1. 版权所有，侵权必究。
　　　　2. 如有缺页、倒装问题，由出版社负责退换。

图书在版编目（CIP）数据

新能源项目投资并购法律实务/华能景顺私募基金管理有限公司，北京市中盛律师事务所编. —北京：中国政法大学出版社，2024.3
ISBN 978-7-5764-1348-9

Ⅰ.①新… Ⅱ.①华… ②北… Ⅲ.①新能源－基本建设投资－经济法－研究－中国 ②新能源－企业兼并－经济法－研究－中国 Ⅳ.①D922.674

中国国家版本馆CIP数据核字(2024)第033381号

书　名	新能源项目投资并购法律实务
	XINNENGYUAN XIANGMU TOUZI BINGGOU FALÜ SHIWU
出版者	中国政法大学出版社
地　址	北京市海淀区西土城路25号
邮　箱	bianjishi07public@163.com
网　址	http://www.cuplpress.com (网络实名：中国政法大学出版社)
电　话	010-58908466(第七编辑部) 010-58908334(邮购部)
承　印	固安华明印业有限公司
开　本	720mm×960mm　1/16
印　张	15
字　数	245千字
版　次	2024年3月第1版
印　次	2024年3月第1次印刷
定　价	88.00元

编委会

主　编： 王志芳

副主编： 李　民

编　委： (按姓氏拼音排序)

毕　莹　窦雪扬　段亚军　谭　颀　唐　哲
李　丹　李梦瑶　李　娜　李　佳　李　娟
刘宝杰　刘尧尧　韩文玉　焦瑞平　江之光
何　焱　谢骏萍　谢倩倩　薛　达　张　鹏
张天译　张文华　周一鸣　陈士伟　孙　婷
杨　红　杨　盛　余祖丽　王　涛　王天鸽
王晓莹

序 言

看似寻常最奇崛，成如容易却艰辛。我受华能景顺私募基金管理有限公司所托，为华能景顺私募基金管理有限公司与北京市中盛律师事务所合编的新书《新能源项目投资并购法律实务》作序。忙里偷闲，拜读该书稿，才感觉岁月轮转，时序更替，中国的新能源事业也从几乎空白，到现在的太阳能、风能、生物质能、潮汐能、地热能、氢能和核能百花齐放，行业也从野蛮生长到日益规范化、法治化，作为与华能能源企业一起成长起来的能源行业从业者，置身其中，深知过程之艰辛。

时间是最伟大的书写者，忠实地记录着奋斗者的足迹。回首过去，静思往事，如在目底。中国新能源发展的每一步，无不浸透着能源人的汗水和心血。"十五"期间，华能新能源公司初登历史舞台，从岭南大地到白山黑水，从江海之滨到雪域高原，新能源建设者在风最烈、光最强的地方，快速布局，建设了一批风电、光伏项目。伴随着国家推进新能源建设和日益激烈的行业竞争，华能新能源公司坚持以质量和效益为中心，着力优化电源布局和结构，发展版图不断扩大。2020年9月22日，习近平总书记作出"3060"郑重承诺，新能源事业迎来新一轮发展机遇。在华能绿色转型升级的关键时期，华能新能源公司扛起新能源事业开拓者、践行者、推动者的大旗，立足产业优势，坚持"五个并举"开发模式，积极打造开放包容、多元合作的产业生态，在竞争激烈的能源变革大浪潮中书写了新的辉煌！

当前，实现"双碳"目标已成为全球共识，坚持长期的能源转型，保持绿色低碳发展已是大势所趋，中国也将应对气候变化作为重大国家战略，纳入经济社会发展全局。"双碳"发展投资需求剧增的环境下，作为"双碳"发展重要投资主体的电力能源企业，纷纷采取"购建并举"策略，各种形式的新能源项目并购交易方兴未艾，市场持续活跃。同时，电力能源企业面临发展战略目标超出稳健财务承受能力的"资本约束"瓶颈，纷纷探索融资创新，通过产业基金引入社会资本，创新权益融资模式和管理机制模式。

华能景顺私募基金管理有限公司由华能资本公司与美国景顺集团合资设立，依托中国华能集团和美国景顺集团，致力开展能源相关行业的私募股权投资管理业务，目前已成为国内领先的专注于新能源及其相关投资领域的私募基金管理人，旗下管理的基金主要投资于风力发电、光伏发电为主的新能源项目，早在2010年就设立了"清洁能源技术基金"（美元基金），2015年设立了国内第一支专业投资于光伏电站建设期项目的"光伏基金"，之后又先后设立了华景泰康新能源基金、华能工银清洁能源并购基金、华景新能源建设基金、华能上电新能源建设基金等新能源基金，开创了多项基金管理模式创新之先河。北京市中盛律师事务所自"光伏基金"设立起，十年来一直伴随华能景顺私募基金管理有限公司在新能源领域深耕不辍，积累了大量新能源投资并购交易的经验和案例。华能景顺私募基金管理有限公司在投资和项目管理的过程中，与我所在的华能新能源公司结成了非常紧密的合作关系，许多新能源项目的投资并购、合作建设、委托管理都是与华能新能源公司共同完成，而本书正是各方长期紧密深入合作的成果之一。

作为华能人，我们愿依托专业，厚植情怀，以愚公移山的志气，为新能源发展、为环保社会乃至生态中国的发展尽到自己的一份心力——即便我们只能发出荧荧之光，也有崇高之意。

最后，恭贺华能景顺私募基金管理有限公司在新能源研究领域取得的丰硕成果，北京市中盛律师事务所作为深耕能源领域的专业化律所，在繁忙的业务中，抽出宝贵的时间将在新能源领域的法律实务经验予以总结并编纂成书，供客户使用，供同行分享借鉴，实属不易。希望本书能引起更多人对于新能源的思考和研究，使新能源投融资领域拨开迷雾见分晓，进而促进我国新能源以及新能源法律行业的发展！

2024年3月

目 录

第一章　新能源概述　/ 1
　　第一节　新能源发展历史沿革　/ 1
　　第二节　新能源相关定义　/ 3
　　第三节　新能源发电项目分类　/ 10
　　第四节　新能源立法沿革　/ 15

第二章　新能源项目法律尽职调查关注要点　/ 21
　　第一节　集中式光伏项目　/ 21
　　第二节　分布式光伏项目　/ 52
　　第三节　陆上风电项目　/ 68
　　第四节　海上风电项目　/ 87
　　第五节　储能项目　/ 98
　　第六节　源网荷储一体化项目　/ 110

第三章　新能源项目投资并购　/ 122
　　第一节　新能源项目投资并购模式分析　/ 122
　　第二节　基金股权预付款模式合同风控要点　/ 131
　　第三节　交钥匙工程预收购模式合同风控要点　/ 137
　　第四节　户用光伏合作开发模式合同风控要点　/ 141

第四章　新能源项目并购交易法律纠纷与风险　/ 146
　　第一节　转让方与受让方签署的变更投资主体的投资合同效力纠纷　/ 146
　　第二节　投资主体变更后项目股息红利归属纠纷　/ 150

第三节　政策变化可否作为解除投资合同的依据　　　　／ 152
第四节　交易合同设计纠纷　　　　／ 157
第五节　新能源项目用地纠纷与风险　　　　／ 159
第六节　新能源项目施工建设的法律纠纷与风险　　　　／ 168
第七节　新能源项目投产运营的法律纠纷　　　　／ 185

附　录　　　　／ 191

附录1　集中式光伏发电项目开发流程法律依据　　　　／ 191
附录2　分布式光伏发电项目开发流程法律依据　　　　／ 204
附录3　陆上集中式风电项目开发流程法律依据　　　　／ 209
附录4　陆上分散式风电项目开发流程法律依据　　　　／ 213
附录5　海上风电项目开发流程法律依据　　　　／ 217
附录6　抽水蓄能项目开发流程法律依据　　　　／ 226
附录7　新型储能项目开发流程法律依据　　　　／ 229

第一章
新能源概述

第一节 新能源发展历史沿革

我国的新能源事业起步较晚，改革开放之前，我国新能源领域几乎空白，社会生活中主要利用的能源种类为煤、石油及少量天然气。随着1973年的石油危机、全世界范围内逐渐意识到传统能源对环境的污染，越来越多的国家开始关注可再生能源的开发与利用，我国也逐渐认识到可再生能源在未来能源发展中的重要地位。改革开放吹起中国新能源发展的号角，我国新能源发电产业也逐渐开启探索之路。经过四十多年的不懈摸索，通过引进、消化、吸收国外新能源领域的先进技术并在此基础上再创新，我国新能源领域发展迅速，取得的成绩主要体现在以风电和光伏发电为代表的新能源产业的超高速发展等方面。

1982年，我国将新能源技术开发列入国家重点科技攻关计划，第一次将新能源纳入国家能源发展战略。

1984年，云南半导体器件厂从国外引进了太阳能电池生产线，是国内最早引进的较为完整的太阳能电池生产线。

1985年，浙江省与欧洲共同体签订新能源开发协议，将大陈岛建设成为以风能、太阳能、潮汐能和生物质能为支撑的综合性新能源示范基地。1986年至1989年，相继建成了山东荣成马兰示范风电场、福建平潭岛风电场、新疆达坂城风电场。[1]

1995年，国家计委办公厅、国家科委办公厅、国家经贸委办公厅联合发

---

[1] 水电水利规划设计总院：《改革开放40年新能源建设成就与展望（上）》，载《中国电力企业管理》2018年第12期。

布了关于印发《新能源和可再生能源发展纲要》的通知，是我国首次以公开法规的方式宣布了国家对新能源发展的计划与展望。

1997年起，国家先后启动"光明工程"、"GEF/世行可再生能源发展项目（REDP）"、"送电到乡"、"中荷合作《丝绸之路》"等项目，光伏发电应用得到极大推广。到2005年底，全国新能源装机容量约338万千瓦。其中风电装机131万千瓦；光伏发电装机7万千瓦；生物质发电装机200万千瓦。[1]

2006年，《可再生能源法》[2]正式生效，标志着我国新能源发展进入新阶段。《可再生能源法》通过"设立可再生能源发展基金"（对所有工商用电加价来获取补贴资金）与"全额保障收购"（电网企业满额收购风电和光伏发电）两项规定，极大促进了我国可再生能源的发展。[3]

2009年，财政部、科技部、国家能源局联合发布《关于实施金太阳示范工程的通知》，决定综合采取财政补助、科技支持和市场拉动方式，加快国内光伏发电的产业化和规模化发展。

2013年7月，国务院发布《关于促进光伏产业健康发展的若干意见》，充分认识促进光伏产业健康发展的重要性，并对规范产业发展秩序、完善政策支持提出了明确的思路及目标；2013年8月，国家发展改革委发布《关于发挥价格杠杆作用促进光伏产业健康发展的通知》，明确光伏补贴从金太阳事前补贴正式转为度电补贴。

2009年7月，国家发展改革委颁布了《关于完善风力发电上网电价政策的通知》，分资源区制定了风电固定上网电价（又称"标杆上网电价"）政策，此后国家发展改革委分别于2014年、2016年、2018年进行了调整。

2020年5月，国家发展改革委、国家能源局下达《关于印发各省级行政区域2020年可再生能源电力消纳责任权重的通知》，正式提出各省2020年可再生能源电力消纳责任权重，为配额制的实施提供了保障，也为承担消纳责任的市场主体设计了责任权重。

---

[1] 水电水利规划设计总院：《改革开放40年新能源建设成就与展望（上）》，载《中国电力企业管理》2018年第12期。

[2] 为行文方便，本书中所涉及的我国的法律法规均省略"中华人民共和国"字样，如《中华人民共和国可再生能源法》简称为《可再生能源法》。

[3] 参见王敏：《我国新能源的发展历程、挑战与改革展望》，载北京大学国家发展研究院，http://nsd.pku.edu.cn/sylm/gd/507297.htm，最后访问日期：2023年10月21日。

2021年6月，国家发展改革委发布《关于2021年新能源上网电价政策有关事项的通知》，指出自2021年起，对新备案集中式光伏电站、工商业分布式光伏项目和新核准陆上风电项目，中央财政不再补贴，实行平价上网。至此，我国新能源发展进入市场化新阶段。

一系列鼓励风电、光伏发展政策出台，在刺激其快速发展的同时，风电、光伏发展也面临一系列问题，如部分地区弃风弃光率大幅增加、可再生能源补贴资金无法及时到位等，对此我国试图采取一系列手段、措施予以解决，以实现我国新能源的健康稳定发展。

第二节　新能源相关定义

一、新能源和可再生能源的定义

（一）新能源的定义

1981年联合国召开的"联合国新能源和可再生能源会议"对新能源的定义为："以新技术和新材料为基础，使传统的可再生能源得到现代化的开发和利用，用取之不尽、周而复始的可再生能源取代资源有限、对环境有污染的化石能源，重点开发太阳能、风能、生物质能、潮汐能、地热能、氢能和核能。"

20世纪90年代，联合国开发计划署将"新能源与可再生能源"明确划分为大中型水电、传统生物质能、新可再生能源（小水电、太阳能、风能、现代生物质能、地热能、海洋能）三类。

国家计划委员会（现"国家发展和改革委员会"）于1997年颁布的《新能源基本建设项目管理的暂行规定》，首次对何为新能源作出了规定，"新能源是指风能、太阳能、地热能、海洋能、生物质能等可再生资源经转化或加工后的电力或洁净燃料。凡新建的新能源设施的项目（转化或加工电力或洁净燃料）为新能源基本建设项目"。

此外，《国家发展改革委、国家能源局关于印发能源发展"十三五"规划的通知》中尽管未对新能源的范围予以界定，但在"专栏10 能源科技创新重点任"中列示了新能源的重大示范工程，即"大型超大型海上风电、大型光热发电、多能互补分布式发电、生物质能、梯级利用多联产、海岛微网、深层高温干热岩发电、海洋潮汐发电、天然气水合物探采。"通过列举的方式明确将天然气水合物也纳入其中。

从以上联合国和我国对新能源的界定，我们可以得出，新能源区别于传统化石能源，它通常指尚未大规模利用、正在积极研究开发的传统能源之外的各种能源形式。

随着技术的发展及科技的运用，核聚变、第四代核电、小型堆等核能是否应作为新能源？抽水蓄能作为一种以水能为基础的蓄能方式，在新能源开发中发挥着非常重要的作用；抽水和储存是否应按水能划分？还是可以根据其储能的特质在一定条件下归类为新能源？新能源的划分能否突破电网侧的界限，纳入电力需求响应等用户侧内容，以适应源网载储一体化的发展趋势？笔者认为，新能源的范围随着科技的发展未来将逐渐扩大。

（二）可再生能源的定义

新能源从属性上可部分归类为可再生能源，但又不完全等同于可再生能源。可再生能源实质是从能源的使用能耗上进行界定的，其含义为在自然界中不会随本身的变化或人类的利用而日益减少并有规律地得到补充的能源。

《可再生能源法》首次从法律上对"可再生能源"进行了定义和划分，"可再生能源，是指风能、太阳能、水能、生物质能、地热能、海洋能等非化石能源。"

2011年，国家能源局官网上发布了对可再生能源进行的名词解释："可再生能源是指在自然界中可以不断再生、永续利用、取之不尽、用之不竭的资源，它对环境无害或危害极小，而且资源分布广泛，适宜就地开发利用。可再生能源主要包括太阳能、风能、水能、生物质能、地热能和海洋能等。其中，生物质能包括自然界可用作能源用途的各种植物、人畜排泄物以及城乡有机废物转化成的能源，如薪柴、沼气、生物柴油、燃料乙醇、林业加工废弃物、农作物秸秆、城市有机垃圾、工农业有机废水和其他野生植物等。"

二、可再生能源配额制的定义

可再生能源配额制，是指一个国家（或者地区）用法律的形式对可再生能源发电在电力供给总量中所占的份额进行强制性规定，电价由市场决定，以推动可再生能源发展的制度。可再生能源配额制在性质上是"配额"手段在可再生能源发展领域的具体体现。配额，顾名思义，是分配的数额或数量。就其本质而言，它是国家或政府用有形的手管理和干预经济活动的一种经济手段。换句话说，是国家或政府根据产业政策和产业发展规划，通过强制性的数量或指标控制，平衡不同的利益和资源配置，以达到禁止、限制和鼓励某一产业及其发展的目的。[1]

可再生能源配额制在我国的发展经历如下阶段：

《可再生能源法》中，首次提出了关于可再生能源配额内涵的表述："国家将可再生能源的开发利用列为能源发展的优先领域，通过制定可再生能源开发利用总量目标和采取相应措施，推动可再生能源市场的建立和发展。"

2009年颁布的对《可再生能源法》的修正意见，再次重申了可再生能源配额的概念，标志着我国正式通过立法规定了"可再生能源配额制"："国务院能源主管部门会同国家电力监管机构和国务院财政部门，按照全国可再生能源开发利用规划，确定在规划期内应当达到的可再生能源发电量占全部发电量的比重"、"电网企业应当与按照可再生能源开发利用规划建设，依法取得行政许可或者报送备案的可再生能源发电企业签订并网协议，全额收购其电网覆盖范围内符合并网技术标准的可再生能源并网发电项目的上网电量。发电企业有义务配合电网企业保障电网安全。"

2010年10月，国务院颁布的《关于加快培育和发展战略性新兴产业的决定》提出"实施新能源配额制，落实新能源发电全额保障性收购制度"。

2016年2月，国家能源局发布《关于建立可再生能源开发利用目标引导制度的指导意见》指出，"国家能源局在研究制定'十三五'可再生能源规划过程中，提出各省级行政区域能源消费总量中可再生能源比重目标。"

2016年3月，国家发展改革委印发了关于《可再生能源发电全额保障性收购管理办法》的通知，明确了我国对可再生能源发电实行全额保障性收购，具体而言，要求"电网企业（含电力调度机构）根据国家确定的上网标杆电价和保障性收购利用小时数，结合市场竞争机制，通过落实优先发电制度，在确保供电安全的前提下，全额收购规划范围内的可再生能源发电项目的上网电量"。

---

[1] 李艳芳、张牧君：《论我国可再生能源配额制的建立——以落实我国〈可再生能源法〉的规定为视角》，载《政治与法律》2011年第11期。

2017年1月，国家发展改革委、财政部、国家能源局联合下发《关于试行可再生能源绿色电力证书核发及自愿认购交易制度的通知》[1]，提出"在全国范围内试行可再生能源绿色电力证书核发和自愿认购"，并明确"根据市场认购情况，自2018年起适时启动可再生能源电力配额考核和绿色电力证书强制约束交易。"

2019年5月，国家发展改革委、国家能源局印发《关于建立健全可再生能源电力消纳保障机制的通知》，"决定对各省级行政区域设定可再生能源电力消纳责任权重，建立健全可再生能源电力消纳保障机制"，具体包括"对电力消费设定可再生能源电力消纳责任权重"、"按省级行政区域确定消纳责任权重"，通过消纳保障机制，激发本地消纳潜力，促进新能源省内消纳；打破省间壁垒，促进跨省区新能源交易，实现资源大范围优化配置。

2020年2月，国家发展改革委办公厅、国家能源局联合印发《省级可再生能源电力消纳保障实施方案编制大纲的通知》，为各省级能源主管部门编制本地区实施方案作参考。

2020年5月，国家发展改革委、国家能源局下达《关于印发各省级行政区域2020年可再生能源电力消纳责任权重的通知》，正式提出各省2020年可再生能源电力消纳责任权重。至此，我国可再生能源配额制开始在各省正式落地实施，进入"年度考核"阶段。

三、可再生能源补贴的含义

为规范我国新能源项目的有序健康发展，国家采用设置可再生能源标杆电价的方式控制电价，但考虑到新能源项目建设的技术成本及发展的积极性问题，根据《可再生能源法》及现行政策规定，国家财政设立可再生能源发展基金，用以补贴具备"规模指标"的新能源项目之可再生能源标杆电价与各地煤电标杆电价（含环保电价）之差，基金的资金来源包括国家财政年度安排的专项资金和依法征收的可再生能源电价附加收入等。

四、建设规模指标的含义

"建设规模指标"作为时代的名词，见证了我国新能源行业发展初期的艰

---

[1] 该通知已失效。

辛。在发展初期，由于技术原因，新能源项目的建设成本居高不下，但为筑牢我国能源安全的根基，国家通过补贴激励企业迎难而上，然而补贴预算依旧杯水车薪。在此种情况下，为避免行业无序发展，"建设规模指标"作为控制新能源行业总量的方法应势而出。为此，国家及省级能源主管部门制定以下关于风电及光伏的年度开发计划、年度实施方案。

对于风电项目而言，2011年8月国家能源局发布的《风电开发建设管理暂行办法》规定，国务院能源主管部门负责全国风电场工程建设规划的编制和实施工作，省级政府能源主管部门根据全国风电场工程建设规划要求，编制本地区的风电场工程建设规划与年度开发计划并报国务院能源主管部门备案。在实践中，风电项目的"规模指标"通常体现为省级能源主管部门下发的"年度开发计划"类文件。也即，根据该办法规定，取得"建设规模指标"是项目获得核准的前提条件，无"建设规模指标"则无法开工建设。

对于光伏项目而言，2013年8月国家能源局发布的《光伏电站项目管理暂行办法》[1]规定，国务院能源主管部门负责编制全国太阳能发电发展规划，确定全国光伏电站建设规模、布局和省级行政区域的年度开发规模。省级能源主管部门根据国务院能源主管部门下达的本地区年度指导性"建设规模指标"和开发布局意见，编制本地区光伏电站建设年度实施方案建议。国务院能源主管部门根据全国太阳能发电发展规划，结合各地区报送的光伏电站建设和运行情况、年度实施方案建议，确认需要国家资金补贴的光伏电站的年度实施方案，下达各省（区、市）光伏电站建设年度实施方案。

同时，根据该办法规定，光伏项目采用备案制而非核准制，虽取得"建设规模指标"并非光伏项目获得备案前必须的手续，但是否获得"建设规模指标"影响项目能否获得补贴或能否顺利并网。

根据《可再生能源电价附加补助资金管理办法》的规定，新能源项目纳入"建设规模指标"管理是其纳入补助项目清单的前提条件，因此，对于新能源项目来说，只有取得"建设规模指标"，才能获得可再生能源补贴；根据国家能源局下发的《关于2021年风电、光伏发电开发建设有关事项的通知》，2019年和2020年平价风电光伏项目，可以取得"优先发电和全额保障性收购"的资格，从实践来看，平价项目如果未取得"建设规模指标"的，通常

---

[1] 该办法已失效。

无法并网。

经过多年来的鼓励措施以及技术进步，我国新能源行业进入平稳发展的阶段，随着国家新一轮能源发展目标"碳达峰碳中和"，我国开启能源革命和绿色低碳的转型，国家将不再就风电及光伏项目下达各省（区、市）的年度建设规模和指标，而是通过测算下达各省年度可再生能源电力消纳责任权重并引导各地据此安排风电、光伏发电项目建设，"建设规模指标"在一定程度上退出历史的舞台。

五、碳达峰与碳中和的定义

碳达峰是指某个地区或行业年度二氧化碳排放量达到历史最高值，然后经历平台期进入持续下降的过程，是二氧化碳排放量由增转降的历史拐点，标志着碳排放量与经济发展实现脱钩。碳中和是指某个地区或行业在一定时间内人为活动直接和间接排放的二氧化碳，与其通过"碳汇"措施吸收的二氧化碳相互抵消，实现二氧化碳"净零排放"。我国的碳达峰、碳中和发展经历了如下阶段。

2009年11月，国务院总理温家宝主持召开国务院常务会议，研究部署应对气候变化工作，决定到2020年我国控制温室气体排放的行动目标，并提出相应的政策措施和行动。会议决定，到2020我国单位国内生产总值二氧化碳排放比2005年下降40%—45%，作为约束性指标纳入国民经济和社会发展中长期规划，并制定相应的国内统计、监测、考核办法。[1]

2020年9月，为了推动我国低碳绿色发展，应对全球气候变化，我国在第七十五届联合国大会一般性辩论上提出"中国将提高国家自主贡献力度，采取更加有力的政策和措施，二氧化碳排放力争于2030年前达到峰值，努力争取2060年前实现碳中和"，正式向世界递交了我国减排的时间表。

2021年11月，国资委印发《关于推进中央企业高质量发展做好碳达峰碳中和工作的指导意见》，对至2060年，我国碳达峰、碳中和的发展提出了阶段性的目标及发展方向。

2022年10月，中国共产党二十大报告中再次提及"碳达峰碳中和"。实

---

[1]《国务院常务会研究决定我国控制温室气体排放目标》，载中央政府门户网站，https://www.gov.cn/，最后访问日期：2023年10月21日。

现碳达峰、碳中和是一场广泛而深刻的经济社会系统性变革。立足我国能源资源禀赋，坚持先立后破，有计划分步骤实施碳达峰行动。"碳达峰碳中和"再次走入人们视野，新能源领域再次引起世人关注。

六、绿色电力证书的定义

2016年2月，国家能源局发布《关于建立可再生能源开发利用目标引导制度的指导意见》指出，绿色证书是各供（售）电企业完成非水电可再生能源发电比重指标情况的核算凭证，并首次提出建立可再生能源电力绿色证书交易机制，作为可再生能源发电补贴的替代方式之一。绿色证书交易系可再生能源配额制度的具体化，当市场主体未完成可再生能源配额时，可以通过市场化的方式获得绿色证书。

七、碳交易的定义

所谓碳交易指的是温室气体排放权交易的统称，可以通俗理解为把二氧化碳的排放权当作商品来进行买卖，需要减排的企业会获得一定的碳排放配额，成功减排可以出售多余的配额，超额排放则要在碳市场上购买配额，其最早出现于1997年在日本京都签订的《联合国气候变化框架公约的京都议定书》（以下简称《京都协议书》）。《京都议定书》规定，发达国家从2005年开始承担减少碳排放量的义务，而发展中国家则从2012年开始承担减排义务。《京都议定书》规定的减排方式之一为，两个发达国家之间可以进行排放额度买卖的"排放权交易"，即难以完成削减任务的国家，可以花钱从超额完成任务的国家买进超出的额度。

2017年12月，国家发展改革委印发了《全国碳排放权交易市场建设方案（发电行业）》。2020年12月，生态环境部出台《碳排放权交易管理办法（试行）》，印发《2019—2020年全国碳排放权交易配额总量设定与分配实施方案（发电行业）》《纳入2019—2020年全国碳排放权交易配额管理的重点排放单位名单》，正式启动全国碳市场第一个履约周期。2021年7月16日，全国碳排放权交易市场启动上线交易。

第三节 新能源发电项目分类

经过多年努力，我国新能源产业已跨越起步、成长、规模化发展等阶段，"十四五"进入新的高质量跃升发展新时期。截至2022年底，风电总装机达3.65亿千瓦，光伏发电总装机达3.92亿千瓦，新增和累计装机连续多年稳居世界第一，此外，经过多年快速发展和规模化带动，风电、光伏产业链条日趋完备，产业链优势明显，创新研发能力不断增强，政策体系日趋完善，为产业高质量跃升发展奠定坚实基础。其中，就光伏项目种类而言，我国常见的光伏项目包括集中式光伏电站、分布式光伏电站，而集中式光伏电站又发展出不同的形式，如地面光伏、山地光伏、农光互补光伏、水上光伏、"林光互补""牧光互补""墓光互补"光伏等多种电站类型。就风电项目而言，常见的风电项目包括陆上风电和海上风电项目，在具体分类上又包括集中式风电、分布式风电以及分散式风电项目。由于风光等新能源具有随机性和波动性特点，无法独立支撑用电负荷稳定运行的需求，在风光大规模、高比例发展的同时，必须相应配置储能和调峰能力，尤其是近期需要充分发挥煤电机组的调峰调频等支撑作用，储能项目已经成为必不可少的建设项目。目前实践中开展的光伏项目、风电项目、储能项目的具体分类如下。

一、光伏项目

光伏电站是指利用太阳能，利用晶体硅板、逆变器等特殊材料与电网连接，向电网输送电能的一种光伏发电系统。光伏电站根据电站的装机规模、和用户的距离、接入电网的电压等级等不同可以分为集中式光伏电站和分布式光伏电站。

（一）集中式光伏电站

集中式光伏电站是指在山区、水面、沙漠等广阔区域安装光伏阵列。阳光照射后，光伏阵列可以产生直流电，逆变器将直流电转换成交流电，通过升压站连接到电网。集中式光伏电站以地面光伏电站为主，一般在10MW以上，目前100MW以上的超大型光伏电站正在逐步增加。其主要应用形式有常规地面电站（平地）、山地光伏电站、农光互补光伏电站、水上光伏电站以及林光互补光伏电站等，这些类型的光伏电站均为"全额上网"，实行标杆上网电价。

地面光伏电站是我国应用最广泛的光伏电站之一。在国家相关政策的支持下，发展迅速，主要集中在西北地区。地面光伏电站的基本特点是：装机容量大，占地面积广阔；很多电站建设在偏僻的人烟稀少的地方，光伏电站土建工程量较大；为了光伏电站正常运行与维护，光伏电站需要专业人员驻守维护，相应的附属设施较多。不可能所有的地面电站都建在一马平川的平原上。随着可用土地面积的减少，地面电站逐渐向地形复杂的山区发展，进而形成了地面光伏电站的一大组成部分——山地光伏电站。

农光互补光伏电站是一种新型的地面光伏电站，与传统地面光伏电站相比，其具有诸多的优势。其中，最大的优势在于有效节约土地资源，实现一地多用和一地多产。具体而言，农光互补光伏电站的建设模式，可灵活创造适宜不同农作物生长的环境；满足农业用电需求、产生发电效益；开创绿色农业生产的新路径，通过实现农业科技化、农业产业化，开辟绿色农业生产新路径，将成为区域农业增效和农民增收的支柱型产业；可发展为观光农业，利用良好的交通和区位优势，充分利用农业生产和生态环境两大资源，依托观赏苗等生态旅游资源，配合有机蔬菜等农产品生产采摘等农业旅游资源的开发建设，发展多种形式的观光、休闲和体验等旅游项目，形成特色化、规模化的观光农业。

水上光伏电站则是集中式光伏的另一种建设形式，一般是指建设在水库、湖泊、采煤塌陷区形成的水上平台等水面上的光伏发电系统。根据其安装方式可分为水上漂浮式光伏电站和水上打桩式光伏电站。水上光伏电站可与渔业、养殖业结合，成为"渔光互补"光伏电站。"渔光互补"光伏电站作为另一种将科技与农业有机结合的发电站建设模式，对沿海地区以及其他渔业、养殖业发达地区的经济发展发挥了重要的促进作用，增加了经济效益。

2015年11月，国家林业局发布了《关于光伏电站建设使用林地有关问题的通知》[1]，规范光伏电站建设使用林地，用以支持光伏产业健康发展。"林光互补"模式光伏电站成为以林业发达地区经济发展的重要组成部分。

近年来，"牧光互补"项目在多地蓬勃发展，所谓牧光互补，指的是将畜

---

[1] 该通知已失效。

牧和太阳能光伏发电相结合的一种技术，真正实现"一草两用"，草原放牧与光伏发电齐头并进，加强土地立体化增值利用，促进生态农业的发展。

除上述几种常见的集中式光伏建设模式外，随着用地的紧张，各种形式的光伏电站用地类型也逐渐涌现，如"墓光互补"等，但无论采用何种建设模式，集中式光伏电站的建设仍需遵循相关的用地规范、确保合法合规。

(二) 分布式光伏电站

分布式光伏电站主要为与建筑结合的光伏发电系统，其形式主要为光伏建筑附加（Building Attached Photovoltaic，BAPV）和光伏建筑一体化（Building Integrated Photovoltaic，BIPV），此类型的光伏电站实行"自发自用、余电上网、就近消纳、电网调节"的运营模式。

BAPV指的是附着在建筑物上的太阳能光伏发电系统，也称为"安装型"太阳能光伏建筑。通常，光伏组件直接安装在屋顶上用于采光并发电。在大多数屋顶光伏电站中，光伏电站产生的电力首先可以供应给建筑物内的负载，剩余的电力反馈给电网以出售电力给电力公司。在中国，采用这种并网模式的光伏电站被称为"自发自用，余电上网"的分布式并网光伏电站。

BIPV指的是与建筑物同时设计、同时施工和安装并与建筑物形成完美结合的太阳能光伏发电系统，也称为"构建型"和"建材型"太阳能光伏建筑。它作为建筑物外部结构的一部分，既具有发电功能，又具有建筑构件和建筑材料的功能，甚至还可以提升建筑物的美感，与建筑物形成完美的统一体。

分布式光伏方面，2013年以来国家出台了一系列行之有效的政策，推动分布式光伏发展。2019年开始，对户用光伏实行单独管理，明确户用光伏年度补贴资金总额度，为户用光伏项目提供固定度电补贴支持，推动户用光伏发展进入快车道。2022年户用光伏新增装机达到2525万千瓦，约占全部光伏新增装机的29%，成为新能源发展新亮点。

二、风电项目

风力发电是将风能转换为机械功，机械功带动转子旋转，最终输出交流电。风力发电机一般由风轮、发电机（包括装置）、调向器（尾翼）、塔架、限速安全机构和储能装置等构件组成。根据其所处地理位置的不同,风电项目分为陆上风电和海上风电项目两大类,两类风电项目的前期审批程序、成本、电价政策都有所不同。

风电项目也可以分为集中式风电项目、分布式风电项目以及分散式风电项目。

其中,国家能源局发布的《电网公平开放监管办法》(国能发监管规〔2021〕49号)第三十八条规定,"……集中式新能源发电是指除分布式发电外的风电、太阳能发电、生物质发电等……"。

而分布式风电项目与分散式风电项目之间既存在相似也存在不同之处。《电网公平开放监管办法》第三十八条规定,分布式发电是指在用户所在场地或附近安装,以用户侧自发自用为主、多余电量上网,且在配电网系统平衡调节为特征的发电设施或有电力输出的能量综合梯级利用多联供设施。《分散式风电项目开发建设暂行管理办法》第二条规定,分散式风电项目是指所产生电力可自用,也可上网且在配电系统平衡调节的风电项目。分散式风电项目的显著特点就是位于用电负荷中心附近,不以大规模、远距离输送电力为目的。国家关于分布式发电的政策和管理规定均适用于分散式风电项目,但分散式风电项目开发建设还应满足电网接入要求,应满足《分散式风电项目开发建设暂行管理办法》第二条关于技术要求的规定、其他国家标准(如GB/T19963《风电场接入电力系统技术规定》、GB/T33593《分布式电源并网技术要求》)以及行业相关标准的技术要求。针对分散式风电项目,2011年国家能源局出台了相关政策,明确分散式风电项目开发的主要思路与边界条件,开启分散式风电项目开发模式的探索。2018年以来,随着国家政策的支持和推动,各地加大对分散式风电项目的重视程度,分散式风电市场规模逐步扩大,2021年底,分散式风电累计装机规模接近1000万千瓦。

三、储能项目

随着"2030年碳达峰,2060年碳中和"顶层要求的提出,绿色发展与高效发展将成为我国能源建设的未来方向,风电、太阳能发电等新能源将迎来跨越式发展。我国已有近20个省份出台了"新能源+储能"配套的鼓励政策,国家发展改革委、国家能源局也于2021年发布了《关于加快推动新型储能发展的指导意见》,提出了储能产业发展目标,赋予储能行业巨大政策空间。根据国家发展改革委、国家能源局《关于加快推动新型储能发展的指导意见》规定，抽水蓄能和新型储能是支撑新型电力系统的重要技术和基础装备，对推动能源绿色转型、应对极端事件、保障能源安全、促进能源高质量发展、支撑应对气候变化目标实现具有重要意义。实务中，储能项目一般分为抽水蓄能项目和新型储能项目。

抽水蓄能项目主要基于水电技术，目前在安全性、效率、成本、容量方面都占有优势。但是抽水蓄能需要落差大的自然条件，工程选址不灵活，工程建设周期长，通常为6—8年。当前我国单个抽水蓄能电站装机容量以及全国装机总量均位居全球首位，但是仍不能满足需求。《"十四五"可再生能源发展规划》指出，未来将大力发展抽水蓄能工程。截至2022年，国家电网经营区，在建在运抽水蓄能电站70座、装机8524万千瓦，分别是2012年的3.2倍、4.1倍。预计到2030年装机容量将达到1亿千瓦。国家能源局发布的《抽水蓄能中长期发展规划（2021—2035年）》明确提出，到2030年，要投产抽水蓄能总规模1.2亿千瓦左右，到2035年我国抽水蓄能总装机规模将达到3亿千瓦。[1]

新型储能是指除抽水蓄能以外的新型储能技术，包括新型锂离子电池、液流电池、飞轮、压缩空气、氢（氨）储能、热（冷）储能等。新型储能单站体量可大可小，环境适应性强，能够灵活部署于电源、电网和用户侧等各类应用场景，而且，新型电化学储能的反应速度快，可以做到秒至毫秒级的响应。但是，新型储能发展时间较短，技术路线复杂，目前的安全性和经济性还是两大难关。当然，近年来我国新兴储能技术大幅提升，其中，锂电池密度近5年提高1倍以上，循环寿命提高了2倍至3倍，成本下降超过6成，未来有很大的增长空间，可以作为传统抽水蓄能的增量补充。新型储能项目目前已显现出强劲的增长势头，据统计，2022年前三季度，全国新增投运新型储能项目装机规模963.7兆瓦，同比增加120%，其中锂电储能占到绝大多数。预计到2025年末，新型储能在电力系统中的装机规模达到3000万千瓦以上，年均增长50%以上，有效支撑清洁低碳、安全高效的能源体系建设。[2]

---

[1] 耿晋梅：《抽水蓄能和新型储能是新能源大规模发展的重要助力》，载 https://www.fjlib.net/zt/fjstsgjcxx/dylt/202211/t20221121_470827.htm，最后访问日期：2023年10月21日。

[2] 耿晋梅：《抽水蓄能和新型储能是新能源大规模发展的重要助力》，载 https://www.fjlib.net/zt/fjstsgjcxx/dylt/202211/t20221121_470827.htm，最后访问日期：2023年10月21日。

第四节　新能源立法沿革

纵观我国新能源事业的发展历程，大致分为三个阶段，即从初步探索，到激励发展，最后到理性发展的过程。具体如下：

一、初步探索阶段（2006 年之前）

2005 年之前为新能源在我国发展的概念性阶段，该阶段表明我国发展新能源的意向，但该阶段内出台的各文件之间并未形成发展体系，实操性不强。

1995 年 1 月，国家计委办公厅、国家科委办公厅、国家经贸委办公厅关于印发《新能源和可再生能源发展纲要》的通知，该通知通过对比国外新能源的发展情况以及我国国内的发展现状，提出未来的发展期望、目标与方针策略。

1997 年 5 月，国家计委颁布了《新能源基本建设项目管理的暂行规定》，该规定为了加强对新能源基本建设的宏观管理，明确划分了项目审批和管理权限。

1997 年 11 月，全国人大常委会通过了《节约能源法》，该法案于 2007 年、2016 年、2018 年进行多次修改，旨在促进合理使用与节约能源。

1999 年 1 月，国家计委、科技部《关于进一步支持可再生能源发展有关问题的通知》，该通知从资金支持及电价政策角度出发，表达了国家对可再生能源发电项目的支持。

2000 年 8 月，国家能源主管部门制定了可再生能源开发利用和产业发展的规划《2000—2015 年新能源和可再生能源产业发展规划要点》，明确了 15 年内国家新能源产业的发展目标和计划，各地据此纷纷制定新能源产业发展规划。

2001 年 1 月，国家经贸委印发了《新能源和可再生能源产业发展"十五"规划》，从现状与问题出发，提出面临的问题与挑战，强调发展重点，制定发展的对策与措施。

2002 年 6 月，全国人大常委会颁布了《清洁生产促进法》，该法案于 2012 年修正，指明了清洁生产的发展方向和原则。

2005 年 2 月，全国人大常委会颁布了《可再生能源法》，该法案于 2009

年修正，它的出台标志着我国新能源发展踏入了新里程。

二、激励发展阶段（2006—2018 年）

2006 年 1 月，《可再生能源法》正式施行，我国正式进入新能源发展阶段。自此，相关主管部门为了促进风电光伏发电项目的发展，推出了一系列激励措施，初步建立起经济支持政策体系，其中最为重要的两项制度是可再生能源发电全额保障性收购和电价补贴政策。

在 2009 年之前，国家及地方所出台的政策多是集中在风电项目领域，涵盖建设、管理、监管、补贴等新能源发展过程中涉及的事项。而促进我国风电项目发展的核心政策则是电价补贴，标杆上网电价给众多的风电项目建设者信心，由政府兜底电价，明确了投资主体的预期收益，极大地激发了发电企业的投资热情。如：

2006 年 3 月，全国人民代表大会通过了《国民经济和社会发展第十一个五年规划纲要》，提出"实行优惠的财税、投资政策和强制性市场份额政策，鼓励生产与消费可再生能源，提高在一次能源消费中的比重"的发展目标。

2008 年 3 月，国家发展改革委印发了《可再生能源发展"十一五"规划》，提出了"十一五"时期可再生能源发展的形势任务、指导思想、发展目标、总体布局、重点领域以及保障措施和激励政策。

但 2009 年之后，受到欧美新能源发展的刺激以及国际金融危机、国外"反倾销、反补贴"的影响，我国开始重视光伏发电项目的发展，并于 2011 年国家发展改革委制定标杆上网电价政策。风电、光伏发电的标杆上网电价包括两部分，在当地燃煤机组标杆上网电价以内的部分，由当地省级电网结算；高出部分则由可再生能源发展基金予以补贴。后续国家及各省市就风电、光伏发电项目发展过程中的实操问题密集出台政策，仅 2012 年出台政策的数量就达到 31 项。

值得一提的是，因"盲目"地发展风电、光伏建设项目，在实际发展过程中，"弃风弃光"率问题显著，尤其最严重的情况发生在 2015 年和 2016 年，全国平均弃风率达到 15% 和 17%，平均弃光率达到 12.6% 和 10.3%。而在风电和光伏发电装机最集中的"三北"（西北、华北和东北）地区，"弃风弃光"率更高。2016 年上半年，甘肃、新疆和吉林的弃风率分别高达 47%、

45%和39%，甘肃和新疆的弃光率高达32%。[1]当然，国家也及时意识到该等严重的能源过剩以及由于可再生能源发展规模超预期，补贴资金缺口不断扩大的问题，并自2012年起，出台一系列涉及并网及消纳的政策，尝试解决发展困境。

2012年4月，国家能源局发布了《关于加强风电并网和消纳工作有关要求的通知》，该通知旨在解决局部地区弃风限电问题，提高风电开发利用效率。同时，国家能源局制定了2011年各省（区、市）风电年平均利用小时数，并就加强风电建设和运行管理、保障风电并网和消纳发布的有关要求。

2013年7月，国务院颁布《关于促进光伏产业健康发展的若干意见》，为规范和促进光伏产业健康发展提出意见及总体要求，重点在于强调对并网管理和服务、支持政策的完善。同月，国家发展改革委印发了《分布式发电管理暂行办法》，对分布式发电项目的管理予以细化，以促进分布式发电项目的健康发展。

2014年10月，国家能源局在《关于进一步加强光伏电站建设与运行管理工作的通知》[2]指出，以年度规模管理引导光伏电站与配套电网协调建设，规范光伏电站资源配置和项目管理，加强电网接入和并网运行管理。

2015年12月，国家发展改革委在《关于完善陆上风电光伏发电上网标杆电价政策的通知》中明确，将实行陆上风电、光伏电站上网标杆电价随发展规模逐步降低的价格政策，并鼓励通过招标等市场竞争方式确定项目上网电价。该通知意味着，以固定上网电价为核心的激励政策难以为继，可再生能源的加速平价进程开启。

2016年11月，国家能源局关于印发《风电发展"十三五"规划》的通知中，对风电项目的发展目标和建设布局作出了详细的规定。

2018年5月，国家发展改革委、财政部、国家能源局印发《关于2018年光伏发电有关事项的通知》中指出，针对我国光伏发电建设规模不断扩大，技术进步和成本下降速度明显加快的情况，为促进光伏行业健康可持续发展，提高发展质量，开始实行加快补贴退坡的政策。同月，国家能源局在《关于

---

[1] 参见王敏：《我国新能源的发展历程、挑战与改革展望》，载北京大学国家发展研究院，http://nsd.pku.edu.cn/sylm/gd/507297.htm，最后访问日期：2023年10月21日。

[2] 该通知已失效。

2018年度风电建设管理有关要求的通知》中再次重申，高质高量地发展风电项目，试行风电项目竞争配置指导方案，减少因盲目发展带来的资源浪费。

三、理性发展阶段（2018年至今）

2018年以来，中国风电、光伏等新能源产业发展趋于稳定，国家逐步降低新能源项目补贴，弱化国家对新能源发展的财政支持，逐步发展新型储能和氢能项目。"十三五"期间，国家发展改革委四次下调陆上风电标杆电价，六次下调光伏发电标杆上网电价（2019年后，风电、光伏发电标杆上网电价改为指导价）。

2019年5月，国家发展改革委、国家能源局印发《关于建立健全可再生能源电力消纳保障机制的通知》，决定对各省级行政区域设定可再生能源电力消纳责任权重，建立健全可再生能源电力消纳保障机制。具体而言，可再生能源电力消纳责任权重明确了省级政府以及售电企业、电力用户消纳可再生能源的责任，对可再生能源的长期发展目标进行细化分解，对行业发展形成了稳定的预期。

2019年5月，《国家能源局关于2019年风电、光伏发电项目建设有关事项的通知》中提出，积极推进平价上网项目建设，严格规范补贴项目竞争配置，要求"各省级能源主管部门应按照国家可再生能源'十三五'相关规划和本区域电力消纳能力，分别按风电和光伏发电项目竞争配置工作方案确定需纳入国家补贴范围的项目。竞争配置工作方案应严格落实公开公平公正的原则，将上网电价作为重要竞争条件，优先建设补贴强度低、退坡力度大的项目。"全面落实电力送出消纳条件，"做好新建风电、光伏发电项目与电力送出工程建设的衔接并落实消纳方案，优先保障平价上网项目的电力送出和消纳"。后续，国家能源局分别在2020年、2021年发布《国家能源局关于2020年风电、光伏发电项目建设有关事项的通知》《国家能源局关于2021年风电、光伏发电开发建设有关事项的通知》，明确各年度风电、光伏项目建设方案。

2021年10月，国家发展改革委、国家能源局、财政部、自然资源部、生态环境部、住房和城乡建设部、农业农村部、中国气象局、国家林业和草原局联合印发了《关于印发"十四五"可再生能源发展规划的通知》，该通知为贯彻"四个革命、一个合作"能源安全新战略，落实碳达峰、碳中和目标，制定了我国可再生能源发展的远景目标纲要。

2021年起，中央财政不再对新建集中式光伏电站和陆上风电进行补贴，实行平价上网，其上网电价执行当地燃煤发电基准价。新增可再生能源项目不再需要中央财政补贴，存量项目的补贴拖欠问题也有了解决方案。其中，包括"可再生能源消纳责任权重和绿色电力证书交易"政策的实施，绿色电力证书交易则取代电价补贴，成为激励可再生能源发电的支持工具。对承担消纳责任的市场主体设定非水电可再生能源配额指标，为了完成配额义务，市场主体需要购买绿色电力证书。通过绿色电力证书交易，可再生能源发电企业获得环境和社会效益的溢价。

2022年1月，国家发展改革委、国家能源局联合印发了《"十四五"新型储能发展实施方案》及《"十四五"现代能源体系规划》，旨在促进新型储能的发展，构建现代能源体系，以尽快实现碳达峰、碳中和战略目标，发展新型电力系统，加快推动新型储能高质量、规模化发展。

2022年3月，国家发展改革委、财政部及国家能源局联合发布了《关于开展可再生能源发电补贴自查工作的通知》，决定在全国范围内开展可再生能源发电补贴核查工作，进一步摸清可再生能源发电补贴底数。同月，国家发展改革委印发了《氢能产业发展中长期规划（2021—2035年）》，该规划科学分析了我国氢能产业的发展现状，明确了氢能在我国能源绿色低碳转型中的战略定位、总体要求和发展目标，从氢能创新体系、基础设施、多元应用、政策保障、组织实施等几个方面构建了我国氢能战略发展的蓝图。

2022年5月，国家发展改革委、国家能源局联合颁布了《关于促进新时代新能源高质量发展的实施方案》，明确了新能源开发利用模式、电力系统的保障方式，并从行政、产业、土地、生态和金融等五个方面提出了政策保障措施。

2022年6月，国家发展改革委、国家能源局等九部门联合发布《"十四五"可再生能源发展规划》，明确提出以沙漠、戈壁、荒漠地区为重点，加快建设黄河上游、河西走廊等七大陆上新能源基地；重点建设山东半岛、长三角、闽南等五大海上风电基地集群；重点部署城镇屋顶光伏行动、"光伏+"综合利用行动等九大行动。

2022年8月，北京可再生能源发展结算服务有限公司、广州可再生能源发展结算服务有限公司注册成立，两家公司将针对补贴资金缺口进行专项融资，解决可再生能源补贴拖欠，有利于减轻可再生能源发电企业的经营压力，在无补贴时代轻装上阵。

四、未来展望

为实现碳达峰、碳中和的发展目标，需要配套的法律法规及政策予以规范，如对碳资产、氢储能、绿色金融等操作予以细化，紧跟国际发展趋势，将新能源的未来发展纳入监管范畴，力争做到立法先于实践，实践完善立法。

就碳资产而言，目前我国尚不存在对其法律属性的明确界定，对其价值评估体系较为薄弱。哪些资产可以作为碳资产，碳资产能否像标准化证券资产一样具有金融属性？碳排放权能否质押、租赁？碳交易该如何开展？碳交易过程中各方主体的权利、义务与责任等问题亟待法律给予明确的答复。

就新型储能发展而言，现有政策仅从宏观层面强调发展新型储能项目的重要性，对新型储能的发展起到原则性的指导和规范作用，但是对储能企业如何参与电力市场，以及其在储能发展过程中的权责尚不明确，新型储能规划建设、投资运营、调用消纳、价格机制等事项均缺少有利的法律依据和保障。未来在国家宏观政策指导下，尚需从市场准入、市场监管、审查批复、激励政策等层面对现有储能政策进行进一步细化和完善。同时也需要各省市根据自身特点，提出符合自身发展实际的新型储能政策并推动落实，引导行业的良性可持续发展。

就新能源项目的投融资而言，面对政府官方补贴支持力度的降低以及补贴监管的严格，扩大新能源项目的融资方式势在必行。有鉴于此，明确新能源金融政策，健全绿色金融法律法规，扩大绿色金融工具种类，发布一系列政策鼓励金融机构参与新能源的开发建设，明确金融机构在投融资项目中承担的环境风险和责任，以保障新能源企业的资金需求，最终助力新能源企业的蓬勃有序发展。

第二章
新能源项目法律尽职调查关注要点

第一节　集中式光伏项目

集中式光伏项目在整个开发建设过程中，涉及项目立项备案、项目建设、竣工验收、并网运行等众多环节，在各环节需要取得不同类型的支持性文件。项目投资方应密切关注集中式光伏项目各个环节的法律风险，以降低自身投资风险。

接下来，笔者将根据集中式光伏项目开发建设的不同阶段，具体分析相关阶段法律尽职调查需要关注的要点。

一、立项备案阶段

集中式光伏项目施行备案管理制度，在立项备案阶段，应当审查备案机关是否适格。

（一）项目备案阶段

《光伏电站开发建设管理办法》第十二条规定，按照国务院投资项目管理规定，光伏电站项目实行备案管理，即光伏电站施行备案管理制度。《企业投资项目核准和备案管理条例》第三条第二款规定，除国务院另有规定的，实行备案管理的项目按照属地原则备案，备案机关及其权限由省、自治区、直辖市和计划单列市人民政府规定。目前，大部分省份已将备案权限进一步下放至地（市）或县（区）级。故投资主体应当根据项目当地规定确定具有备案权限的机关，并核查集中式光伏项目备案机关与当地规定是否具有一致性。

《光伏电站开发建设管理办法》第十四条规定，项目单位应按照备案信息进行建设，不得自行变更项目备案信息的重要事项。项目备案后，项目法人发生变化，项目建设地点、规模、内容发生重大变更，或者放弃项目建设的，项目单位应当及时告知备案机关并修改相关信息。各省级能源主管部门和备案机关可视需要，组织核查备案后2年内未开工建设或者未办理任何其他手续的项目，及时废止确实不具备建设条件的项目。因此在项目投产之前，项目法人、建设地点、建设规模、建设内容等原则上不得变更；确需变更的，项目单位应当及时以书面形式告知原备案机关。

(二) 建设规模指标和年度建设方案

根据《光伏电站项目管理暂行办法》第八条的规定，国务院能源主管部门确认需要国家资金补贴的光伏电站的年度实施方案，下达各省（区、市）光伏电站建设年度实施方案。第九条规定，各地区按照国务院能源主管部门下达的年度指导性规模指标，扣除上年度已办理手续但未投产结转项目的规模后，作为本地区本年度新增备案项目的规模上限。已取得备案文件的光伏项目，如果未能取得光伏项目建设规模指标，将无法列入可再生能源资金补贴目录，而无法获得国家可再生能源发展基金补贴。

2013年8月，国家发展改革委《关于发挥价格杠杆作用促进光伏产业健康发展的通知》鼓励通过招标等竞争方式确定光伏电站上网电价，但通过竞争方式形成的上网电价和电价补贴标准，不得高于国家规定的标杆上网电价和电价补贴标准。自2016年起，国家发展改革委《关于完善陆上风电光伏发电上网标杆电价政策的通知》鼓励各地通过招标等市场竞争方式确定光伏发电项目业主和上网电价，即光伏项目的建设规模指标通过竞争性配置取得。2018年5月31日，国家发展改革委、财政部、国家能源局发布的《关于2018年光伏发电有关事项的通知》规定，所有普通光伏电站均须通过竞争性招标方式确定项目业主。招标确定的价格不得高于降价后的标杆上网电价。

2019年5月28日，《国家能源局关于2019年风电、光伏发电项目建设有关事项的通知》要求各省级能源主管部门应按照国家可再生能源"十三五"相关规划和本区域电力消纳能力，按光伏发电项目竞争配置工作方案确定需纳入国家补贴范围的项目，即光伏规模管理发生历史性变革，由之前的指标派发转变为竞争配置。

自2019年7月1日起，将集中式光伏电站标杆上网电价改为指导价。新增集中式光伏电站上网电价原则上通过市场竞争方式确定，不得超过所在资源区指导价。市场竞争方式确定的价格在当地燃煤机组标杆上网电价（含脱硫、脱硝、除尘电价）以内的部分，由当地省级电网结算；高出部分由国家可再生能源发展基金予以补贴。[1]光伏电站标杆上网电价被取代，取而代之的是市场化竞价制度下的指导价。

2021年起，对新备案集中式光伏电站，中央财政不再补贴，实行平价上网。[2]

根据《光伏电站开发建设管理办法》的规定，光伏电站完成项目备案后，项目单位应抓紧落实各项建设条件。已经完成备案并纳入年度开发建设方案的项目，在办理完成相关法律法规要求的各项建设手续后应及时开工建设，并会同电网企业做好与配套电力送出工程的衔接，电网企业应及时办理电网接入手续。

（三）投资主体变更

国家能源局《关于规范光伏电站投资开发秩序的通知》（2014年10月28日起施行，2022年5月18日失效）第四条规定："……对于不以自己为主投资开发为目的，而是以倒卖项目备案文件或非法转让牟取不当利益为目的的企业，各级能源主管部门应规定其在一定期限内不能作为投资主体开发光伏电站项目。……已办理备案手续的项目的投资主体在项目投产之前，未经备案机关同意，不得擅自将项目转让给其他投资主体。项目实施中，投资主体发生重大变化以及建设地点、建设内容等发生改变，应向项目备案机关提出申请，重新办理备案手续。"即光伏项目在备案后、并网投产前不得擅自变更投资主体，如果其间需要变更投资主体的，需要到项目备案机关重新办理备案手续。投资方应当核查光伏项目是否在投产前无合理理由发生投资主体变更事项；若发生变更，应当核查原备案机关出具的关于同意变更投资主体的批复。

国家发展改革委、国家能源局《关于完善光伏发电规模管理和实行竞争方式配置项目的指导意见》规定，对于在投产前擅自变更投资主体等主要建设内容的，有关部门应当将项目从年度建设规模中取消，禁止该项目申请国家可再生能源补贴，并禁止相关投资主体在一定期限内参与后续光伏电站项

---

[1] 国家发展改革委《关于完善光伏发电上网电价机制有关问题的通知》。
[2] 国家发展改革委《关于2021年新能源上网电价政策有关事项的通知》。

目的配置。2022年6月，内蒙古自治区发展和改革委员会发布《关于废止部分可再生能源项目上网电价批复文件的通知》，废止了七个未经批准擅自变更投资主体的投资项目，其中，三个项目是项目公司股东股权转让，五个项目是由项目公司股东的股东股权变更进行的（但项目公司的股东没有变化）。由此可以看出，一些地方政府将项目公司的实际控制人变更也认定为投资主体变更，从而将其定性为"买卖路条"。另外，在光伏项目投产前，关于投资主体变更的相关协议可能会被司法机关认定为无效。在一司法案例[1]中，法院认为案涉两主体均系经营能源及新能源的公司，在明知禁止不以自己为主投资开发为目的，而是以倒卖项目备案文件或非法转让牟取不正当利益为目的，在办理备案手续后至投产前擅自变更投资主体的行为的情况下，未经备案机关同意，协议以"股权转让"的形式进行"路条"买卖，擅自转让案涉光伏发电项目以及变更投资主体，牟取不正当利益，扰乱了国家对于光伏电站项目的管理秩序，损害了社会公共利益，符合1999年《合同法》第五十二条第二项规定的情形，判决案涉股权转让协议无效。

根据《光伏电站开发建设管理办法》第十四条的规定，项目单位应按照备案信息进行建设，不得自行变更项目备案信息的重要事项。项目备案后，项目法人发生变化，项目单位应当及时告知备案机关并修改相关信息。从"未经备案机关同意，不得擅自将项目转让给其他投资主体"到"及时告知备案机关并修改相关信息"，管控口径有变宽松的趋势。

二、项目建设阶段

取得项目备案文件后，仍需办理其他手续，一些支持性文件需在项目建设开工前取得，如土地预审与选址意见、环境影响评价文件、环境影响评价文件批复文件、社会稳定风险评估报告及审查意见、节能登记表备案、安全预评价报告以及安全设施设计备案、电网接入意见、项目接入系统设计方案的评审意见、建设用地规划许可证、建设工程规划许可证、建筑工程施工许可证等。接下来，笔者将对其中的环境影响评价文件及批复文件、压覆矿产资源审批文件、水土保持批复文件、项目用地要点、建设工程规划许可证、施工许可证展开论述。

---

[1]（2022）甘02民终236号民事判决书。

(一) 环境影响评价文件及批复文件

《环境影响评价法》第十六条规定，建设单位应当按照规定组织编制环境影响报告书、环境影响报告表或者填报环境影响登记表（以下统称环境影响评价文件）。第二十五条规定，建设项目的环境影响评价文件未依法经审批部门审查或者审查后未予批准的，建设单位不得开工建设。根据《建设项目环境影响评价分类管理名录（2021年版）》，地面集中光伏电站（总容量大于6000千瓦，且接入电压等级不小于10千伏）需填报环境影响评价报告表，其他光伏发电项目适用环境影响评价登记表。国家对环境影响登记表实行备案管理，无需审批。

投资方应当审查环境影响评价文件的审批机关是否适格。《环境影响评价法》第23条规定，国务院生态环境主管部门负责审批下列建设项目的环境影响评价文件：（1）核设施、绝密工程等特殊性质的建设项目；（2）跨省、自治区、直辖市行政区域的建设项目；（3）由国务院审批的或者由国务院授权有关部门审批的建设项目。除前述项目以外的建设项目的环境影响评价文件的审批权限，由省、自治区、直辖市人民政府规定。建设项目可能造成跨行政区域的不良环境影响，有关生态环境主管部门对该项目的环境影响评价结论有争议的，其环境影响评价文件由共同的上一级生态环境主管部门审批。另外，投资方应当关注批复文件中对是否有特殊要求并核查项目公司是否按照要求执行。

若项目开工建设前，环境影响评价文件未经依法审批或者审查后未予批准的，则可能受到行政处罚。在连灌南环行罚字〔2021〕8号行政处罚书中，江苏某科技有限公司在2020年12月4日受到执法单位调查时，被发现该公司《×××45MW平价上网光伏发电项目》环境影响评价文件已向生态环境部门报批，但未取得审批手续，被处以罚款250万元（罚款金额＝裁量百分值×建设项目总投资额×5%＝20%×25 000万元×5%＝250万元）。同样的情况，在港南环罚字〔2019〕11号行政处罚决定书中，贵港市某新能源有限公司的"某光伏农业大棚电站二期项目"的工程建设，未获得环境影响评价审批批复，擅自开工建设，被处以建设项目总投资额（3 123 960.50元）1.5%的罚款，即46 800元整。

（二）压覆矿产资源审批文件

《矿产资源法》第三十三条规定，非经国务院授权的部门批准，不得压覆重要矿床。1994年3月26日起，建设单位在建设铁路、公路、工厂、水库、输油管道、输电线路和各种大型建筑物前，必须向所在地的省、自治区、直辖市人民政府地质矿产主管部门了解拟建工程所在地区的矿产资源分布情况，并在建设项目设计任务书报请审批时附具地质矿产主管部门的证明。2010年9月8日起，压覆石油、天然气、放射性矿产，或压覆《矿产资源开采登记管理办法》附录所列矿种（石油、天然气、放射性矿产除外）累计查明资源储量数量达大型矿区规模以上的，或矿区查明资源储量规模达到大型并且压覆占三分之一以上的，由国土资源部（2018年3月，国土资源部改为自然资源部）负责审批。建设项目压覆其他重要矿产资源的，由省级以上国土资源行政主管部门审批。建设项目压覆已设置矿业权矿产资源的，新的土地使用权人还应同时与矿业权人签订协议，协议应包括矿业权人同意放弃被压覆矿区范围及相关补偿内容。建设单位应在收到同意压覆重要矿产资源的批复文件后45个工作日内，到项目所在地省级国土资源行政主管部门办理压覆重要矿产资源储量登记手续。45个工作日内不申请办理压覆重要矿产资源储量登记手续的，审批文件自动失效。凡申请办理土地预审或用地审批的，要按照有关规定，提交省级国土资源行政主管部门出具的未压覆重要矿产资源证明或压覆重要矿产资源储量登记有关材料。否则，不予受理其用地申请。根据原自然资源部发布的《关于取消一批证明事项的公告》，2019年5月14日起，国家取消未压覆重要矿产资源的证明。但压覆重要矿产资源的，仍需办理相关审批手续。

（三）水土保持批复文件

《开发建设项目水土保持方案编报审批管理规定》规定，凡从事有可能造成水土流失的开发建设单位和个人，必须编报水土保持方案。水土保持方案经过水行政主管部门审查批准，开发建设项目方可开工建设。水土保持方案分为"水土保持方案报告书"和"水土保持方案报告表"。凡征占地面积在一公顷以上或者挖填土石方总量在一万立方米以上的开发建设项目，应当编报水土保持方案报告书；其他开发建设项目应当编报水土保持方案报告表。

水行政主管部门审批水土保持方案实行分级审批制度，县级以上地方人民政府水行政主管部门审批的水土保持方案，应报上一级人民政府水行政主管部门备案。中央立项，且征占地面积在50公顷以上或者挖填土石方总量在50万立方米以上的开发建设项目或者限额以上技术改造项目，水土保持方案报告书由国务院水行政主管部门审批。中央立项，征占地面积不足50公顷且挖填土石方总量不足50万立方米的开发建设项目，水土保持方案报告书由省级水行政主管部门审批。地方立项的开发建设项目和限额以下技术改造项目，水土保持方案报告书由相应级别的水行政主管部门审批。水土保持方案报告表由开发建设项目所在地县级水行政主管部门审批。跨地区的项目水土保持方案，报上一级水行政主管部门审批。投资方应当根据水土保持方案的类别、立项机构，审查水土保持方案的审批机构是否适格。

水土保持方案未经审批擅自开工建设或者进行施工准备的，由县级以上人民政府水行政主管部门责令停止违法行为，采取补救措施，并可能处以罚款。2021年，贵州省水利厅和安龙县水务局在履行建设项目行政许可事前事中事后水土保持监督检查的过程中，发现安龙县某农业光伏电站项目存在"未批先建"水土保持违法行为，且在下达限期整改通知书后，未在规定时限内整改，造成水土流失。安龙县城市管理综合行政执法局依法依规对项目业主作出了38.6万元的行政处罚。

(四) 项目用地要点

光伏项目用地合规性问题是法律尽职调查的重点，为避免光伏电站因违法用地行为被有关部门作出限期拆除的处罚，最终导致光伏电站无法建设完毕，且丧失收益来源的风险。因此投资方需要就光伏电站项目用地的合法合规性问题仔细审查。

光伏发电项目用地包括光伏方阵用地（含光伏面板、采用直埋电缆敷设方式的集电线路等用地）和配套设施用地（含变电站及运行管理中心、集电线路、场内外道路等用地），具体的规定见表2-1。

表 2-1 光伏发电项目用地情况

功能分区	自然资源部办公厅、国家林业和草原局办公室、国家能源局综合司《关于支持光伏发电产业发展规范用地管理有关工作的通知》
光伏方阵	光伏方阵用地不得占用耕地，占用其他农用地的，应根据实际合理控制，节约集约用地，尽量避免对生态和农业生产造成影响。光伏方阵用地涉及使用林地的，须采用林光互补模式，可使用年降水量400毫米以下区域的灌木林地以及其他区域覆盖度低于50%的灌木林地，不得采伐林木、割灌及破坏原有植被，不得将乔木林地、竹林地等采伐改造为灌木林地后架设光伏板；光伏支架最低点应高于灌木高度1米以上，每列光伏板南北方向应合理设置净间距，具体由各地结合实地确定，并采取有效水土保持措施，确保灌木覆盖度等生长状态不低于林光互补前水平。光伏方阵按规定使用灌木林地的，施工期间应办理临时使用林地手续，运营期间相关方签订协议，项目服务期满后应当恢复林地原状。光伏方阵用地涉及占用基本草原外草原的，地方林草主管部门应科学评估本地区草原资源与生态状况，合理确定项目的适建区域、建设模式与建设要求。鼓励采用"草光互补"模式。光伏方阵用地不得改变地表形态，以第三次全国国土调查及后续开展的年度国土变更调查成果为底版，依法依规进行管理。实行用地备案，不需按非农建设用地审批。
变电站和运行管理中心	按建设用地进行管理，依法依规办理建设用地审批手续。其中，涉及占用耕地的，按规定落实占补平衡。
集电线路	按建设用地进行管理，依法依规办理建设用地审批手续。其中，涉及占用耕地的，按规定落实占补平衡。采用直埋电缆方式敷设的集电线路用地，实行与项目光伏方阵用地同样的管理方式。
场内道路和施工期施工道路	符合光伏用地标准，位于方阵内部和四周，直接配套光伏方阵的道路，可按农村道路用地管理，涉及占用耕地的，按规定落实进出平衡。其他道路按建设用地管理。

1. 土地预审与选址意见

根据2016年《建设项目用地预审管理办法》的规定，需备案的建设项目在办理备案手续后，建设单位需提出用地预审申请，由国土资源主管部门依法对建设项目涉及的土地利用事项进行审查。因此，光伏项目在取得有权发改部门的备案文件后，项目投资方应以项目公司名义提出用地预审申请。2019年《城乡规划法》第三十六条规定，按照国家规定需要有关部门批准或者核准的建设项目，以划拨方式提供国有土地使用权的，建设单位在报送有关部门批准或者核准前，应当向城乡规划主管部门申请核发选址意见书。前款规定以外的建设项目不需要申请选址意见书。《国务院办公厅关于全面开展工程建设项目审批制度改革的实施意见》发布后，已经可以将选址意见书和土地预审申请合并办理，由自然资源主管部门统一核发建设项目用地预审与选址意见书，不再单独核发建设项目选址意见书和建设项目用地预审意见。

《国土资源部关于严格土地利用总体规划实施管理的通知》规定，强化建设项目用地规划审查，凡不符合法律规定和土地利用总体规划的，不得通过建设项目用地预审。因此，若项目用地不符合土地利用总体规划、城市总体规划、村庄和集镇规划及其他专项规划等事项，则需报经原批准单位批准后，相应调整土地利用规划，如涉及永久基本农田、耕地等特殊区域时，也应当相应调整规划。如需调整土地利用总体规划的，应由原批准土地利用总体规划的机关审批。

2. 建设用地审批手续

如上所述，光伏项目用地需按功能分区，部分用地需按建设用地使用，投资方对于光伏项目占用的建设用地，需要核查是否已经取得土地使用权的不动产权证或土地使用权证，即需要以出让或划拨方式取得土地使用权。若暂未取得，应了解所占土地的地类类型，并据此判断后续的征用、招拍挂等流程。土地使用权的出让应当与土地利用总体规划、城市规划、年度建设用地规划相一致。土地使用权的出让有四种形式：招标、拍卖、挂牌、协议。出让土地使用权人在合法的范围内拥有处置权，可以转让、出租、抵押。另外，若占用的土地性质原本并非建设用地，则需增加相关土地（大多为农用地）转为建设用地的步骤。

建设项目提出建设用地申请，供地方案经批准后，建设项目获得建设用地批准书。若涉及使用农用地的，则需先办理农用地转建设用地审批手续，当农用地转用方案等方案被批准后，该土地才能作为建设用地被建设项目使用。即建设项目提出建设用地申请，农用地转用方案、补充耕地方案、征收土地方案和供地方案经批准后，建设项目获得建设用地批准书。

农用地包括耕地、林地、牧草地、园地及其他农用地，光伏项目中常见占用的土地为耕地、林地、草地，需单独获得相关部门的批准后才可以占用使用。其中，光伏项目禁止占用各类自然保护区、森林公园（含同类型国家公园）、濒危物种栖息地、天然林保护工程区以及东北内蒙古重点国有林区；

电池组件阵列禁止使用有林地、疏林地、未成林造林地、采伐迹地、火烧迹地，以及年降雨量400毫米以下区域覆盖度高于30%的灌木林地和年降雨量400毫米以上区域覆盖度高于50%的灌木林地。

2019年9月，自然资源部发布了《以"多规合一"为基础推进规划用地"多审合一、多证合一"改革的通知》，将建设用地规划许可证与建设用地批准文件整合为一项新的建设用地规划许可证，保留划拨决定书和出让合同。而建设用地规划许可证是办理后续建设工程规划许可证、施工许可证以及不动产权属证书的前提条件。

根据笔者对某政府相关工作人员的咨询，有关部门内部逐级上报审批，在审批的过程中会形成农用地转建设用地的审批批复，土地收储、整理完成后，最后以招拍挂的方式出让给企业，企业签订国有土地使用合同，项目完成规划审批后取得建设用地规划许可证。故，2019年9月后新增项目，不会再出具建设用地批准书，而是核发新的建设用地规划许可证。农用地转建设用地的批复与建设用地批准书是两个不同的文件，涉及使用农用地的2019年9月后的项目仍需办理农用地转用审批手续。

完成建设用地批准手续是项目永久用地合法性的首要证明及重要节点，项目投资方至少应在完成用地批准手续后，才能实际动工用地，未经批准非法占用土地的，可能遭受罚款、限期拆除、没收新建建筑物和其他设施等行政处罚，情节严重的，还可能涉及刑事责任。

同时，项目用地必须符合用地规划，否则根据《城乡规划法》第三十九条等相关规定，对未取得建设用地规划许可证的建设单位批准用地的，县级以上人民政府有权撤销有关批准文件；占用土地的，项目投资方应当及时退回；给当事人造成损失的，项目投资方应当依法给予赔偿。

《国务院关于深化改革严格土地管理的决定》第十九条规定，严禁闲置土地。农用地转用批准后，满两年未实施具体征地或用地行为的，批准文件自动失效；已实施征地，满两年未供地的，在下达下一年度的农用地转用计划时扣减相应指标，对具备耕作条件的土地，应当交原土地使用者继续耕种，也可以由当地人民政府组织耕种。对用地单位闲置的土地，严格依照《土地管理法》的有关规定处理。该规定并未对用地批复设置到期期限，而是设置了失效条件，若项目在获得用地批复后两年内未实施征地或用地行为的，批准文件失效。在自然资源部官网《关于以"三调"成果为基础做好建设用地审查报批地类认定的咨询》中，国土空间用途管制司答复：《关于以"三调"成果为基础做好建设用地审查报批地类认定的通知》主要应用于建设用地审批报批工作中的地类认定，如"原拆原建先行拆除村庄"已依法办理建设用地审批手续，则不受本通知影响；如拟办理建设用地审批手续，需根据本通知判定建设用地来源的合理、合法性，并按要求履行相关程序。如光伏项目已经办理了建设用地审批报批工作并取得了用地批复，不受"三调"中地类变更的影响。

3. 特殊用地

（1）耕地（含基本农田）。

新建、扩建光伏发电项目，一律不得占用永久基本农田。占用一般耕地的，应当按照相关规定开垦同样数量、质量的耕地，并办理土地转用及征用手续，具体规定如下。

根据《土地管理法》第三十条的规定，国家保护耕地，严格控制耕地转为非耕地。非农业建设经批准占用耕地的，按照"占多少，垦多少"的原则，由占用耕地的单位负责开垦与所占用耕地的数量和质量相当的耕地；没有条件开垦或者开垦的耕地不符合要求的，应当按照省、自治区、直辖市的规定缴纳耕地开垦费，专款用于开垦新的耕地。根据国土资源部《关于强化管控落实最严格耕地保护制度的通知》，进一步严格建设占用耕地审批。凡不符合土地利用总体规划、耕地占补平衡要求、征地补偿安置政策、用地标准、产业和供地政策的项目，不得通过用地预审。建设用地审查报批时，要严格审查补充耕地落实情况，达不到规定要求的，不得通过审查。

根据《土地管理法》，征收下列土地的，由国务院批准：①永久基本农田；②永久基本农田以外的耕地超过三十五公顷的；③其他土地超过七十公顷的。征收前款规定以外的土地的，由省、自治区、直辖市人民政府批准。征收农用地的，应当先行办理农用地转用审批。征收永久基本农田转为建设用地的，由国务院批准。在土地利用总体规划确定的城市和村庄、集镇建设用地规模范围内，为实施该规划而将永久基本农田以外的农用地转为建设用地的，按土地利用年度计划分批次按照国务院规定由原批准土地利用总体规划的机关或者其授权的机关批准。在已批准的农用地转用范围内，具体建设项目用地可以由市、县人民政府批准。

《基本农田保护条例》第三十三条规定，违反本条例规定，占用基本农田建窑、建房、建坟、挖砂、采石、采矿、取土、堆放固体废弃物或者从事其他活动破坏基本农田，毁坏种植条件的，由县级以上人民政府土地行政主管部门责令改正或者治理，恢复原种植条件，处占用基本农田的耕地开垦费1倍以上2倍以下的罚款；构成犯罪的，依法追究刑事责任。《最高人民法院关于审理破坏土地资源刑事案件具体应用法律若干问题的解释》第三条规定，非法占用基本农田五亩以上即为数量较大，造成种植条件严重毁坏或者严重污染的，以非法占用耕地罪定罪处罚。

非法占用耕地、永久基本农田将受到行政处罚。如2017年8月，江西某旭新能源有限公司违法占用鹰潭市余江区平定乡洪桥村永久基本农田约3.88公顷（58.25亩）建设光伏项目。区人民政府组织拆除了光伏板、水泥桩等设施，恢复土地原状。

（2）林地。

光伏项目电池组件阵列不得占用有林地、疏林、未成林造林地、采伐迹地、火烧迹地、年降雨量400毫米以下地区覆盖度高于30%的灌木林地和年降雨量400毫米以上区域覆盖度大于50%的灌木林地和年降雨量400毫米以上区域覆盖度大于50%的灌木林地。目前，新建、扩建光伏发电项目，一律不得占用I级保护林地和东北内蒙古重点国有林区。光伏项目占用其他林地的，应当向相关林业主管部门提出申请，经批准后依法申请用地，具体情形如下。

《森林法实施条例》第十六条规定，电力工程需要占用或者征收、征用林地的，必须遵守下列规定：①用地单位应当向县级以上人民政府林业主管部门提出用地申请，经审核同意后，按照国家规定的标准预交森林植被恢复费，领取使用林地审核同意书。用地单位凭使用林地审核同意书依法办理建设用地审批手续。占用或者征收、征用林地未经林业主管部门审核同意的，土地行政主管部门不得受理建设用地申请。②占用或者征收、征用防护林林地或者特种用途林林地面积10公顷以上的，用材林、经济林、薪炭林林地及其采伐迹地面积35公顷以上的，其他林地面积70公顷以上的，由国务院林业主管部门审核；占用或者征收、征用林地面积低于上述规定数量的，由省、自治区、直辖市人民政府林业主管部门审核。占用或者征收、征用重点林区的林地的，由国务院林业主管部门审核。③用地单位需要采伐已经批准占用或者征收、征用的林地上的林木时，应当向林地所在地的县级以上地方人民政府林业主管部门或者国务院林业主管部门申请林木采伐许可证。④占用或者征收、征用林地未被批准的，有关林业主管部门应当自接到不予批准通知之日起7日内将收取的森林植被恢复费如数退还。

除上述关于林地的一般规定外，《国家级公益林区划界定办法》将国家公益林划分为一级和二级国家级公益林；《国家级公益林管理办法》第十二条对一级国家公益林的使用作出了规定，"一级国家级公益林原则上不得开展生产经营活动，严禁打枝、采脂、割漆、剥树皮、掘根等行为。不得开展任何形式的生产经营活动。因教学科研等确需采伐林木，或者发生较为严重森林火灾、病虫害及其他自然灾害等特殊情况确需对受害林木进行清理的，应当组织森林经理学、森林保护学、生态学等领域林业专家进行生态影响评价，经县级以上林业主管部门依法审批后实施。根据其生态状况需要开展抚育和更新采伐等经营活动，或适宜开展非木质资源培育利用的，应当符合相关技术规程并按规定程序实施"。第十三条对二级国家公益林的使用作出了规定，"……在不影响整体森林生态系统功能发挥的前提下，可以按照第十二条第三款相关技术规程的规定开展抚育和更新性质的采伐。在不破坏森林植被的前提下，可以合理利用其林地资源，适度开展林下种植养殖和森林游憩等非木质资源开发与利用，科学发展林下经济。……需要开展抚育和更新采伐或者非木质资源培育利用的，还应当符合森林经营方案的规划，并编制采伐或非木质资源培育利用作业设计，经县级以上林业主管部门依法批准后实施。"如需使用国家级公益林的，应按照第九条的规定，"严格控制勘查、开采矿藏和工程建设使用国家级公益林地。确需使用的，严格按照《建设项目使用林地审核审批管理办法》有关规定办理使用林地手续。涉及林木采伐的，按相关规定依法办理林木采伐手续"。

有林地是指附着有森林植被、郁闭度≥0.2的林地，包括乔木林和竹林。根据《建设项目使用林地审核审批管理办法》第四条，占用和临时占用林地的建设项目应当遵守林地分级管理的规定："（一）各类建设项目不得使用Ⅰ级保护林地。……（八）公路、铁路、通讯、电力、油气管线等线性工程和水利水电、航道工程等建设项目配套的采石（沙）场、取土场使用林地按照主体建设项目使用林地范围执行，但不得使用Ⅱ级保护林地中的有林地。其中，在国务院确定的国家所有的重点林区（以下简称重点国有林区）内，不得使用Ⅲ级以上保护林地中的有林地。……"Ⅰ、Ⅱ、Ⅲ、Ⅳ级保护林地，是指依据县级以上人民政府批准的林地保护利用规划确定的林地。

根据《森林公园管理办法》第十二条，占用、征收、征用或者转让森林公园经营范围内的林地，必须征得森林公园经营管理机构同意，为国有林地的，还必须经省级林业主管部门审核同意。

《森林法实施条例》第四十三条对未经批准擅自占用林地的后果进行了规定，由县级以上人民政府林业主管部门责令限期恢复原状，并处非法改变用途林地每平方米10元至30元的罚款。临时占用林地，逾期不归还的，依照前款规定处罚。

2017年5月20日，在北新屯乡北堡村建设村级光伏电站扶贫项目中，张家口某农业开发有限公司，在未经县级以上林业主管部门批准的情况下，擅自改变林地用途。在万林罚决字〔2019〕第5号处罚决定书中，对该公司处以以下处罚：①限于2020年3月5日前恢复擅自改变林地的原状；②并处擅自改变林地用途面积0.31亩，折合206.77平方米，每平方米10元的行政罚款，计2067.7元。同年，洛宁县某新能源有限公司在兴华镇薛岭村建造光伏电站占用一般用材林地4797平方米，没有办理林地使用手续，宁林罚决字（2018）第014号处罚决定书对该公司处以退还非法占用的林地，罚款95 940元的处罚。

非法占用林地还可能遭受刑事处罚。在（2018）川3425刑申2号刑事判决书中，新能源公司在未办理使用林地手续的情况下，擅自改变林地用途，在林地上搭建光伏板修建光伏电站，法院最终认定该公司负责人徐某构成非法占用农用地罪。

（3）草地。

目前，新建、扩建光伏发电项目，不得占用基本草原。工程建设应当不占或者少占草原，确需征收、征用或者使用草原的，必须经省级以上人民政府草原行政主管部门审核同意后，依照有关土地管理的法律、行政法规办理建设用地审批手续。《草原法》第六十五条对非法占用草原的法律后果进行了明确的规定：未经批准或者采取欺骗手段骗取批准，非法使用草原，构成犯罪的，依法追究刑事责任；尚不够刑事处罚的，由县级以上人民政府草原行政主管部门依据职权责令退还非法使用的草原，对违反草原保护、建设、利用规划擅自将草原改为建设用地的，限期拆除在非法使用的草原上新建的建筑物和其他设施，恢复草原植被，并处草原被非法使用前三年平均产值六倍以上十二倍以下的罚款。在贵国土资罚决字〔2017〕300008号处罚决定书中，贵港市某新能源有限公司非法占用草地建设农业大棚光伏发电项目，被处以责令退还非法占用的土地，没收在非法占用的 6982 平方米土地上新建的建筑物和其他设施，并处每平方米 1 元的罚款，共计罚款 6982 元整。

（4）生态保护红线。

生态保护红线涵盖国家级和省级禁止开发区域，以及其他有必要严格保护的各类保护地。国家级和省级禁止开发区域包括国家公园、自然保护区、森林公园的生态保育区和核心景观区、风景名胜区的核心景区、地质公园的地质遗迹保护区、世界自然遗产的核心区和缓冲区、湿地公园的湿地保育区和恢复重建区、饮用水水源地的一级保护区、水产种质资源保护区的核心区，以及其他类型禁止开发区的核心保护区域。其他有必要严格保护的各类保护地主要涵盖：极小种群物种分布的栖息地、国家一级公益林、重要湿地（含滨海湿地）、国家级水土流失重点预防区、沙化土地封禁保护区、野生植物集中分布地、自然岸线、雪山冰川、高原冻土等重要生态保护地。生态保护红线内自然保护地核心保护区外，禁止开发性、生产性建设活动。即光伏项目不得占用生态保护红线内的土地进行建设。

天津某科技有限公司光伏发电项目建设于海洋生态保护红线内，严重破坏了渤海湾海洋生态环境，被依法责令拆除。

（5）自然保护区。

自然保护区是指保护典型的自然生态系统、珍稀濒危野生动植物种的天然集中分布区、有特殊意义的自然遗迹的区域。自然保护区具有较大面积，确保主要保护对象安全，维持和恢复珍稀濒危野生动植物种群数量及赖以生存的栖息环境。光伏项目禁止占用各类自然保护区。《自然保护区条例》第三十五条，违反规定在自然保护区建设的单位和个人，除可以依照有关法律、行政法规规定给予处罚的以外，由县级以上人民政府有关自然保护区行政主管部门或者其授权的自然保护区管理机构没收违法所得，责令停止违法行为，限期恢复原状或者采取其他补救措施；对自然保护区造成破坏的，可以处以 300 元以上 1 万元以下的罚款。

4. 租赁用地

根据《关于支持新产业新业态发展促进大众创业万众创新用地的意见》[1]，光伏项目使用戈壁、荒漠、荒草地等未利用土地的，对不占压土地、

---

[1] 该意见自 2015 年 9 月 10 日起施行，于 2023 年 9 月 10 日失效。

不改变地表形态的用地部分，可按原地类认定，不改变土地用途，在年度土地变更调查时作出标注，用地允许以租赁等方式取得，双方签订好补偿协议，用地报当地县级国土资源部门备案；对项目永久性建筑用地部分，应依法按建设用地办理手续。

对于光伏项目通过合法租赁或取得农村土地承包经营权的方式取得使用土地时，项目公司须与出租方签署租赁合同或与发包方（村集体经济组织或者村民委员会）签署承包合同，应依据或参照适用《农村土地承包法》第五十二条的相关规定，事先取得集体经济组织成员的村民会议三分之二以上成员或者三分之二以上村民代表的同意，并将土地承包合同报乡（镇）人民政府批准，否则可能会导致用地合同无效。如陕西省咸阳市中级人民法院（2016）陕04民终2151号民事判决书中，长武县相公镇柳泉村民委员会与陕西某光伏电力有限公司签订土地租赁合同，未事先经该集体经济组织成员的村民会议三分之二以上成员或者三分之二以上村民代表的同意，未报长武县相公镇人民政府批准，亦未进行改变土地用途的变更审批手续，法院最终认定该土地租赁合同因违反了法律强制性规定而无效。又如广东省中山市第一人民法院（2019）粤2071民初19920号民事判决书中，涉案土地系农用地，石鼓经联社将涉案土地承包给南方光伏公司前，因未经集体经济组织成员的村民会议三分之二以上成员或三分之二以上村民代表同意，故法院认定石鼓经联社与南方光伏公司签订的租赁合同违反法律的强制性规定而属于无效合同。

《城镇国有土地使用权出让和转让暂行条例》第四十五条规定，符合相关条件，经市、县人民政府土地管理部门和房产管理部门批准，其划拨土地使用权和地上建筑物、其他附着物所有权可以转让、出租、抵押。根据司法实践，未经批准出租划拨土地的合同有效性存在不同观点，主要是因为司法机关对于《城镇国有土地使用权出让和转让暂行条例》第四十五条的规定是否属于效力性强制性规定认定不一。故建议要求出租方依法履行批准手续，从而降低被认定为合同无效或合同未生效的风险。另外，出租划拨土地应当缴纳土地使用权出让金，虽然上缴主体是划拨土地使用权人，但为了避免划拨土地使用权人拒绝上缴土地使用权出让金，建议在租赁合同中明确租金已包含土地使用权出让金的问题。

《土地管理法》第五十六条规定，建设单位使用国有土地的，应当按照土地使用权出让等有偿使用合同的约定或者土地使用权划拨批准文件的规定使用土地；确需改变该土地建设用途的，应当经有关人民政府自然资源主管部门同意，报原批准用地的人民政府批准。其中，在城市规划区内改变土地用途的，在报批前，应当先经有关城市规划行政主管部门同意。关于将划拨国有农用地出租给光伏电站发电使用，是否属于违反划拨土地用途的问题，目前尚无官方明确解释。但在（2018）最高法民终790号民事判决书中，最高人民法院认定《土地管理法》第五十六条用途管制作为效力性强制性规定，违反该条规定会导致民事合同无效。

（五）建设工程规划许可证、施工许可证

《城乡规划法》第四十条规定，在城市、镇规划区内进行工程建设的，建设单位应申请办理建设工程规划许可证。若项目建设不在城镇规划区内，则免于办理建设工程规划许可证具有一定的合理性。

对于施工许可证，国务院建设行政主管部门确定的限额以下的小型工程以及按照国务院规定的权限和程序批准开工报告的建筑工程无需办理施工许可证。依法应当办理建设工程规划许可证的项目，建设工程规划许可证是申请办理施工许可证的前提条件。

未按规定办理建设工程规划许可证、施工许可证将受到行政处罚。未取得建设工程规划许可证或者未按照建设工程规划许可证的规定进行建设的，由县级以上地方人民政府城乡规划主管部门责令停止建设；尚可采取改正措施消除对规划实施的影响的，限期改正，处建设工程造价百分之五以上百分之十以下的罚款；无法采取改正措施消除影响的，限期拆除，不能拆除的，没收实物或者违法收入，可以并处建设工程造价百分之十以下的罚款。未取得施工许可证或者开工报告未经批准擅自施工的，责令改正，对不符合开工条件的责令停止施工，可以处以罚款。《某新能源公司首次公开发行A股股票招股说明书》显示，在朝住建招罚〔2017〕35号处罚决定书中，某新能源公司太阳能光伏发电项目工程建设未按规定办理建筑工程施工许可证擅自施工，被处以罚款55 000元。

三、送出线路

送出线路是指从光伏电站的并网点至电网公共连接点的输电线路，可能涉及架空电力线路走廊和地下电缆通道建设。部分地区送出线路工程区分于光伏电站项目单独进行项目立项。用地预审是将国土空间规划确定的城市和村庄、集镇建设用地范围外的农用地转为建设用地的用地步骤，主要是为了后续将农用地转为建设用地。在允许以租代征的省份，由于无需办理建设用地审批手续，故作为建设用地审批手续前置流程的用地预审手续亦无需办理。送出线路用地在允许以租代征的省份无需办理用地预审手续。如相关地区在送出线路单独立项的情况下不允许以租代征的，则该等送出线路的项目用地需要进行用地预审。光伏项目送出线路杆塔基础用地为永久用地，应按照建设用地管理，其面积按基础外轮廓尺寸计算，涉及农用地的，还需办理农用地转用手续。

在实际操作中，有一种"以偿代征"的方式，即一次性给予相应补偿，不再另行组织征地。但这种模式的实施必须要有明确的地方政策，或者由发展改革委、自然资源部门通过书面文件予以确认或批复。对于送出线路用地是否可以采取"以偿代征"的模式，项目公司应根据实际情况，对当地的规定进行调研，必要时直接向发展改革委及自然资源部门进行咨询。以下是部分地区关于送出线路的相关规定，如表2-2所示。

表2-2 我国部分地区关于送出线路的相关规定

文件名称 发布时间	内容
《海南省电力建设与保护条例》 （2015年9月25日）	第十一条　根据电力建设规划新建、改建、扩建输电线路，确需穿越土地并影响土地使用的，电力设施建设单位应当与土地所有权人或者使用权人协商解决，并依照有关规定对土地所有权人或者使用权人给予一次性经济补偿。 根据电力建设规划新建、改建、扩建架空电力线路通过林地时，应当依法办理占用林地手续；需要砍伐、清除林木的，应当依法办理林木采伐手续。电力设施建设单位应当依法给予林地、林木所有权人或者使用权人一次性经济补偿。 电力建设项目取得建设工程规划许可后，发展和改革主管部门应当根据建设工程规划许可和电力设施保护范围的要求，对依法需要确定的电力设施保护范围和电力线路保护区进行公告。在公告明示的电力线路保护区内，突击抢种的植物、抢建的建筑物及其他附着物，需要砍伐或者拆除的，不予补偿；公告前已有的植物、建筑物、构筑物，需要修剪、砍伐或者拆除的，电力设施建设单位应当给予一次性经济补偿，并依法办理相关手续。

续表

文件名称 发布时间	内容
	经济补偿的标准应当与国民经济和社会发展水平相适应。具体办法由省人民政府制定。 电力设施建设单位未能与植物、建筑物、构筑物的所有权人就一次性经济补偿达成协议的,可向所在地市、县级人民政府申请依法征收
《湖南省电力设施保护和供用电秩序维护条例》 (2008年9月28日)	第十条 建设电力设施应当坚持保护耕地、节约利用土地的原则,并遵守有关法律、法规和行业标准以及技术规范。架空电力线路走廊(包括电杆、铁塔、拉线基础)和地下电缆通道建设不实行征地。架空电力线路的电杆、铁塔、拉线需要用地的,电力建设单位应当和相关村民委员会或者农村土地承包经营者签订协议,明确用地位置、保护责任,并参照当地征地补偿标准给予一次性补偿
《山西省电力设施保护条例》 (2014年7月25日)	第十四条 依法取得的电力设施用地和依法划定的电力线路走廊以及电缆通道,任何单位和个人不得擅自占用或者改变其用途。因建设需要,调整已规划的电力设施用地、电力线路走廊和电缆通道的位置的,应当依法办理手续;因修改城乡规划给电力设施建设单位造成损失的,应当依法给予补偿。电力线路保护区内的杆塔、拉线基础用地不实行征地,由电力设施建设单位按照国家有关标准给予一次性补偿
《陕西省人民政府办公厅关于做好电网建设工程征地拆迁工作有关问题的通知》 (2007年7月9日)	三、(四)输电线路杆塔、拉线基础用地只占不征的,在有关各方积极协商并形成一致意见的基础上,依据杆塔、拉线保护范围按永久用地补偿标准进行补偿。其中,砼杆占地按照100元—200元/杆的标准进行补偿。在电力设施超过设计使用年限报废或线路迁改时,其占用地应交还回土地所有者。 (六)电网建设中,凡永久(含架空电力线路)或临时占用林地、宜林地,要按照《国家森林法》和《陕西省森林植被恢复费征收使用管理实施办法》(陕财办综[2003]19号)的有关规定,在缴纳森林植被恢复费后,由林业主管部门办理征占用林地审核手续
《江苏省电力条例》 (2020年1月9日)	第十八条 架空电力线路走廊(包括杆、塔基础)和地下电缆通道建设不实行征地。杆、塔基础占用的土地,电力建设单位应当对土地承包经营权人或者建设用地使用权人给予一次性经济补偿。架空电力线路走廊通过林地或者涉及非林地林木时,需要砍伐、清除林木的,应当按照有关法律、法规规定办理占用林地、林木采伐手续。电力建设单位应当给予林地承包经营权人或者林木所有人一次性经济补偿。电力行政管理部门应当根据电力设施具体位置和电力设施保护范围的要求,对依法需要确定的电力设施保护区进行公告。

39

续表

文件名称 发布时间	内容
	在公告明示的电力设施保护区内，已有的植物、建筑物、构筑物，需要修剪、砍伐或者拆除的，电力建设单位应当给予一次性经济补偿，并依法办理相关手续；公告后新种植物或者新建、扩建的建筑物、构筑物部分，需要砍伐或者拆除的，不予补偿。经济补偿应当合理，具体标准由设区的市人民政府制定
《广东省电力建设若干规定》（2006年1月5日）	第十条　架空电力线路的杆、塔基础用地，在初步设计审批后，由设计单位按照地级以上市行政区划对沿线的杆、塔基础用地红线图及其占地面积登记造册，由电力企业向沿线所在地地级以上市国土资源行政主管部门备案，不办理土地使用权证。需要拆迁补偿的，按本规定第七条、第八条、第九条规定执行。架空电力线路的杆、塔基础使用林地的，由电力企业依法向县级以上林业行政主管部门申办使用林地审核手续和林木采伐审批手续
《黑龙江省电力设施建设与保护条例》（2018年6月28日）	第十三条　电力设施用地中属于永久性用地且符合国家《划拨用地目录》的，依法划拨取得。属于临时用地的，依法办理临时用地审批手续，土地权属不变。架空输电线路走廊和地下电力电缆通道建设不实行征地。新建电力设施建设项目取得建设项目规划选址意见书后，电力行政主管部门应当根据建设项目规划选址意见书和电力设施保护范围的要求，对依法需要确定的电力设施保护区进行公告。在公告明示的电力设施保护区内，公告前已有的植物需要砍伐或者建筑物、构筑物需要拆除的，按照国家和省征地补偿的有关项目和标准给予补偿；公告后新种植物需要砍伐或者新建、扩建的建筑物、构筑物需要拆除的，不予补偿。电力设施建设单位因自身原因未按照公示的电力设施保护区使用土地，给土地使用人造成损失，应当予以补偿。征地补偿和安置方案由市、县人民政府土地行政主管部门组织实施。对补偿标准有争议的，由县级以上地方人民政府协调；协调不成的，由批准征收土地的人民政府裁决。对人民政府裁决不服的，可以依法申请行政复议或者提起行政诉讼。征地补偿、安置争议期间征收土地方案的实施按照《土地管理法实施条例》有关规定执行
《福建省电力设施建设保护和供用电秩序维护条例》（2015年9月25日）	第十五条　架空电力线路走廊和地下电缆通道建设不实行土地征收。电力建设单位应当对杆塔基础用地的土地使用权人或者土地承包经营权人给予一次性经济补偿。因电力设施建设及其相关活动，对原海域使用权人造成损失的，应当依法给予相应赔偿。因电力建设使用海域的需要，提前收回海域使用权的，原批准用海的人民政府应当依法对原海域使用权人给予相应补偿。 第十八条　电力设施与林区、城市绿化之间发生妨碍时，按照下列原则处理：（一）电力建设单位适当提高技术设计标准，提升架空电

续表

文件名称 发布时间	内容
	力线路杆塔高度,以减少对林业生产和生态建设的影响。(二)新建、改建或者扩建架空电力线路的杆塔基础需使用林地的,电力设施产权人应当依法办理使用林地的相关手续;需使用城市规划区内绿地的,应当依法向县级以上地方人民政府城市园林绿化行政管理部门申请办理使用绿地的相关手续,并依法缴纳相关费用。(三)新建、改建或者扩建架空电力线路走廊需要砍伐林木的,电力设施产权人应当与林木所有人签订砍伐林木和砍伐后及时绿化但不再种植高杆植物的协议,并按照有关规定给予一次性补偿,依法办理采伐手续。(四)新建、改建或者扩建架空电力线路走廊需在城市规划区内砍伐、移植、修剪树木的,由电力设施产权人依法向所在地县级以上地方人民政府城市园林绿化行政管理部门申请办理树木相关手续。砍伐、移植、修剪费用的承担按国家和所在地城市有关规定执行。(五)架空电力线路导线在最大弧垂或者最大风偏后与树木之间的安全距离按照国家和本省有关规定执行。在法定的电力设施保护区内,电力设施投入运行后,已经种植的植物,因自然生长不满足安全距离要求的,应当按照前款第三项规定执行。在法定的电力设施保护区内,新种植林木等植物应当符合第一款第五项要求,对不符合安全距离的植物,电力企业应当通知所有人或者管理人限期处理,所有人或者管理人逾期不予处理的,电力企业可以自行修剪或者依法砍伐,并不予支付补偿费用,依法砍伐的林木归产权人所有
《河北省电力条例》 (2014年5月30日)	第九条 架空电力线路走廊和电力电缆通道不改变其范围内土地的权属和使用性质,电力建设单位应当参照当地征地补偿标准对杆塔基础用地的土地使用权人、土地所有权人给予一次性经济补偿。电力建设项目需要征收土地的,应当按照有关法律、法规的规定办理。 第十四条 新建、改建、扩建架空电力线路跨越、穿越林地或者城市绿化林的,电力建设单位应当采取安全措施;需要砍伐林木的,依法办理林木采伐审批手续,并对林木权利人依法给予一次性经济补偿
《宁夏回族自治区电力设施保护条例》 (2012年9月25日)	第十四条 新建、改建、扩建电力设施,应当坚持保护耕地、合理利用土地的原则。电力设施项目使用土地,应当依照有关法律、法规办理;依法征用土地的,应当支付土地补偿费和安置补助费。输电线路工程杆、塔基用地可以不办理用地预审和土地征收(用)手续,应当给予合理补偿。 第十七条 架空电力线路应当避让林区。确需穿越林区的,电力建设单位应当依法办理采伐手续。架空电力线路通道内不得再种植危及电力设施安全的树木。电力线路建设单位征用、占用林地或者采伐树木,应当办理征用、占用、采伐手续,并依法给予林地、树木所有

续表

文件名称 发布时间	内容
	者补偿后，方可进行。对不影响线路安全运行、不妨碍线路巡视、检修的树木，不得采伐，但电力线路建设单位应当与树木所有者或者管理者签定协议，确保树木自然生长最终高度与导线之间的安全距离
《湖北省电力设施建设与保护条例》（2011年9月29日）	第十七条 发电厂、变电站、开关站、换流站用地符合国家划拨用地目录的，依法通过划拨方式取得建设用地使用权。架空电力线路走廊（包括杆、塔基础）和地下电缆通道建设不实行征地，电力设施建设单位应当对杆、塔基础用地的建设用地使用权人或者土地承包经营权人给予一次性经济补偿。新建架空电力线路需要砍伐林木的，电力设施建设单位应当依法办理砍伐手续，并根据砍伐范围给予林木所有人或者经营人一次性经济补偿，与其签订在通道内不种植危及电力设施安全的植物的协议。具体补偿标准由省价格主管部门会同省电力行政主管部门制定，报省人民政府批准后执行
《甘肃省电网建设与保护条例》（2012年11月28日）	第十七条 变电站（所）、开关站（开闭所）等用地符合国家划拨用地目录的，依法通过划拨方式取得建设用地使用权。架空输、配电线路走廊、杆塔基础和地下电缆通道建设不实行征地；杆塔基础使用的土地，建设单位应当按照有关规定给予相关权利人一次性经济补偿
《浙江省电网设施建设保护和供用电秩序维护条例》（2014年3月27日）	第八条 电网设施建设项目涉及土地（含林地，下同）、房屋征收的，依照土地、房屋征收有关法律、法规的规定，由设区的市、县（市、区）人民政府组织实施并给予征收补偿。对不需要办理土地征收手续的架空电力线路的杆（塔）基础、拉线基础用地，电网设施建设单位应当给予土地承包经营权人、集体土地所有权人或者建设用地使用权人等权利人相应补偿；补偿时，应当告知权利人有遵守本条例第二十条第一项和第二项规定的义务。 第九条 电网设施建设项目取得建设工程规划许可后，县级以上人民政府经济和信息化主管部门应当根据建设工程规划许可，对依照本条例第十七条规定需要确定的电力线路保护区予以公告。公告前电力线路保护区内已有的植物，确需予以修剪、采伐的，电网设施建设单位应当给予植物所有人或者管理人相应补偿，并就已修剪植物可能危及电网设施安全时的再次修剪义务，以及不再在保护区内种植可能危及电网设施安全的植物等事项，与该植物所有人或者管理人签订协议。电网设施建设中需要采伐林木的，应当依法办理林木采伐许可手续

续表

文件名称 发布时间	内容
《天津市电力设施保护管理办法》（2021年12月31日）	第二十条　城乡绿化应避开各类电力设施保护区。确须在已建电力架空线路保护区内种植树木时，种植单位在征得电力主管部门同意后，可种植低矮树种，并由种植部门负责修剪，保持树木高度和导线之间的距离符合安全要求。建设架空电力线路应尽量避免穿过城市公园、绿地，必须穿过时，电力设施建设单位应征得园林部门同意并经城市规划部门批准，并注意避开优美景观和游人集中的地区……

四、竣工验收

竣工验收是国家可再生能源发展资金补助目录中的先决条件。根据《光伏电站开发建设管理办法》第二十二条的规定，项目主体工程和配套电力送出工程完工后，项目单位应及时组织项目竣工验收。项目单位提交并网运行申请书后，电网企业应按国家有关技术标准规范和管理规定，在规定时间内配合开展光伏电站涉网设备和电力送出工程的并网调试、竣工验收等。根据《光伏发电工程验收规范》（GB/T50796-2012），光伏发电工程竣工验收在试运和移交生产验收完成后进行。工程应已经按照施工图纸全部完成，并已提交建设、设计、监理、施工等相关单位签字、盖章的总结报告，历次验收发现的问题和缺陷应已经整改完成。消防、环境保护、水土保持等专项验收应完成，工程投资应全部到位，并完成竣工决算和审计。工程竣工验收委员会批准验收程序后，开展竣工验收工作，主要包括：（1）应检查竣工资料是否完整齐备；（2）应审查工程竣工报告；（3）应检查竣工决算报告及其审计报告；（4）应审查工程预决算执行情况；（5）当发现重大问题时，验收委员会应停止验收或者停止部分工程验收，并督促相关单位限期处理；（6）应对工程进行总体评价；（7）应签发"工程竣工验收鉴定书"。

（一）建设项目竣工验收备案文件

建设项目的竣工验收要按有关标准进行，完成后，由国家有关行政主管部门制定的有关标准和程序进行验收，并出具验收报告。《建设工程质量管理条例》第十七条明确，建设项目档案必须及时收集、整理建设项目档案，建立、健全建设项目档案,并在建设工程竣工验收后,及时向建设行政主管部门或者其他有关部门移交建设项目档案。施工单位在递交竣工验收报告、规划、消防、环保等相关文件时,应当将施工文件递交至建设管理机关或相关部门。

为进一步加强电力工程项目造价监管,国家能源局综合司《关于电力工程项目造价信息报送及统计分析工作有关问题的通知》规定,电力企业应于每年7月15日前完成报送上一年度投产的总规模10MW及以上光伏发电工程造价信息,信息报送采用网上填报方式,报送的内容包括工程概况、主要工程造价、主要设备材料价格及技术经济指标等。未完成竣工决算的项目,应填报上报决算或完工结算数据,并在竣工决算批复后的当年或下一年度完成更新。

(二) 环境保护设施竣工验收文件

《建设项目环境保护管理条例》第十七条规定,编制环境影响报告书、环境影响报告表的建设项目竣工后,建设单位应当按照国务院环境保护行政主管部门规定的标准和程序,对配套建设的环境保护设施进行验收,编制验收报告。建设单位在环境保护设施验收过程中,应当如实查验、监测、记载建设项目环境保护设施的建设和调试情况,不得弄虚作假。除按照国家规定需要保密的情形外,建设单位应当依法向社会公开验收报告。故,建设单位应当按照规定的标准和程序对配套建设的环境保护设施进行验收并编制和公开验收报告。

该条例第二十三条规定了违反相关规定的法律后果:需要配套建设的环境保护设施未建成、未经验收或者验收不合格,建设项目即投入生产或者使用,或者在环境保护设施验收中弄虚作假的,由县级以上环境保护行政主管部门责令限期改正,处20万元以上100万元以下的罚款;逾期不改正的,处100万元以上200万元以下的罚款;对直接负责的主管人员和其他责任人员,处5万元以上20万元以下的罚款;造成重大环境污染或者生态破坏的,责令停止生产或者使用,或者报经有批准权的人民政府批准,责令关闭。违反本条例规定,建设单位未依法向社会公开环境保护设施验收报告的,由县级以上环境保护行政主管部门责令公开,处5万元以上20万元以下的罚款,并予以公告。

在州环罚（8）〔2021〕5号处罚决定书中，册亨县生态环境局对册亨某光伏电力有限公司的某光伏电站110KV送出线路工程项目进行检查时，发现该项目在未经建设项目竣工环境保护验收的情况下，已投入使用。依据《建设项目环境保护管理条例》第二十三条第一款，对册亨某光伏电力有限公司作出了罚款20万元的处罚。

(三) 安全设施验收

《建设项目安全设施"三同时"监督管理办法》第二十二条第一款规定，本办法第七条规定的建设项目安全设施竣工或者试运行完成后，生产经营单位应当委托具有相应资质的安全评价机构对安全设施进行验收评价，并编制建设项目安全验收评价报告。该办法第二十三条第一款规定，建设项目竣工投入生产或者使用前，生产经营单位应当组织对安全设施进行竣工验收，并形成书面报告备查。安全设施竣工验收合格后，方可投入生产和使用。同时，该办法第三十条对建设单位未按规定对安全设施进行竣工验收的法律后果做出了明确规定，将对有关生产经营单位责令限期改正，可以并处5000元以上3万元以下的罚款。

在安全生产管理上，首先，要配备足够的安全管理人员，保证其具有相应的安全管理资格，负责施工期间的各项安全生产工作，尤其要避免迟报、漏报、谎报或瞒报安全生产事故。其次，对工程安全、文明施工的措施费用，要分别列出、单独支付，并按时、足额地付给承包人或分包人，防止因工程建设资金的短缺而造成安全生产事故。最后，如果承包人、分包人、监理、设计单位之间有合同关系，则应当订立安全生产协议，以明确双方的安全生产责任和违约责任。

(四) 消防验收

2019年5月，中共中央办公厅、国务院办公厅印发《关于深化消防执法改革的意见》的通知，进一步深化消防执法改革，提出实行"双随机、一公开"监管等多项措施。在此基础上，朝阳市人民政府办公室《朝阳市简化优化电网工程项目联合审批流程实施方案》规定，取消一般建设工程消防验收和备案，仅对国家和省级重大建设项目，建筑高度24米以上的医疗建筑和其他建筑高度100米以上的高层建筑，单体建筑面积5万平方米以上的公共建筑，单体建筑面积2500平方米以上的室内儿童活动场所、老年人照料设施，以及生产和储存甲、乙类易燃易爆危险物品的多层厂房、仓库等涉及重大公共安全的建设工程实施消防验收，审批时限缩减一半，不再对其他建设工程实施消防验收和备案。加强对建设工程投入使用后的抽查。

《消防法》第十三条第三款规定，依法应当进行消防验收的建设工程，未经消防验收或者消防验收不合格的，禁止投入使用；其他建设工程经依法抽查不合格的，应当停止使用。光伏项目应当根据地方要求进行消防验收。

（五）工程规划核验

《城乡规划法》第四十条第一款规定，在城市、镇规划区内进行建筑物、构筑物、道路、管线和其他工程建设的，建设单位或者个人应当向城市、县人民政府城乡规划主管部门或者省、自治区、直辖市人民政府确定的镇人民政府申请办理建设工程规划许可证。光伏项目的建设应当符合政府相关规划条件，并依法取得建设工程规划许可证。根据《某新能源股份有限公司首次公开发行Ａ股股票招股说明书》，某发电有限公司因未办理建设工程规划许可证，擅自开工建设，在（平城管）罚字［2020］第（10）号处罚决定书中，被处以罚款114 840元。

《城乡规划法》第四十五条规定，县级以上地方人民政府城乡规划主管部门按照国务院规定对建设工程是否符合规划条件予以核实。未经核实或者经核实不符合规划条件的，建设单位不得组织竣工验收。建设单位应当在竣工验收后六个月内向城乡规划主管部门报送有关竣工验收资料。

《城乡规划法》第六十四条规定，未取得建设工程规划许可证或者未按照建设工程规划许可证的规定进行建设的，由县级以上地方人民政府城乡规划主管部门责令停止建设；尚可采取改正措施消除对规划实施的影响的，限期改正，处建设工程造价百分之五以上百分之十以下的罚款；无法采取改正措施消除影响的，限期拆除，不能拆除的，没收实物或者违法收入，可以并处建设工程造价百分之十以下的罚款。

（六）电力业务许可证（发电类）

电力业务许可证分为发电、输电、供电三个类别。从事发电业务的企业，应当取得发电类电力业务许可证，未取得电力业务许可证，不得从事电力业务。

根据国家能源局《关于贯彻落实"放管服"改革精神优化电力业务许可

管理有关事项的通知》，深入推进简政放权，简化发电类电力业务许可管理，继续实施电力业务许可豁免政策，"项目装机容量 6MW（不含）以下的太阳能、风能、生物质能（含垃圾发电）、海洋能、地热能等可再生能源发电项目"，不纳入电力业务许可管理范围。故符合条件的光伏发电项目可免除电力业务许可。

《国家能源局公告 2020 年第 3 号——关于决定取消电力业务许可、承装（修、试）电力设施许可涉及的 21 项证明材料的公告》规定，其附件所列证明材料实行电力业务资质许可告知承诺制，包括法人营业执照、财务状况审计报告和对营运资金状况的说明、专业技术资格证明、项目审批或核准文件、质量监督检查报告、环境保护评价文件的审批（备案）材料等材料。企业申办电力业务许可证不再提交相关证明材料，但须具备现行规章规范性文件规定的申请条件，由许可机关通过网络核验、部门间信息共享及书面告知承诺等方式办理。

根据《电力业务许可证管理规定》第四十条的规定，未依法取得电力业务许可证非法从事电力业务的，应当责令改正，没收违法所得，可以并处以违法所得 5 倍以下的罚款；构成犯罪的，依法追究刑事责任。2023 年 1 月，国家能源局华中监管局对两家光伏企业因名下光伏电站项目并网发电超过六个月未办理电力业务许可证进行了行政处罚，没收违法所得，并处以违法所得 1 倍的罚款，两家企业合计罚款 20 余万元。

（七）电力建设工程质量监督检查文件

2000 年 1 月发布的《建设工程质量管理条例》第四十三条规定，国家实行建设工程质量监督管理制度。为贯彻落实《建设工程质量管理条例》和电力建设工程质量安全管理有关规定，进一步规范光伏发电工程质量监督检查工作，保障工程建设质量，根据国家能源局 2015 年工作计划，电力工程质量监督总站组织编制并于 2016 年发布了《光伏发电工程质量监督检查大纲》，在原《光伏发电工程质量监督检查典型大纲》的基础上，增加了地基处理的监督检查，同时增加了商业运行前的监督检查，取消了自检和预监督检查，简化了监督检查的程序，但是强化了对工程阶段性验收的要求。

2022 年 10 月，国家能源局综合司发布《关于公开征求火力发电、输变电、陆上风力发电、光伏发电等四类建设工程质量监督检查大纲（征求意见稿）意见的通知》，国家能源局组织修订了《光伏发电建设工程质量监督检查大纲》，并向社会公开征求意见，与原《光伏发电工程质量监督检查大纲》相比，主要的调整和变化如下：补充完善了工程建设各参建责任主体质量行为的检查内容；消防设施的质量、验收、工程建设参建责任主体资质、转包和违法分包等检查内容不再列入电力质量监督检查范围；删除了"商业运行前监督检查"阶段，必要的检查条款前移；将部分阶段检查合并，且在质量监督检测小节中不再明确各阶段检测试验重点查验项目，具体由质监机构根据工程的实际情况确定。

根据《建设工程质量管理条例》第五十六条第六项的规定，未按照国家规定办理工程质量监督手续的，责令改正，处20万元以上50万元以下的罚款。平罗县某光伏发电有限公司的因未按照国家规定办理工程质量监督手续，被国家能源局西北监管局责令改正并罚款30万元。

（八）水土保持设施验收文件

《水土保持法实施条例》第十四条、《开发建设项目水土保持方案编报审批管理规定》（2017年修正）第十二条均规定了依法应当编制水土保持方案的生产建设项目工程竣工验收时，应当由水行政主管部门同时验收水土保持设施。水土保持设施验收不合格的，项目工程不得投产使用。

2017年9月，国务院发布《关于取消一批行政许可事项的决定》，决定取消国务院部门实施的40项行政许可事项和12项中央指定地方实施的行政许可事项，其中就包括取消生产建设项目水土保持设施验收审批，生产建设单位应当在生产建设项目投产使用前，依据经批复的水土保持方案及批复意见，组织第三方机构编制水土保持设施验收报告，向社会公开并向水土保持方案审批机关报备，水利部将强化"生产建设项目水土保持方案审批"，加强对水土保持方案实施情况的跟踪检查，依法查处水土保持违法违规行为，处罚结果纳入国家信用平台，实行联合惩戒。

根据《水利部办公厅关于印发生产建设项目水土保持设施自主验收规程（试行）的通知》，自主验收包括水土保持设施验收报告编制和竣工验收两个阶段。水土保持设施验收报告编制的责任主体是第三方技术服务机构。水土保持设施竣工验收应在第三方提交水土保持设施验收报告后，生产建设项目投产运行前完成。竣工验收应由项目法人组织，一般包括现场查看、资料查阅、验收会议等环节。自主验收完成后，项目法人按规范格式制发水土保持设施验收鉴定书。

根据《水利部办公厅关于印发生产建设项目水土保持监督管理办法的通知》，生产建设单位应当在水土保持设施验收合格后，及时在其官方网站或者其他公众知悉的网站公示水土保持设施验收材料，公示时间不得少于20个工作日，并应在3个月内向审批水土保持方案的水行政主管部门或者水土保持方案审批机关的同级水行政主管部门报备水土保持设施验收材料，以获取水土保持设施验收报备回执。

(九) 工程档案验收意见

《建设工程质量管理条例》第十七条规定，建设单位应当严格按照国家有关档案管理的规定，及时收集、整理建设项目各环节的文件资料，建立、健全建设项目档案，并在建设工程竣工验收后，及时向建设行政主管部门或者其他有关部门移交建设项目档案。

目前，部分省市试行建设工程档案验收承诺制，例如贵州省、淄博市，贵州省规定建设工程档案验收承诺制，是指经各级城建档案管理机构业务指导的工程项目，建设工程档案基本符合档案认可条件，仅存在《建设工程档案验收承诺事项清单》所列情况，建设单位可提出《建设工程档案先行认可申请函》，就清单所列事项做出书面承诺，各级城建档案管理机构出具《建设工程档案先行认可意见表》作为联合验收专项验收意见。

(十) 并网验收意见

《电网调度管理条例实施办法》第三十条规定，需并网运行的发电厂、机组、变电站或者电网，在与有关电网管理部门签订并网协议之前，应当提出并网申请，由有关电网管理部门审查其是否符合并网运行的条件。光伏电站建设完成后，需要向供电公司提供材料申请并网验收和并网调试材料清单，符合相关规定要求的，并网运行，从建设期进入运营期。

五、其他关注要点

除上述内容外，集中式光伏项目的开发建设过程中，投资方仍需关注的要点如下：

（一）工程是否进行了招投标

光伏项目采用工程总承包方式发包的，工程总承包项目范围内的设计、采购或者施工中，有任一项属于依法必须进行招标的项目范围且达到国家规定规模标准的，应当采用招标的方式选择工程总承包单位。未达到法定规模标准的，项目业主可自行选择招标投标、竞争性谈判、咨询比价或单一来源采购等方式进行发包。

关于依法必须进行招标的项目范围，根据2017年修正的《招标投标法》第三条的规定，在境内进行下列工程建设项目包括项目的勘察、设计、施工、监理以及与工程建设有关的重要设备、材料等的采购，必须进行招标：（1）大型基础设施、公用事业等关系社会公共利益、公众安全的项目；（2）全部或者部分使用国有资金投资或者国家融资的项目；（3）使用国际组织或者外国政府贷款、援助资金的项目。以及根据《必须招标的工程项目规定》第四条规定，大型基础设施、公用事业等关系社会公共利益、公众安全的项目，必须招标的具体范围由国务院发展改革部门会同国务院有关部门按照确有必要、严格限定的原则制订，报国务院批准。以及第五条规定，本规定第二条至第四条规定范围内的项目，其勘察、设计、施工、监理以及与工程建设有关的重要设备、材料等的采购达到下列标准之一的，必须招标：（1）施工单项合同估算价在400万元以上；（2）重要设备、材料等货物的采购，单项合同估算价在200万元以上；（3）勘察、设计、监理等服务的采购，单项合同估算价在100万元以上。同一项目中可以合并进行的勘察、设计、施工、监理以及与工程建设有关的重要设备、材料等的采购，合同估算价合计达到前款规定标准的，必须招标。

关于招标的方式，《招标投标法》第十六条规定，招标人采用公开招标方式的，应当发布招标公告。依法必须进行招标的项目的招标公告，应当通过国家指定的报刊、信息网络或者其他媒介发布。招标公告应当载明招标人的名称和地址、招标项目的性质、数量、实施地点和时间以及获取招标文件的办法等事项。

根据《招标投标法》第四十九条的规定，违反本法规定，必须进行招标的项目而不招标的，将必须进行招标的项目化整为零或者以其他任何方式规避招标的，责令限期改正，可以处项目合同金额千分之五以上千分之十以下的罚款；对全部或者部分使用国有资金的项目，可以暂停项目执行或者暂停资金拨付；对单位直接负责的主管人员和其他直接责任人员依法给予处分。

《国务院办公厅关于促进建筑业持续健康发展的意见》第三条第（三）项规定："……除以暂估价形式包括在工程总承包范围内且依法必须进行招标的项目外，工程总承包单位可以直接发包总承包合同中涵盖的其他专业业务。"以及《招标投标法实施条例》第二十九条规定，"招标人可以依法对工程以及与工程建设有关的货物、服务全部或者部分实行总承包招标。以暂估价形式包括在总承包范围内的工程、货物、服务属于依法必须进行招标的项目范围且达到国家规定规模标准的，应当依法进行招标。前款所称暂估价，是指总承包招标时不能确定价格而由招标人在招标文件中暂时估定的工程、货物、服务的金额"。

基于以上规定，项目工程分包是否需要招投标，关键是在于审核分包工程是否属于以暂估价形式包括在总承包范围内的工程、货物、服务属于依法必须进行招标的项目范围且达到国家规定规模标准的，并据此来判断分包是否需要招投标。

根据《最高人民法院关于审理建设工程施工合同纠纷案件适用法律问题的解释（一）》第一条第一款第三项的规定，以及《招标投标法》第五十条、第五十二条至第五十五条、第五十七条规定，如工程施工项目属于依法必须进行招标范围，应当招标而未招标的、招投标过程中存在围标、串标等违法行为的或者工程施工合同与招投标实质性内容相违背的，将导致签署的施工合同无效。

(二) 承包人的施工资质

《建筑法》第二十六条规定："承包建筑工程的单位应当持有依法取得的资质证书，并在其资质等级许可的业务范围内承揽工程。禁止建筑施工企业超越本企业资质等级许可的业务范围或者以任何形式用其他建筑施工企业的名义承揽工程。禁止建筑施工企业以任何形式允许其他单位或者个人使用本企业的资质证书、营业执照，以本企业的名义承揽工程。"《最高人民法院关于审理建设工程施工合同纠纷案件适用法律问题的解释（一）》第一条第一款第一项规定，"建设工程施工合同具有下列情形之一的，应当依据民法典第一百五十三条第一款的规定，认定无效：（一）承包人未取得建筑业企业资质或者超越资质等级的；……"

上述规定，对总承包人及分包人同等适用。即对总包人而言，其应具备对标的项目建设施工的相关施工资质及发包人于招投标文件中所要求的资质，如不具备则总承包合同可能无效；对分包人而言，分包人是否需具备施工资质问题，则需要根据分包人实施的工程内容判断。如施工内容要求分包人具备相关施工资质而分包人不具备的，则分包合同可能无效。对此，如下司法案例加以印证。在（2020）苏09民终4353号民事判决书中，A公司承接B公司某装修工程后，与自然人C签订《建设工程专业分包合同》，将其中8某楼装修工程分包给C施工，因C无相应施工资质，法院裁判该《建设工程专业分包合同》依法应为无效。即如果分包单位无相关资质，可能导致分包合同无效。

第二节 分布式光伏项目

分布式光伏是指在用户场地附近建设，一般接入低于35kV及以下电压等级的电网，所发电以就地消纳为主，且在配电系统平衡调节为特性的光伏发电设施。由于分布式光伏项目能够实现用电的就地取能、就地分散、灵活消纳，提升电能的终端能源消费占比，对助力"双碳"目标具有重要作用。

近年来，我国大力推进分布式光伏发电，多部门出台相关政策以支持发展。在2021年，国家能源局印发《国家能源局综合司关于报送整县（市、区）屋顶分布式光伏开发试点名单的通知》，启动整县（市、区）屋顶分布式光伏开发工作，要求分布式光伏"宜建尽建""应接尽接"。在2022年，住房和城乡建设部与国家发展改革委出台《城乡建设领域碳达峰实施方案》，提出"推进建筑太阳能光伏一体化建设，到2025年新建公共机构建筑、新建厂房屋顶光伏覆盖率力争达到50%"；《"十四五"全国城市基础设施建设规划》也提出"开展城市韧性电网和智慧电网建设，推进分布式可再生能源和建筑一体化利用，提高分布式电源与配电网协调能力。"

在利好政策的驱动下，根据国家能源局于2022年3月发布的《2021年光伏发电建设运行情况》，在2021年光伏发电新增并网容量中，分布式光伏占比为53.35%；截至2021年底，光伏发电累计并网容量中分布式光伏占比为

35.13%。而根据国家能源局于 2022 年 7 月发布的《2022 年上半年光伏发电建设运行情况》，仅 2022 年上半年，分布式光伏在光伏发电新增并网容量的占比增长至 63.65%，在累计并网容量的占比增长至 37.71%。

表 2-3　2021 年至 2022 年 6 月底分布式光伏在光伏发电新增并网容量的占比

		光伏发电 （单位：万千瓦）	其中：分布式光伏 （单位：万千瓦）	占比
新增并 网容量	2021 年	5488.0	2927.9	53.35%
	2022 年上半年	3087.8	1965.3	63.65%
累计并 网容量	截至 2021 年底	30 598.7	10 750.8	35.13%
	截至 2022 年 6 月底	33 620.4	12 678.0	37.71%

如表 2-3 所示的数据来看，我国分布式光伏发电的发展势头强劲，发展趋势明显加快。然而，在我国分布式光伏发电的发展进入"快车道"的同时，分布式光伏项目的建设和并购也存在诸多风险和隐患。

由于目前我国暂未系统性地就分布式光伏的开发建设出台专门法律法规，关于分布式光伏的规定散落在多个部门规范性文件、政策文件中，而且一些文件发布时间较早，随着我国新能源产业发展及监管政策的演变，其中部分条款已不再适用于当下。且分布式光伏项目较一般的建设项目更为复杂，涉及多个监管领域，一旦出现合规瑕疵，则整改难度大。近年来，分布式光伏项目因合规问题被处以罚款、责令停产拆除，乃至项目负责人被追究刑事责任的案例屡见不鲜。因此，在分布式光伏项目开发建设和投资并购工作中需要重点关注合规性场景，以有效规避法律风险。结合笔者参与的分布式光伏项目的实务经验，就分布式光伏项目尽职调查需要关注的要点进行分析。

一、确定分布式光伏项目类型

根据《国家能源局关于 2019 年风电、光伏发电项目建设有关事项的通知》，目前我国将分布式光伏项目主要分为两类：

（1）户用光伏项目：业主自建的户用自然人分布式光伏项目；

（2）工商业分布式光伏项目：就地开发、就近利用且单点并网装机容量小于 6 兆瓦的户用光伏以外的各类分布式光伏发电项目。

基于户用光伏与工商业分布式光伏的开发主体、建设管理的差异，国家相应出台了不同的管理规定和监管力度，在尽职调查时需要首先确定分布式光伏项目类型，以实现特定场景下的合规要求。

另外，根据分布式光伏电站建造方式的不同，又可划分为以下三种类型：

（1）利用闲置土地建设的分布式光伏电站，例如利用高速公路边坡、工厂厂区闲置土地建设的分布式光伏电站。

（2）光伏建筑附加（Building Attached PV，缩写为 BAPV）：指采用普通光伏组件，在原有建筑上安装，并不替代建筑材料或建筑构件，直接安装到屋顶或附加在墙面的光伏系统。拆除此建筑上的光伏组件，并不会影响原有建筑的基本功能。例如，利用屋顶搭建的分布式光伏项目。

（3）光伏建筑一体化（Building Integrated PV，缩写为 BIPV）：指采用特殊设计的专用光伏组件，安装时替代原有的建筑材料或建筑构件，与建筑融为一体的光伏系统。拆除光伏组件则建筑不能正常使用。例如，光伏瓦、光伏幕墙、光伏天棚、光伏窗和光伏遮阳棚或遮阳板。

由于以上三种类型的分布式光伏项目的建设场景不同，在尽职调查方面需要关注的侧重点也各有不同，笔者将在下文进行详述。

二、项目开发流程尽职调查要点

（一）分布式光伏项目的备案

1. 备案机关

根据国家能源局于 2013 年 11 月出台的《分布式光伏发电项目管理暂行办法》的规定，对分布式光伏发电项目实行备案管理。根据《光伏电站开发建设管理办法》的规定，各省（区、市）可制定本省（区、市）光伏电站项目备案管理办法，明确备案机关及其权限等。

我国光伏项目实行备案制管理，光伏项目按照属地原则备案，其备案机关及其权限由省、自治区、直辖市和计划单列市人民政府规定。分布式光伏项目的备案机关也因各地因实际情况的不同而各有差别。

目前，我国大部分省份将光伏项目的备案权限下放至地（市）或县（区）级，经对各地可检索得到的最新公布的分布式光伏项目备案机关进行汇总，并节选如表 2-4 所示。

表 2-4 分布式光伏项目备案机关汇总

地区	备案机构
北京市	项目所在区发展改革部门
天津市	区（县）行政审批部门（发展改革部门）
河北省	县级备案部门
山西省	跨设区市行政区域的光伏发电项目，由省发展改革委备案；设区市所辖区的光伏发电项目，备案权限由设区市人民政府确定；其他项目按照属地原则由县（市）审批主管部门备案
陕西省	各区县发改部门
河南省	当地市级或者县级发展改革和能源管理部门
安徽省	地市发展改革委
江苏省	各市、县（区）级备案部门
上海市	各区发展和改革委员会
四川省	户用光伏项目由当地电网企业直接登记并集中向当地发展改革部门备案；工商业分布式光伏项目由当地发展改革部门备案
广东省	跨地级市基本建设项目由省政府投资主管部门备案，跨县（市、区）基本建设项目、工业和信息化领域技术改造项目由项目所在地的地级市政府投资主管部门备案
广西壮族自治区	20MWp以下、35kV及以下电压等级接入的分布式光伏项目由地级市发展改革委办理备案
贵州省	县级能源主管部门
内蒙古自治区	跨盟市项目由自治区人民政府投资主管部门备案；跨旗县（市、区）项目由所在地的盟行政公署、市人民政府投资主管部门备案；其余项目由所在地的旗县（市、区）人民政府投资主管部门备案，具体备案机关及权限由同级人民政府明确
宁夏回族自治区	市、县（区）发展改革委（局）
青海省	市州能源主管部门（投资主管部门）
新疆维吾尔自治区	地（州、市）级备案部门

2. 备案文件时限

根据《企业投资项目事中事后监管办法》规定，项目自备案后2年内未开工建设或者未办理任何其他手续的，项目单位如果决定继续实施该项目，应当通过在线平台作出说明；如果不再继续实施，应当撤回已备案信息。前款项目既未作出说明，也未撤回备案信息的，备案机关提醒后仍未作出相应处理的，备案机关应当移除已向社会公示的备案信息，项目单位获取的备案证明文件自动失效。

因此，在分布式光伏项目的尽职调查中，需要重点注意项目是否按期开工建设。如项目因各种原因未能按期开工建设的，需要考察项目是否依法办理了延期手续。若项目既未按期建设，又未办理延期手续的，则可能面临备案文件失效、项目被废止的风险。

3. 备案变更

根据《光伏电站开发建设管理办法》的规定，项目备案后，项目法人发生变化，项目建设地点、规模、内容发生重大变更，或者放弃项目建设的，项目单位应当及时告知备案机关并修改相关信息。

光伏项目不得自行变更项目备案文件的主要事项，包括建设地点、项目规模、运营模式等。确需变更时，由备案部门按程序办理。因受到新冠疫情、国家政策调整等因素影响，各地存量分布式光伏项目或多或少出现了变更备案事项的情形。例如，2022年9月，河北省对全省风力、光伏发电项目拟调整情况进行了公示，其中包括多个分布式光伏项目，涉及的变更事项含项目名称、建设时限、建设地点、建设规模等。

擅自变更备案事项的，项目存在被废止的风险。例如，2022年4月，内蒙古自治区能源局下发《关于2022年全区分散式风电、分布式光伏三年行动计划滚动调整的通知》，该通知载明"项目纳入年度建设规模后，其投资主体及股权比例、建设规模和建设场址等主要内容不得擅自变更，严格落实项目选址要求，因投资主体、场址原因导致无法建设的项目，相应规模予以废止"。

除光伏项目常规备案事项以外，利用建筑物屋顶及附属场所建设的分布式光伏发电项目，在项目备案时可以选择"自发自用、余电上网"或"全额上网"中的一种模式。需要注意的是，已按"自发自用、余电上网"模式执行的项目，在用电负荷显著减少（含消失）或供用电关系无法履行的情况下，允许变更为"全额上网"模式，但项目单位应向当地能源主管部门申请变更备案，并不得再变更回"自发自用、余电上网"模式。

(二) 分布式光伏项目的合规文件

根据《分布式光伏发电项目管理暂行办法》第十一条的规定，分布式光伏项目的备案工作应根据项目特点尽可能简化程序，免除发电业务许可、规划选址、土地预审、水土保持、环境影响评价、节能评估及社会风险评估等支持性文件。笔者认为，虽然分布式光伏项目备案时免除了该类前置性文件，但经检索法律法规，并参考实务情况，分布式光伏项目仍需要取得如下合规文件：

1. 建设工程规划许可证、建设用地规划许可证、建筑工程施工许可证

根据《城乡规划法》《建筑法》《建筑工程施工许可管理办法》的规定，建设工程开工前应取得建设工程规划许可证、建设用地规划许可证、建筑工程施工许可证；未取得该等许可而擅自施工的，将被处以责令停止施工、限期改正，甚至限期拆除、没收实物或者违法收入以及并处罚款的行政处罚。

分布式光伏项目未单独建造建筑物、使用已有建筑的屋顶或闲置土地建设时，在开工前是否需要办理建设工程规划许可证的问题，目前国家层面尚无统一的规定。经检索法律法规，各省市关于分布式光伏项目建设是否需取得建筑工程规划许可证的规定节选如表2-5所示。

表2-5 各省市关于分布式光伏项目建设是否需取得建筑工程规划许可证的规定

地区	文件	规定	关注要点
浙江省	《家庭屋顶分布式光伏发电项目服务指南》	项目如存在违规违章建设问题，应由项目业主承担责任，并予以整改或者拆除	分布式光伏项目应避免出现违规违章建设问题
福建省厦门市	《厦门市〈建设工程规划许可证〉、〈乡村建设规划许可证〉豁免项目清单》	下列设施、设备等无需办理《建设工程规划许可证》或《乡村建设规划许可证》，但应按《物权法》及相关法律法规要求进行建设：14.……非经营性高度低于2.2米的小型分布式光伏设施	非经营性、高度低于2.2米的小型分布式光伏设施无需办理建设工程规划许可证
广东省梅州市	《梅州市〈建设工程规划许可证〉豁免项目清单》	梅州市城市规划区内属于下列范围的设施、设备无需办理《建设工程规划许可证》，但应按《物权法》及相关法律法规要求进行建设：（十八）……非经营性高度低于2.2米的小型分布式光伏设施	

续表

地区	文件	规定	关注要点
湖南省湘潭市	《湘潭市自然资源和规划局关于公布建设工程规划许可证豁免清单（第一批）的通知》	属于下列范围的建（构）筑物、设施、设备，无需办理《建设工程规划许可证》（十）……非经营性小型分布式光伏设施	非经营性小型分布式光伏设施无需办理建设工程规划许可证
浙江省杭州市	《杭州市建设工程规划许可证"豁免"项目清单》	下列建设项目不属于规划管理的范畴，无需规划许可：4.……非经营性小型分布式光伏设施	
山东省青岛市	《青岛市建设工程规划许可豁免清单》	下列建设工程项目，无需办理建设工程规划许可证：10.……非经营性小型分布式光伏设施等设施	
陕西省西安市	《西安市光伏建筑一体化应用示范项目补助资金申报指南》	补助流程……5. 项目相关设计图纸、建设工程规划许可证、建筑工程施工许可证、供电公司提供的分布式电源并网验收意见单及并网时间证明	申报补助需提供建设工程规划许可证
江苏省无锡市	《关于进一步完善规划审批管理简化简易项目建设工程规划许可程序的意见（试行）》	简易低风险项目，在符合相关主管部门管理要求的前提下，无需办理建设工程规划许可证或乡村建设规划许可证。本意见所指简易低风险项目主要包括以下两种类型：……（二）城乡空间功能提升类……7. 非独立占地的小型分布式光伏设施	非独立占地的小型分布式光伏设施无需办理建设工程规划许可证或乡村建设规划许可证
河北省张家口市	《关于优化风电光伏项目审批流程的指导意见（试行）》	光伏发电行业……6. 项目包含房屋等建筑物、构筑物的情况下，需办理建设工程规划许可证（或乡村建设规划许可证）、施工许可证和房屋等建筑物、构筑物所有权登记等手续	项目包含房屋等建筑物、构筑物的情况下，需办理建设工程规划许可证
广东省中山市	《中山市分布式光伏发电项目建设管理暂行办法》	非经营性小型（单点并网装机容量小于6兆瓦）分布式光伏设施免于办理建设工程规划许可证	非经营性小型（单点并网装机容量小于6兆瓦）分布式光伏设施免于办理建设工程规划许可证

综合以上规定，分布式光伏项目是否需要办理建设工程规划许可证，目前暂无全国性的统一规定，具体应以项目所在地的要求为准。

另外，若分布式光伏项目存在建设开关室、总控室、配电室等独立建筑物的情形时，项目单位在建设前应当取得建设工程规划许可证、建设用地规划许可证、建筑工程施工许可证，否则存在建筑被认定为违章建筑的法律风险。例如，阜城执罚字［2021］第87号行政处罚书显示，阜康新风因昌吉阜康20兆瓦光伏并网发电建设项目综合办公楼等6栋单体建筑在未取得建设工程规划许可证的情况下开始施工建设，被处以罚款12万元。

2. 环境影响登记表

经查询《建设项目环境影响评价分类管理名录（2021年版）》，除户用光伏以外的分布式光伏被分类为"其他光伏发电"，应当依法填报并备案环境影响登记表；根据《建设项目环境影响登记表备案管理办法》规定，建设项目环境影响登记表备案采用网上备案方式，建设单位应当在建设项目建成并投入生产运营前，登录网上备案系统，在网上备案系统注册真实信息，在线填报并提交建设项目环境影响登记表。

目前办理分布式光伏项目环境影响登记备案，需要项目主体登录项目所在地的建设项目环境影响登记表网上备案系统完成备案手续。以北京为例，办理环境影响登记网上备案的流程图如图2-1所示。

图2-1 北京市办理环境影响登记网上备案的流程

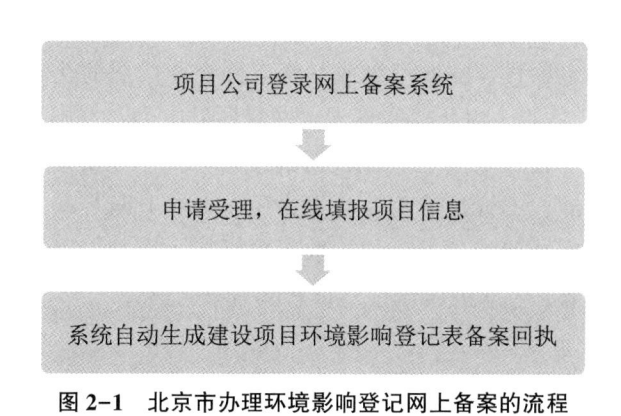

3. 水土保持批复

除利用屋顶建设的分布式光伏项目以外，使用闲置土地资源建设的分布式光伏项目，若项目用地为山区、丘陵区、风沙区以及水土保持规划确定的容易发生水土流失的其他区域，且项目开办可能造成水土流失，根据《水土保持法》的规定，项目建设单位应当编制水土保持方案，报县级以上人民政府水行政主管部门审批，并按照经批准的水土保持方案，采取水土流失预防和治理措施。若项目未编制水土保持方案或者水土保持方案未经水行政主管部门批准的，则项目不得开工建设。水土保持设施应当与主体工程同时设计、同时施工、同时投产使用；项目竣工验收，应当验收水土保持设施；水土保持设施未经验收或者验收不合格的，项目不得投产使用。并根据《开发建设项目水土保持方案编报审批管理规定》的规定，备案制项目在办理备案手续后、项目开工前完成水土保持方案报批手续。经批准的水土保持方案应当纳入下阶段设计文件中。

因此，分布式光伏项目可能造成水土流失的，应当在项目备案后，依法在开工建设前完成水土保持方案报批手续。水土保持方案经批准后，若项目的地点、规模发生重大变化的，应当补充或者修改水土保持方案并报原审批机关批准。水土保持方案实施过程中，水土保持措施需要作出重大变更的，应当经原审批机关批准。

4. 电网接入意见

根据《光伏电站项目管理暂行办法》[1]的规定，分散接入低压电网且规模小于6兆瓦的光伏电站项目的接网意见由地市级或县级电网企业出具。《分布式光伏发电项目管理暂行办法》规定，以35千伏及以下电压等级接入电网的分布式光伏发电项目，由地市级或县级电网企业按照简化程序办理相关并网手续；以35千伏以上电压等级接入电网且所发电力在并网点范围内使用的分布式光伏发电项目，电网企业应根据其接入方式、电量使用范围，提供并网相关服务。因此，不管是采用"自发自用、余电上网"模式，还是"全额上网"模式的分布式光伏项目，均需取得电网接入意见，以便能够在项目建成后进行并网验收，签署并网调度协议和购售电合同。

5. 安全预评价报告

关于分布式光伏项目是否需要进行安全预评价的问题，由于《建设项目安全设施"三同时"监督管理办法》第七条关于应进行安全预评价的规定中，未对"电力等行业重点建设项目"加以规定，而第九条规定"本办法第七条

---

[1] 该暂行办法已失效。

规定以外的其他建设项目，生产经营单位应当对其安全生产条件和设施进行综合分析，形成书面报告备查"。

据此，分布式光伏项目应根据前述规定及项目所在地主管部门的要求，进行安全预评价，完善安全设施相应手续。

6. 分布式光伏项目豁免电力业务许可

根据《光伏电站开发建设管理办法》规定，除国家能源局规定的豁免情形外，光伏电站项目应当在并网后6个月内取得电力业务许可证。

根据国家能源局2020年发布的《关于贯彻落实"放管服"改革精神优化电力业务许可管理有关事项的通知》的规定，经能源主管部门以备案（核准）等方式明确的分布式发电项目，不纳入电力业务许可管理范围，相关企业经营上述发电业务不要求取得发电类电力业务许可。因此，分布式光伏项目无须取得电力业务许可。

三、项目用地尽职调查要点

与集中式光伏项目不同，分布式光伏项目通常建设于建筑物或闲置土地上。在尽职调查过程中，需要特别关注以下方面。

(一) 项目所附着建筑物、闲置土地的权属情况

在开展分布式光伏项目尽职调查时，应当首先就项目所附着建筑物、闲置土地的权属情况进行核实，以免权属不清或产权争议对项目造成不利影响。《民法典》第二百一十七条规定，不动产权属证书是权利人享有该不动产物权的证明。《城镇国有土地使用权出让和转让暂行条例》第十六条规定，土地使用者应当依照规定办理登记，领取土地使用证，取得土地使用权。在分布式光伏项目尽职调查过程中，可通过核查不动产权属证书、土地使用权证等方式进行确认。若项目合作方与建筑物所有权人或土地使用权人非为同一人的，则需要取得产权人的书面授权，以避免出现无权处分的法律风险。

若项目建设所在的建筑物或土地使用权属于共有财产的，需要取得共有权利人的同意。例如，商品房楼顶归该楼栋全体住户共有，使用楼顶搭建光伏系统的，需要经过民主决策程序，取得其他住户的同意。根据国家能源局发布的《户用光伏建设运行指南（2022年版）》，在商品房楼顶安装户用光伏的，需要提供所在单元所有业主、所在小区物业、业主委员会、居委会的

同意证明。具体应以项目所在地主管机关的要求为准。

另外，还需要核查建筑物或土地使用权是否存在权利受限情况。根据《最高人民法院关于审理城镇房屋租赁合同纠纷案件具体应用法律若干问题的解释》第十四条规定，租赁房屋在承租人按照租赁合同占有期限内发生所有权变动，承租人请求房屋受让人继续履行原租赁合同的，人民法院应予支持。但租赁房屋具有下列情形或者当事人另有约定的除外：房屋在出租前已设立抵押权，因抵押权人实现抵押权发生所有权变动的；房屋在出租前已被人民法院依法查封的。《最高人民法院关于人民法院民事执行中查封、扣押、冻结财产的规定》第二十四条规定，被执行人就已经查封、扣押、冻结的财产所作的移转、设定权利负担或者其他有碍执行的行为，不得对抗申请执行人。据此，若分布式光伏项目租赁的建筑物或土地，存在在先抵押或查封的情形，则在出现所有权人或使用权人变更的情形下，新的产权人可不受原有租赁合同的约束，对项目发展具有不利影响。

此外，需要予以关注建筑物产权证、土地使用权的剩余期限，若光伏电站的运营时限超过该期限的，则存在超期部分可能无法履行的不利后果。

(二) 项目所附着建筑物是否为违法建筑

根据《分布式光伏发电项目管理暂行办法》的规定，分布式光伏发电项目所依托的建筑物及设施应具有合法性。我国对建筑物实行严格的建筑规划建设管理，若项目所附着的建筑物被认定为违法建筑，将极大影响项目的开发建设。因此，在尽职调查时应当核查项目所附着建筑物的合法性，例如，是否依法取得建设工程规划许可证、建设用地规划许可证和建筑工程施工许可证，是否按照建设工程规划许可证的规定进行建设。若违反相关法律规定施工建设，则建筑物将可能面临被当地城乡规划主管部门责令停止建设或限期改正，甚至责令限期拆除、没收实物或者违法收入、处以罚款的行政处罚，最终导致分布式光伏项目的建设目的无法实现。

另外，根据《最高人民法院关于审理城镇房屋租赁合同纠纷案件具体应用法律若干问题的解释》的规定，出租人就未取得建设工程规划许可证或者未按照建设工程规划许可证的规定建设的房屋，与承租人订立的租赁合同无效。因此，即便项目所附着的建筑物未被城乡规划主管部门予以行政处罚，项目单位与建筑物出租方所签订的租赁合同也存在被认定无效的法律风险。

(三) 项目所附着建筑物是否可为临时建筑

实务中，光伏电站的运营期通常为 25 年，期限较长。《施工现场临时建筑物技术规范（JGJT188-2009）》规定，临时建筑设计使用年限应为 5 年；《城乡规划法》规定，临时建设应当在批准的使用期限内自行拆除。因此，在对项目所附着建筑物进行尽职调查时，需要核查该建筑物是否为临时建筑，以避免出现建筑物使用年限到期拆除，导致项目被迫终止运营的情形。

另外，《最高人民法院关于审理城镇房屋租赁合同纠纷案件具体应用法律若干问题的解释》第三条规定，出租人就未经批准或者未按照批准内容建设的临时建筑，与承租人订立的租赁合同无效；租赁期限超过临时建筑的使用期限，超过部分无效。据此，即便项目已建设于临时建筑，一方面，存在建筑物期满拆除、项目无法运营的风险；另一方面，若临时建筑的建设未经批准或未按照批准内容建设，或者租赁合同期限超过临时建筑使用期限，则租赁合同存在被认定为无效法律风险。

(四) 项目是否可建设于划拨土地

目前我国取得土地使用权的方式主要为出让和划拨两种。根据《城镇国有土地使用权出让和转让暂行条例》的规定，划拨土地使用权一般不得出租，除非符合以下条件：

(1) 土地使用者为公司、企业、其他经济组织和个人；

(2) 领有国有土地使用证；

(3) 具有地上建筑物、其他附着物合法的产权证明；

(4) 签订土地使用权出让合同，向当地市、县人民政府补交土地使用权出让金或者以转让、出租、抵押所获收益抵交土地使用权出让金。

因此，若分布式光伏项目拟建设于划拨土地的，由于划拨土地使用权人的处分权能受限，在开发建设前，项目单位需要核查该划拨土地对外出租事项是否已符合法律法规规定及当地主管部门的要求，以避免出现项目租赁合同被认定无效的法律风险。

四、项目的施工建设

(一) 建筑物屋顶的承重及荷载

使用屋顶建设的分布式光伏项目，由于在建筑物屋顶安装光伏设施，需要考虑建筑物的承重及荷载，建筑屋面承载力大小状况决定了屋面最大可承受压力范围及光伏系统的安装容量。因此，在建设屋顶分布式光伏前，应对建筑屋面进行承载力测算，确保建筑屋顶的承重及荷载能够满足光伏系统的设计要求，以避免出现屋顶超负荷造成建筑物塌陷等安全事故。

(二) 项目建设避免产生相邻权纠纷

根据《民法典》的规定，建造建筑物不得妨碍相邻建筑物的通风、采光和日照；根据住建部发布的《城市居住区规划设计标准》（GB50180-2018），在原设计建筑外增加任何设施不应使相邻住宅原有日照标准降低。由于分布式光伏系统建设后将在一定程度造成遮挡，若影响相邻建筑的通风、采光、日照条件，则可能因侵犯相邻权而引起法律纠纷。实务中，（2022）粤07民终918号、（2020）鲁08民终5792号、（2020）鲁08民终5792号民事案件，均为分布式光伏项目业主在搭建光伏设施后，因影响邻居相邻权而被诉至法院。部分案件的审理法院认为，光伏设施对相邻方的日照采光产生了较大影响，而光伏设施并非生产生活所必须，而是用于经营营利，但其营利却是建立在牺牲邻居生活利益的基础上，有违公平合理原则，判决业主方拆除其安装的光伏设施并承担赔偿损失的责任，给项目业主方造成较大损失。

因此，分布式光伏项目在进行施工建设时，若光伏设施的搭建可能影响他人的相邻权时，应调整项目设计以避免引起相邻权纠纷。如无法调整的，则可事先与相邻方沟通，取得相邻方出具的同意书。

(三) 分布式光伏项目建设的监督管理

《电力安全生产监督管理办法》规定，国家能源局及其派出机构依照本办法对电力企业的电力运行安全（不包括核安全）、电力建设施工安全、电力工程质量安全、电力应急、水电站大坝运行安全和电力可靠性工作等方面实施监督管理。《国家能源局综合司关于进一步规范电力安全信息报送和事故统计工作的通知》规定："……以下情况不纳入统计范围：……（三）用户的电力设施生产、建设过程中发生的生产安全事故。"

据此,与集中式光伏项目不同,由于分布式光伏安装属于用户的电力设施建设,不属于电力企业的电力建设工程,不在《电力建设工程施工安全监督管理办法》规定的范围内。

五、项目的竣工验收

除光伏项目一般需要办理的竣工验收手续外,分布式光伏项目还需关注消防验收相关事项。

根据《建设工程消防设计审查验收管理暂行规定》的规定,关于建设工程消防验收事项,主要可分为(1)特殊建设工程的消防设计审查、消防验收,以及(2)其他建设工程的消防验收备案、抽查。其中特殊建设工程包括大型发电、变配电工程。

关于分布式光伏项目是否属于该分类,根据公安部发布的《关于明确适用消防设计审核和消防验收的发电、变配电工程规模的答复意见》,以及住房和城乡建设部发布的《关于〈关于请明确大型发电、变配电工程规模的函〉的复函》,目前我国被列入消防设计审核、消防验收范围的发电工程仅包括大型火力发电厂、水电枢纽工程。因而,分布式光伏项目不属于特殊建设工程,而是属于其他建设工程。

根据我国法律法规的规定,其他建设工程实行备案抽查制度,建设单位在竣工验收合格之日起五个工作日内,应当报消防设计审查验收主管部门备案。建设单位办理消防备案需要提供以下材料:(1)消防验收备案表;(2)工程竣工验收报告;(3)涉及消防的建设工程竣工图纸。

备案完成后,消防设计审查验收主管部门对备案的其他建设工程进行随机抽查。若工程检查不合格,建设单位收到检查不合格整改通知后,应当停止使用建设工程,并组织整改,整改完成后,向消防设计审查验收主管部门申请复查,复查合格后方可使用建设工程。

因此,分布式光伏项目在竣工验收合格后应依法办理消防验收备案,以避免违反相关法律法规,对项目造成不利影响。

六、用电企业的资信能力

分布式光伏发电项目的并网模式一般分为"自发自用、余电上网"和

"全额上网"。其中，在"全额上网"模式下，分布式光伏项目的发电量由当地电网企业收购后全部并入国家电网；而在"自发自用、余电上网"模式下，分布式光伏项目发电量主要向用电企业售卖，多余部分接入电网系统。若分布式光伏项目出现用电企业拒付电费等情形导致供用电关系终止的极端情况时，根据我国现行规定，项目可以变更并网模式，由"自发自用、余电上网"变更为"全额上网"。但由于该等变更仅有一次，变更为"全额上网"模式后的分布式光伏项目无法再次变回"自发自用、余电上网"模式，而且变更后的电价需要适用标杆上网电价，可能造成项目收益下滑。

因此，由于涉及电站长期运营、电费支付的问题，项目单位需要对用电企业的资信能力予以核查，以避免出现用电企业拖欠电费、对项目收益造成不利影响的情形。

在对用电企业的资信能力进行尽职调查时，需要重点关注以下方面。

（一）用电企业的涉诉、行政处罚情况

通过对用电企业的涉诉、行政处罚情况进行尽职调查，可以核查用电企业过往的履约习惯、资信情况、付费能力等，并进一步了解用电企业是否存在拖欠费用、违约失信、破产停业等潜在风险。就此，可通过企查查、中国裁判文书网、执行信息公开网等渠道查询用电企业是否存在诉讼案件或执行案件，是否存在被强制执行的案件记录，是否被列入失信被执行人名单等情形。还可以通过信用中国、用电企业所在地工商行政部门、税务部门的官方网站等，查询用电企业是否存在被行政处罚的情况。

（二）用电企业的历史电费缴纳情况

通过对用电企业历史电费缴纳情况进行尽职调查，可以核查用电企业是否存在欠缴电费的不良记录，并可以了解用电企业的用电习惯、耗电峰谷、过往缴费情况。就此，可以通过查阅用电企业的电费发票、支付记录等文件，了解用电企业的缴费时间、用电费用等。

七、户用分布式光伏项目合规要点

户用分布式光伏项目指利用自然人宅基地范围内的建筑物，比如自有住宅，以及附属物建设的分布式光伏系统。由于户用分布式光伏项目利用居民建筑屋顶建设，通常就地就近开发建设、就地就近消纳利用，具有安装容量小、低电压等级并网等特点，在项目合规方面，除前述合规要点外，还需关注以下方面。

(一) 备案方式

根据《分布式光伏发电项目管理暂行办法》第十二条的规定，户用分布式光伏项目由当地电网企业直接登记并集中向当地能源主管部门备案。

根据国家能源局发布的《户用光伏建设运行指南（2022年版）》，目前涉及自然人的户用分布式光伏系统的申请一般是由电网公司代替自然人统一提出备案申请，并由电力部门提供电力接入意见，地方供电公司在接到备案申请和电力接入意见后，向当地能源主管部门备案。需要自然人提供的材料主要包括申请人有效身份证明、电站地址权属证明、当地要求提供的其他材料等，具体应以项目所在地规定及主管机关要求为准。

(二) 竣工验收

关于户用光伏项目竣工后的验收问题，目前我国家能源主管部门鼓励地市级或县级能源主管部门结合当地实际，建立与并网接入申请、并网调试和验收、电费和补贴发放与结算等相结合的分布式光伏发电项目备案、竣工验收等一站式服务体系。由于尚无全国性统一规定，具体应以项目所在地要求为准。

(三) 并网接入

根据国家能源局发布的《户用光伏建设运行指南（2022年版）》，户用光伏项目业主申请并网接入的，可向电网公司提出接入申请；接入申请受理后由电网公司通知项目业主确认接入系统方案；项目建成后业主向电网公司提出并网验收和调试申请，电网企业将完成电能计量装置安装、购售电合同签订、并网验收及调试等工作，之后项目即可并网发电。具体流程如图2-2所示。

并网申请 → 确认接入系统方案 → 并网验收及调试 → 并网发电

图2-2　并网接入的流程

第三节 陆上风电项目

根据国家能源局于2023年1月发布的《国家能源局发布2022年全国电力工业统计数据》，截至12月底，全国累计发电装机容量约25.6亿千瓦，同比增长7.8%，其中，风电装机容量约3.7亿千瓦，同比增长11.2%，具体统计数据如表2-6所示。

从数据来看，2022年度，我国风力发电的发展情况良好。随着新冠疫情的全面放开，国内经济将逐步复苏并有可能进一步大规模增长，由于经济的增长必然伴随着能源的消耗，因此国内电力需求将可能继续增大，可以预见的是，风力发电等新能源项目的开发建设活动可能迎来一波高峰，且新能源项目也可能在国内掀起一波投资热潮。

不过，新能源项目与一般的生产经营项目相比，具有投资金额高、投资周期长等特点，以陆上风电项目为例：建造一座风力发电机，一座一般要几百万元，价格贵的能达到1000多万元；因为成本较高，要收回投入成本，需要足够长的使用时间，至少要5年到6年；实际上，风力发电机因为是巨大的可动式结构设计，如果风速过快，也可能会伴随结构损耗等问题，因此加上维护等各方面的时间以及投入，一座风力发电机得要10年才能回本。为确保陆上风电项目投资的安全性，如何做好陆上风电项目法律风险的防控就成为陆上风电项目的重要课题。

在陆上风电项目投资并购过程中，投资者应主要关注项目开发建设是否合法合规、是否能够顺利并网发电，避免投资后项目发生颠覆性改变并最终导致投资资金血本无归。因此，建议在投资并购陆上风电项目时，按照如下方式对项目投资主体、项目前期合规性手续、项目用地手续、项目竣工验收手续以及项目并网发电手续进行全面地法律尽职调查。

表2-6 2022年全国电力工业统计数据

指 标 名 称	单位	全年累计	同比增长（%）
全国发电装机容量	万千瓦	256 405	7.8
其中：水电	万千瓦	41 350	5.8

续表

指 标 名 称	单位	全年累计	同比增长（%）
火电	万千瓦	133 239	2.7
核电	万千瓦	5553	4.3
风电	万千瓦	36 544	11.2
太阳能发电	万千瓦	39 261	28.1
6000千瓦及以上电厂供电标准煤耗	克/千瓦时	301.5	−0.1*
全国线路损失率	%	4.84	−0.42▲
6000千瓦及以上电厂发电设备利用小时	小时	3687	−125*
其中：水电	小时	3412	−194*
火电	小时	4379	−65*
电源工程建设投资完成额	亿元	7208	22.8
其中：水电	亿元	863	−26.5
火电	亿元	909	28.4
核电	亿元	677	25.7
电网工程建设投资完成额	亿元	5012	2.0
基建新增发电装机容量	万千瓦	19 974	11.5
其中：水电	万千瓦	2387	1.6
火电	万千瓦	4471	−9.5
风电	万千瓦	3763	−21.0
太阳能发电	万千瓦	8741	60.3
新增220千伏及以上变电设备容量	万千伏安	25 839	6.3
新增220千伏及以上输电线路长度	千米	38 967	21.2

注：1. 全社会用电量为全口径数据，全国供电量为调度口径数据。2. "同比增长"列中，标*的指标为绝对量；标▲的指标为百分点。

一、项目开发流程尽职调查要点

（一）陆上风电项目是否纳入国家风电建设规划

风电项目能否列入国家能源局的年度风电建设规划（或称风电年度开发

方案）是其能否享受可再生能源基金补贴的依据。不过，国家发展改革委下发的《国家发展改革委关于完善风电上网电价政策的通知》于2019年7月1日开始施行后，2018年底之前核准的陆上风电项目，2020年底前仍未完成并网的，国家不再补贴；2019年1月1日至2020年底前核准的陆上风电项目，2021年底前仍未完成并网的，国家不再补贴。自2021年1月1日开始，新核准的陆上风电项目全面实现平价上网，国家不再补贴。

2015年5月15日《国家能源局关于进一步完善风电年度开发方案管理工作的通知》公布之前，国家能源局会统一印发含项目清单的核准计划。但该文颁布后，国家能源局不再公布纳入风电年度开发方案的项目清单。国家能源局要求各省（区、市）能源主管部门每年一月底前将年度建设规模（需包括项目清单、预计项目核准时间、预计项目投产时间等）上报国家能源局，国家能源局经统筹平衡后形成全国风电年度开发方案。各省（区、市）能源主管部门根据国家风电年度开发方案制定本地区风电年度开发方案并向社会公布，该文中会包含纳入本地区风电年度开发方案的具体项目。

因此，在对陆上风电项目并购项目进行法律尽职调查时，应当首先确定该项目是否纳入国家/省（区、市）风电年度开发方案以及是否享受国家补贴。

(二) 陆上风电项目的备案/核准

1. 备案/核准机关

《风电开发建设管理暂行办法》第十二条规定：风电项目开发企业开展前期工作之前应向省级以上政府能源主管部门提出开展风电场项目开发前期工作的申请。但根据国家能源局印发的《关于深化能源行业投融资体制改革的实施意见》第一条第（七）款规定：能源投资项目核准只保留选址意见和用地（用海）预审作为前置条件，除法律法规明确规定的，各级能源项目核准机关一律不得设置任何项目核准的前置条件，不得发放同意开展项目前期工作的"路条文件"。从上述规定来看，风电项目开发企业最初是需要取得能源主管部门的审批同意函或类似文件（"路条文件"）后才可开展项目前期工作并进行可行性研究，但由于新能源项目中倒卖"路条文件"的情况愈演愈烈，国家能源局在发文禁止"路条文件"买卖行为的同时也逐步取消了能源主管部门的前置审批要求。

根据《政府核准的投资项目目录（2016年本）》第二条规定：风电站：由地方政府在国家依据总量控制制定的建设规划及年度开发指导规模内核准。

从实务来看，2014年前，风电项目5万千瓦以上项目由国家能源局核准，5万千瓦以下由省级、直辖市及自治区能源局核准；2014年之后，风电项目由地方政府发展和改革委员会、能源局根据各自权限核准。但需要注意的是，在实践中是否需要取得能源主管部门同意开展前期工作的批复，各省市仍有不同的要求，因此在对集中式风电项目进行法律尽职调查时需注意搜集当地的特殊规定，必要情况下，还需对能源主管部门进行现场访谈以确定项目核准审批方式以及权限。

此外，需要注意的是，2022年5月，国务院办公厅转发国家发展改革委、国家能源局《关于促进新时代新能源高质量发展的实施方案》，在该方案中明确：推动风电项目由核准制调整为备案制。以新能源为主体的多能互补、源网荷储、微电网等综合能源项目，可作为整体统一办理核准（备案）手续。而随着该文件的下发，各地也逐步开始下发文件将陆上风电项目由原来的核准制向备案制进行调整，如张家口市行政审批局于2022年8月发布《关于风电项目由核准制调整为备案制的公告》。该公告提出，自2022年9月1日起，将风电项目由核准制调整为备案制。据此，在对2022年之后成立的陆上风电项目进行法律尽职调查时，需要注意提前查询清楚各地政府对于陆上风电项目是适用备案制还是核准制。

目前，我国大部分省份对陆上风电项目仍采取核准制，经对各地可检索得到的最新公布的陆上风电项目备案/核准机关进行汇总，并节选如表2-7所示。

表2-7　陆上风电项目备案/核准机关汇总

地区	备案机构
北京市	在国家依据总量控制制定的建设规划及年度开发指导规模内由市级发展和改革委员会核准
天津市	由各区人民政府相关部门依据国家总量指导规模和全市年度开发方案核准
河北省	由各市政府投资主管部门在国家、省依据总量控制制定的建设规划及年度开发指导规模内核准。 需注意：张家口市已将风电项目由核准制调整为备案制

续表

地区	备案机构
山西省	风电项目由市级行政审批管理部门核准
山东省	由市级政府投资主管部门在国家依据总量控制制定的建设规划及年度开发指导规模内核准
湖南省	由市州或县市区政府在国家依据总量控制制定的建设规划及年度开发指导规模内核准,报省政府投资主管部门备案
甘肃省	由市(州)政府能源主管部门依据省政府能源主管部门根据国家总量控制制定的建设规划及年度开发指导规模内核准
辽宁省	由各市政府在省政府投资主管部门依据国家总量控制制定的年度开发建设方案指导下核准
黑龙江省	由省政府投资主管部门在国家依据总量控制制定的建设规划及年度开发指导规模内核准
四川省	根据国家批准的风电基地规划和年度开发指导规模,集中开发风电站项目由省政府投资主管部门核准,分散接入风电站项目由市(州)人民政府投资主管部门核准
广东省	由地级以上市政府投资主管部门在国家依据总量控制制定的建设规划及年度开发指导规模内核准
青海省	由市(州)发展改革委(能源局)在国家年度开发指导规模和省级年度开发方案规模内核准
云南省	由省人民政府投资主管部门(发展和改革委员会)在国家依据总量控制制定的建设规划及年度开发指导规模内核准。 需要注意的是:2022年11月,云南省发展和改革委员会向社会公开征求《关于规范风电项目核准管理有关事项的通知(征求意见稿)》意见的公告,该通知明确推动风电项目由核准制调整为备案制

2. 备案/核准文件时限

《风电开发建设管理暂行办法》第十九条规定,风电场工程项目须经过核准后方可开工建设。项目核准后2年内不开工建设的,项目原核准机构可按照规定收回项目。从实务来看,风电场工程开工以第一台风电机组基础施工为标志。

根据《企业投资项目事中事后监管办法》规定,对于核准项目:项目未按规定办理核准批复文件、项目变更批复文件或者批复文件失效后开工建设的,核准机关应当依法责令停止建设或者责令停产,并依法处以罚款。对于备案项目：项目自备案后 2 年内未开工建设或者未办理任何其他手续的，项目单位如果决定继续实施该项目，应当通过在线平台作出说明；如果不再继续实施，应当撤回已备案信息。前款项目既未作出说明，也未撤回备案信息的，备案机关提醒后仍未作出相应处理的，备案机关应当移除已向社会公示的备案信息，项目单位获取的备案证明文件自动失效。

因此，在陆上风电项目的尽职调查中，需要重点注意项目是否按期开工建设。如项目因各种原因未能按期开工建设的，需要考察项目是否依法办理了延期手续。若项目既未按期建设，又未办理延期手续的，则可能面临备案/核准文件失效、项目被废止的风险。

(三) 陆上风电项目的合规文件

根据《风电开发建设管理暂行办法》第十八条、第十九条的规定，风电场工程项目申请报告应达到可行性研究的深度，并附有下列文件：（1）项目列入全国或所在省（区、市）风电场工程建设规划及年度开发计划的依据文件；（2）项目开发前期工作批复文件，或项目特许权协议，或特许权项目中标通知书；（3）项目可行性研究报告及其技术审查意见；（4）土地管理部门出具的关于项目用地预审意见；（5）环境保护管理部门出具的环境影响评价批复意见；（6）安全生产监督管理部门出具的风电场工程安全预评价报告备案函；（7）电网企业出具的关于风电场接入电网运行的意见，或省级以上政府能源主管部门关于项目接入电网的协调意见；（8）金融机构同意给予项目融资贷款的文件；（9）根据有关法律法规应提交的其他文件。

参考上述规定要求并结合既往陆上风电并购项目的处理经验，除前文所述陆上风电项目的建设规划指标文件以及备案/核准文件之外，陆上风电项目在开工建设前一般需取得如表 2-8 所示的合规文件。

表 2-8　陆上风电项目在开工建设前需取得的合规文件

文件形式及内容	法律法规规定	主管部门
陆上风电项目可行性研究报告	《风电开发建设管理暂行办法》第十七条：项目单位应遵循节约、集约和合理利用土地资源的原则，按照有关法律法规与技术规定要求落实建设方案和建设条件，编写项目申请报告，办理项目核准所需的支持性文件。 《风电开发建设管理暂行办法》第十八条：风电场工程项目	各级发展和改革委员会

续表

文件形式及内容	法律法规规定	主管部门
自然资源局出具的用地预审批复红头文件及/或用地预审与选址意见书	申请报告应达到可行性研究的深度，并附有下列文件…… 《建设项目用地预审管理办法》第四条：建设项目用地实行分级预审。需人民政府或有批准权的人民政府发展和改革等部门审批的建设项目，由该人民政府的国土资源主管部门预审。需核准和备案的建设项目，由与核准、备案机关同级的国土资源主管部门预审	县级以上自然资源主管部门
陆上风电项目所使用土地应不占用生态红线	《关于划定并严守生态保护红线的若干意见》第（九）条：实行严格管控。生态保护红线原则上按禁止开发区域的要求进行管理。严禁不符合主体功能定位的各类开发活动，严禁任意改变用途。生态保护红线划定后，只能增加、不能减少，因国家重大基础设施、重大民生保障项目建设等需要调整的，由省级政府组织论证，提出调整方案，经环境保护部、国家发展改革委会同有关部门提出审核意见后，报国务院批准。因国家重大战略资源勘查需要，在不影响主体功能定位的前提下，经依法批准后予以安排勘查项目	县级以上自然资源主管部门、环境保护部门
水土保持方案批复	《水土保持法》第十五条：有关基础设施建设、矿产资源开发、城镇建设、公共服务设施建设等方面的规划，在实施过程中可能造成水土流失的，规划的组织编制机关应当在规划中提出水土流失预防和治理的对策和措施，并在规划报请审批前征求本级人民政府水行政主管部门的意见	县级以上水利主管部门
环境影响评价批复	《建设项目环境保护管理条例》第九条：依法应当编制环境影响报告书、环境影响报告表的建设项目，建设单位应当在开工建设前将环境影响报告书、环境影响报告表报有审批权的环境保护行政主管部门审批；建设项目的环境影响评价文件未依法经审批部门审查或者审查后未予批准的，建设单位不得开工建设。 环境保护行政主管部门审批环境影响报告书、环境影响报告表，应当重点审查建设项目的环境可行性、环境影响分析预测评估的可靠性、环境保护措施的有效性、环境影响评价结论的科学性等，并分别自收到环境影响报告书之日起60日内、收到环境影响报告表之日起30日内，作出审批决定并书面通知建设单位。 环境保护行政主管部门可以组织技术机构对建设项目环境影响报告书、环境影响报告表进行技术评估，并承担相应费用；技术机构应当对其提出的技术评估意见负	县级以上环境保护部门

续表

文件形式及内容	法律法规规定	主管部门
	责,不得向建设单位、从事环境影响评价工作的单位收取任何费用。 依法应当填报环境影响登记表的建设项目,建设单位应当按照国务院环境保护行政主管部门的规定将环境影响登记表报建设项目所在地县级环境保护行政主管部门备案。 环境保护行政主管部门应当开展环境影响评价文件网上审批、备案和信息公开	
无军事设施证明批复	《军事设施保护法》第三十六条:县级以上地方人民政府编制国民经济和社会发展规划、安排可能影响军事设施保护的建设项目,国务院有关部门、地方人民政府编制国土空间规划等规划,应当兼顾军事设施保护的需要,并按照规定书面征求有关军事机关的意见。必要时,可以由地方人民政府会同有关部门、有关军事机关对建设项目进行评估。国务院有关部门或者县级以上地方人民政府有关部门审批前款规定的建设项目,应当审查征求军事机关意见的情况;对未按规定征求军事机关意见的,应当要求补充征求意见;建设项目内容在审批过程中发生的改变可能影响军事设施保护的,应当再次征求有关军事机关的意见	军队主管部门
无文物批复	《文物保护法》第二十条:建设工程选址,应当尽可能避开不可移动文物;因特殊情况不能避开的,对文物保护单位应当尽可能实施原址保护。实施原址保护的,建设单位应当事先确定保护措施,根据文物保护单位的级别报相应的文物行政部门批准;未经批准的,不得开工建设。无法实施原址保护,必须迁移异地保护或者拆除的,应当报省、自治区、直辖市人民政府批准;迁移或者拆除省级文物保护单位的,批准前须征得国务院文物行政部门同意。全国重点文物保护单位不得拆除;需要迁移的,须由省、自治区、直辖市人民政府报国务院批准。依照前款规定拆除的国有不可移动文物中具有收藏价值的壁画、雕塑、建筑构件等,由文物行政部门指定的文物收藏单位收藏。本条规定的原址保护、迁移、拆除所需费用,由建设单位列入建设工程预算	县级以上文物保护主管部门

续表

文件形式及内容	法律法规规定	主管部门
压覆矿批复	《矿产资源法》第三十三条：在建设铁路、工厂、水库、输油管道、输电线路和各种大型建筑物或者建筑群之前，建设单位必须向所在省、自治区、直辖市地质矿产主管部门了解拟建工程所在地区的矿产资源分布和开采情况。非经国务院授权的部门批准，不得压覆重要矿床。《自然资源部办公厅关于做好建设项目压覆重要矿产资源审批服务的通知》三、建立建设项目压覆重要矿产资源查询服务系统各省（区、市）自然资源主管部门应收集整理辖区范围内查明矿产资源、矿业权设置及区划、压覆重要矿产资源审批等基本情况数据，做好数据库建设，实时更新数据，及时在门户网站或相关政务网站上线运行，方便建设单位通过互联网预查询	县级以上自然资源主管部门
地质灾害危险性评估报告、专家审查意见	《建设项目用地预审管理办法》第八条：建设单位应当对单独选址建设项目是否位于地质灾害易发区、是否压覆重要矿产资源进行查询核实；位于地质灾害易发区或者压覆重要矿产资源的，应当依据相关法律法规的规定，在办理用地预审手续后，完成地质灾害危险性评估、压覆矿产资源登记等	县级以上自然资源主管部门
社会稳定风险评估报告或维稳备案批复/备案表	《重大行政决策程序暂行条例》第二十二条：重大行政决策的实施可能对社会稳定、公共安全等方面造成不利影响的，决策承办单位或者负责风险评估工作的其他单位应当组织评估决策草案的风险可控性。按照有关规定已对有关风险进行评价、评估的，不作重复评估	县级以上发展和改革委员会

二、项目用地尽职调查要点

根据《电力工程项目建设用地指标（风电场）》和《风力发电场设计规范》，集中式风电项目用地方式一般包括永久用地和临时用地，其中永久用地（应为建设用地）主要包括风电机组及机组变电站、集电线路、升压变电站及运行管理中心和交通工程的建设用地，临时占地主要包括集电线路（直埋电缆用地）、风电机组拼装及安装场用地、施工期施工道路用地及其他施工用地。因此，风电项目中的风机基础、升压站及配套附属设施、进场道路、运营期检修道路、场外架空送出线路中的杆塔基础等相关用地部分一般均应视为永久用地，风电项目中的集电线路（直埋电缆）、临时施工、风机组装等相关用地部分一般均应视为临时用地。

从实务来看，永久用地需要取得建设用地使用权；而临时用地，可采取土地租赁方式，或根据《电力工程项目建设用地指数（风电场）》的规定设立地役权、借用土地等，但最常见的方式是租赁临时用地。

（一）永久性建筑用地的取得方式

根据《关于支持新产业新业态发展促进大众创业万众创新用地的意见》的规定：光伏、风力发电等项目使用戈壁、荒漠、荒草地等未利用土地的，对不占压土地、不改变地表形态的用地部分，可按原地类认定，不改变土地用途，在年度土地变更调查时作出标注，用地允许以租赁等方式取得，双方签订好补偿协议，用地报当地县级国土资源部门备案；对项目永久性建筑用地部分，应依法按建设用地办理手续。对建设占用农用地的，所有用地部分均应按建设用地管理。从该意见的规定来看，集中式风电项目永久性建筑部分应依法按建设用地办理手续。因此，目前风电项目永久用地主要通过如下方式取得。

1. 征用农用地

《民法典》第二百四十四条规定：国家对耕地实行特殊保护，严格限制农用地转为建设用地，控制建设用地总量。不得违反法律规定的权限和程序征收集体所有的土地。

《土地管理法》第四十四条第一款规定：建设占用土地，涉及农用地转为建设用地的，应当办理农用地转用审批手续。该法第四十五条规定："为了公共利益的需要，有下列情形之一，确需征收农民集体所有的土地的，可以依法实施征收：……（六）法律规定为公共利益需要可以征收农民集体所有的土地的其他情形。前款规定的建设活动，应当符合国民经济和社会发展规划、土地利用总体规划、城乡规划和专项规划……"

根据《土地管理法实施条例》第二十四条规定：建设项目确需占用国土空间规划确定的城市和村庄、集镇建设用地范围外的农用地，涉及占用永久基本农田的，由国务院批准；不涉及占用永久基本农田的，由国务院或者国务院授权的省、自治区、直辖市人民政府批准。

根据上述规定，农用地不得用于非农建设，如集中式风电项目所在位置土地性质为农用地的,则该地块需要办理完毕农用地转为建设用地的农用地转用手续以及集体土地征收手续,并在转用手续办理完毕后,由当地自然资源主管部门通过出让等方式向负责集中式风电项目开发建设的项目公司供地。而在对集中式风电项目进行尽职调查的过程中,对于通过征用农用地的方式最终取得用地的项目,应着重关注以下几点。

(1) 项目用地是否涉及占用永久基本农田。

《土地管理法》第三十五条规定:永久基本农田经依法划定后,任何单位和个人不得擅自占用或者改变其用途。国家能源、交通、水利、军事设施等重点建设项目选址确实难以避让永久基本农田,涉及农用地转用或者土地征收的,必须经国务院批准。禁止通过擅自调整县级土地利用总体规划、乡(镇)土地利用总体规划等方式规避永久基本农田农用地转用或者土地征收的审批。

在实务中,集中式风电项目等大多数在陆地上实施的建设项目均需要遵循不得占用永久基本农田的规则。如果集中式风电项目用地涉嫌占用永久基本农田,则自然资源主管部门有权根据《土地管理法》第七十七条规定处以限期拆除违法占用土地上新建的建筑物和其他设施等行政处罚。除前述行政处罚外,项目公司负责人等主要成员还有可能涉嫌《刑法》第三百四十二条规定的非法占用农地罪,并被依法追究刑事责任。

(2) 农用地转建设用地手续与集体土地征收手续应一并办理。

《土地管理法》第四十四条规定:建设占用土地,涉及农用地转为建设用地的,应当办理农用地转用审批手续。永久基本农田转为建设用地的,由国务院批准。在土地利用总体规划确定的城市和村庄、集镇建设用地规模范围内,为实施该规划而将永久基本农田以外的农用地转为建设用地的,按土地利用年度计划分批次按照国务院规定由原批准土地利用总体规划的机关或者其授权的机关批准。在已批准的农用地转用范围内,具体建设项目用地可以由市、县人民政府批准。在土地利用总体规划确定的城市和村庄、集镇建设用地规模范围外,将永久基本农田以外的农用地转为建设用地的,由国务院或者国务院授权的省、自治区、直辖市人民政府批准。

《土地管理法实施条例》第二十五条第二款规定:农用地转用涉及征收土地的,还应当依法办理征收土地手续。

实务中,如果集中式风电项目系通过征用农用地的方式取得项目用地的,则应注意审查项目用地的农用地转建设用地手续以及集体土地征收手续是否全部按照法律规定办理完成、是否由具有相应审批权限的行政机关批准。

2. 集体建设用地协议流转

《土地管理法》第六十三条规定：土地利用总体规划、城乡规划确定为工业、商业等经营性用途，并经依法登记的集体经营性建设用地，土地所有权人可以通过出让、出租等方式交由单位或者个人使用，并应当签订书面合同，载明土地界址、面积、动工期限、使用期限、土地用途、规划条件和双方其他权利义务。前款规定的集体经营性建设用地出让、出租等，应当经本集体经济组织成员的村民会议三分之二以上成员或者三分之二以上村民代表的同意。通过出让等方式取得的集体经营性建设用地使用权可以转让、互换、出资、赠与或者抵押，但法律、行政法规另有规定或者土地所有权人、土地使用权人签订的书面合同另有约定的除外。集体经营性建设用地的出租，集体建设用地使用权的出让及其最高年限、转让、互换、出资、赠与、抵押等，参照同类用途的国有建设用地执行。具体办法由国务院制定。

根据上述规定以及实务经验，集体建设用地协议流转一般包括村集体直接向风电项目开发企业发包、承包人直接租赁给风电项目开发企业两种形式。其中，对于通过村集体直接发包方式取得项目用地的集中式风电项目，需注意根据《农村土地承包法》第十三条[1]以及第五十二条[2]规定在尽职调查过程中核实发包主体是否对项目用地拥有所有权以及发包行为是否履行了民主决策程序，以确定风电项目开发企业是否已经合法取得项目用地；对于通过承包人直接租赁方式取得项目用地的集中式风电项目，需注意按照《农村土地承包经营权证管理办法》第二条[3]、《农村土地经营权流转管理办法》

---

[1]《农村土地承包法》第十三条规定：农民集体所有的土地依法属于村农民集体所有的，由村集体经济组织或者村民委员会发包；已经分别属于村内两个以上农村集体经济组织的农民集体所有的，由村内各该农村集体经济组织或者村民小组发包。村集体经济组织或者村民委员会发包的，不得改变村内各集体经济组织农民集体所有的土地的所有权。国家所有依法由农民集体使用的农村土地，由使用该土地的农村集体经济组织、村民委员会或者村民小组发包。

[2]《农村土地承包法》第五十二条规定：发包方将农村土地发包给本集体经济组织以外的单位或者个人承包，应当事先经本集体经济组织成员的村民会议三分之二以上成员或者三分之二以上村民代表的同意，并报乡（镇）人民政府批准。由本集体经济组织以外的单位或者个人承包的，应当对承包方的资信情况和经营能力进行审查后，再签订承包合同。

[3]《农村土地承包经营权证管理办法》第二条规定：农村土地承包经营权证是农村土地承包合同生效后，国家依法确认承包方享有土地承包经营权的法律凭证。农村土地承包经营权证只限承包方使用。

第十七条[1]等规定确认承包人是否持有土地承包经营权证、租赁期限是否超过20年以及是否履行向村集体进行备案的手续。

(二) 临时用地的取得方式

1. 租赁未利用地

根据《关于支持新产业新业态发展促进大众创业万众创新用地的意见》的规定：光伏、风电等项目使用戈壁、荒漠、荒草等未利用土地的，不占用土地、不改变地表形态的部分土地可按原土地类型认定，不改变土地用途，每年土地变更调查时标注，土地可通过租赁等方式取得，目前用于吊装的土地风电项目的平台和施工道路一般可以就地认定，不改变土地用途和土地利用原有性质，可以通过租赁方式解决土地利用问题，但需向当地县级申报级国土资源部门备案。

实务中，风电项目吊装平台及施工道路等用地，通常可按原地类认定，不改变土地用途和原有的用地性质，通过租赁方式解决用地，但是需按照规定报当地县级国土资源部门备案。

2. 其他临时用地情况

根据《土地管理法》第五十七条的规定：建设项目施工和地质勘查需要临时使用国有土地或者农民集体所有的土地的，由县级以上人民政府自然资源主管部门批准。其中，在城市规划区内的临时用地，在报批前，应当先经有关城市规划行政主管部门同意。土地使用者应当根据土地权属，与有关自然资源主管部门或者农村集体经济组织、村民委员会签订临时使用土地合同，并按照合同的约定支付临时使用土地补偿费。临时使用土地的使用者应当按照临时使用土地合同约定的用途使用土地，并不得修建永久性建筑物。临时使用土地期限一般不超过两年。

根据上述规定，集中式风电项目需要临时使用国有土地或者农民集体所有的土地时，需经县级以上自然资源主管部门批准，且风电项目开发企业应当与自然资源主管部门或者农村集体经济组织、村民委员会签订临时使用土

---

[1]《农村土地经营权流转管理办法》第十七条规定：承包方流转土地经营权，应当与受让方在协商一致的基础上签订书面流转合同，并向发包方备案。承包方将土地交由他人代耕不超过一年的，可以不签订书面合同。

地合同。需要注意的是，如果涉及《耕地占用税法》第十一条[1]以及第十二条[2]规定的临时占用耕地、草地、林地等农用地的，则风电项目开发企业还需要缴纳耕地占用税。

(三) 项目用地涉及林地的问题

从实践的角度来看，国土和林业主管部门对林地认定的标准存在差异。因此，风电项目用地是否认定为林地应当场协商，并以当地有关部门的具体意见为准。

关于林地的限制使用范围，有如下相关规定。《国家林业和草原局关于规范风电场项目建设使用林地的通知》第三条规定："……风电场建设应当节约集约使用林地。风机基础、施工和检修道路、升压站、集电线路等，禁止占用天然乔木林（竹林）地、年降雨量400毫米以下区域的有林地、一级国家级公益林地和二级国家级公益林中的有林地……"《建设项目使用林地审核审批管理办法》第四条规定："占用和临时占用林地的建设项目应当遵守林地分级管理的规定：（一）各类建设项目不得使用Ⅰ级保护林地。（二）国务院批准、同意的建设项目，国务院有关部门和省级人民政府及其有关部门批准的基础设施、公共事业、民生建设项目，可以使用Ⅱ级及其以下保护林地。（三）国防、外交建设项目，可以使用Ⅱ级及其以下保护林地。（四）县（市、区）和设区的市、自治州人民政府及其有关部门批准的基础设施、公共事业、民生建设项目，可以使用Ⅱ级及其以下保护林地。（五）战略性新兴产业项目、勘查项目、大中型矿山、符合相关旅游规划的生态旅游开发项目，可以使用Ⅱ级及其以下保护林地。其他工矿、仓储建设项目和符合规划的经营性项目，可以使用Ⅲ级及其以下保护林地。（六）符合城镇规划的建设项目和符

---

[1]《耕地占用税法》第十一条规定：纳税人因建设项目施工或者地质勘查临时占用耕地，应当依照本法的规定缴纳耕地占用税。纳税人在批准临时占用耕地期满之日起一年内依法复垦，恢复种植条件的，全额退还已经缴纳的耕地占用税。

[2]《耕地占用税法》第十二条规定：占用园地、林地、草地、农田水利用地、养殖水面、渔业水域滩涂以及其他农用地建设建筑物、构筑物或者从事非农业建设的，依照本法的规定缴纳耕地占用税。占用前款规定的农用地的，适用税额可以适当低于本地区按照本法第四条第二款确定的适用税额，但降低的部分不得超过百分之五十。具体适用税额由省、自治区、直辖市人民政府提出，报同级人民代表大会常务委员会决定，并报全国人民代表大会常务委员会和国务院备案。占用本条第一款规定的农用地建设直接为农业生产服务的生产设施的，不缴纳耕地占用税。

合乡村规划的建设项目,可以使用Ⅱ级及其以下保护林地。(七)符合自然保护区、森林公园、湿地公园、风景名胜区等规划的建设项目,可以使用自然保护区、森林公园、湿地公园、风景名胜区范围内Ⅱ级及其以下保护林地。(八)公路、铁路、通讯、电力、油气管线等线性工程和水利水电、航道工程等建设项目配套的采石(沙)场、取土场使用林地按照主体建设项目使用林地范围执行,但不得使用Ⅱ级保护林地中的有林地。其中,在国务院确定的国家所有的重点林区(以下简称重点国有林区)内,不得使用Ⅲ级以上保护林地中的有林地。(九)上述建设项目以外的其他建设项目可以使用Ⅳ级保护林地。本条第一款第二项、第三项、第七项以外的建设项目使用林地,不得使用一级国家级公益林地。国家林业局根据特殊情况对具体建设项目使用林地另有规定的,从其规定。"实践中,一般Ⅰ级、Ⅱ级、Ⅲ级保护林地均建议不用于陆上风电项目建设。因此,涉及Ⅰ级、Ⅱ级、Ⅲ级保护林的土地一般不建议作为项目用地使用。

如涉及林地的,风电项目开发企业在施工前应及时向林业主管部门履行报批手续,按照国家规定的标准预交森林植被恢复费,在领取使用林地审核同意书后方可办理建设用地审批手续。根据《森林法实施条例》第十六条第(二)项的规定,勘查、开采矿藏和修建道路、水利、电力、通讯等工程,需要占用或者征收、征用林地的,必须遵守下列规定,即占用或者征收、征用防护林林地或者特种用途林林地面积10公顷以上,用材林、经济林、薪炭林林地及其采伐迹地面积35公顷以上,其他林地面积70公顷以上的,由国务院林业主管部门审批。占用或者征收、征用林地面积低于前述规定数量的,省、自治区、直辖市人民政府林业主管部门审核。

(四)项目用地涉及草原的问题

从实践的角度来看,自然资源主管部门和草原主管部门对于草原的认定标准存在差异,因此风电项目所用土地是否会被认定为草原,应实地进行咨询并以当地有关主管部门的具体意见为准。

《草原法》第三十八条规定:"进行矿藏开采和工程建设,应当不占或者少占草原;确需征收、征用或者使用草原的,必须经省级以上人民政府草原行政主管部门审核同意后,依照有关土地管理的法律、行政法规办理建设用地审批手续。"因此,如涉及草原的,风电项目开发企业在施工前应及时向草原主管部门履行报批手续，按照国家规定的标准预交草原植被恢复费，在领取审核同意书后方可办理建设用地审批手续。根据《草原征占用审核审批管理规范》第六条规定，矿藏开采和工程建设确需征收、征用或者使用草原的，依照下列规定的权限办理：征收、征用或者使用草原超过七十公顷的，由国家林业和草原局审批；征收、征用或者使用草原七十公顷及其以下的，由省级林业和草原主管部门审批。

值得注意的是，部分草原亦存在承包问题，如存在承包关系的，应进一步予以核实并根据当地标准支付牧民安置费（补偿费）。与签署补偿费一样，风电项目开发企业应确保该等补偿费逐一落实至牧民，并由牧民签署确认，以避免后续权属纠纷。

(五) 用地取得方式不合法合规的法律后果

从实务来看，如果项目公司在开发建设陆上风电项目时未合法合规取得用地，自然资源部门可能会要求拆除项目设施并退还土地，如灵宝市自然资源和规划局对国电河南电力有限公司灵宝新能源分公司未经批准非法占用土地行为进行立案调查后发现，国电河南电力有限公司灵宝新能源分公司未经批准，于2021年12月擅自占用灵宝市函谷关镇的梨湾源村、岸底村、焦村镇的纪家庄村、尚庄村、西章村共计2198平方米土地建国电灵宝西寨22MW分散式风电项目，其行为违反了《土地管理法》第二条第三款和第四十四条第一款的规定，属于非法占用土地。因此，灵宝市自然资源和规划局对该公司作出如下行政处罚：（1）责令退还非法占用的灵宝市函谷关镇梨湾源村的1073.58平方米土地、岸底村的281.08平方米土地，焦村镇纪家庄村的281.08平方米土地、尚庄村的281.08平方米土地、西章村的281.08平方米土地；（2）限十五日内拆除在非法占用的2198平方米土地上新建的建筑物和其他设施，恢复土地原状；（3）对非法占用的281.08平方米耕地处以每平方米1000元的罚款，共计281 080元；对非法占用的1916.92平方米其他非耕地的农用地处以每平方米800元的罚款，共计1533 536元，罚款共计1814 616元。

三、项目施工建设阶段尽职调查要点

项目施工建设阶段的尽职调查主要根据以下规定进行。《关于全面开展工程建设项目审批制度改革的实施意见》规定："（六）合理划分审批阶段。将

工程建设项目审批流程主要划分为立项用地规划许可、工程建设许可、施工许可、竣工验收四个阶段。其中，立项用地规划许可阶段主要包括项目审批核准、选址意见书核发、用地预审、用地规划许可证核发等。工程建设许可阶段主要包括设计方案审查、建设工程规划许可证核发等。施工许可阶段主要包括设计审核确认、施工许可证核发等。竣工验收阶段主要包括规划、土地、消防、人防、档案等验收及竣工验收备案等。"2012年《风电场工程竣工验收管理暂行办法》第六条规定，"申请竣工验收的风电场工程应完成主体工程建设内容，通过用地、环保、消防、安全、并网、节能、档案及其他规定的各项专项验收，并完成竣工验收总结报告。项目基本符合竣工验收条件，仅有零星土建工程和少数非主要设备未按设计规定的内容全部建成，但不影响工程使用或投产，也可办理竣工验收手续。对未完工程应按设计安排资金，限期完成"。

基于上述规定以及过往集中式风电项目投资经验，集中式风电项目施工建设主要存在如下阶段：

（1）立项用地规划许可阶段。

项目公司应取得规划选址和用地预审意见、建设用地规划许可证。

（2）工程建设许可阶段。

项目公司应取得建设工程规划许可证。

（3）工程施工许可阶段。

项目公司应取得建设工程施工许可证。

（4）工程竣工验收阶段。

项目公司应组织进行竣工验收，配合环保主管部门进行环保验收，配合安全生产主管部门进行安全验收，网上申请进行消防验收。

四、项目电网接入及电力销售

集中式风电项目并网时间的确定主要依据《关于加快审查可再生能源发电补贴项目目录的通知》。《关于加快审查可再生能源发电补贴项目目录的通知》附件《可再生能源发电项目满负荷并网时间确定办法》规定："（一）可再生能源补贴项目承诺的全容量并网时间、电力业务许可证明确的并网时间、并网调度协议明确的并网时间相一致的，项目按此时间列入补贴清单，享受对应的电价政策。（二）可再生能源补贴项目承诺的全容量并网时间、电力业务许可证明确的并网时间、并网调度协议明确的并网时间不一致，但不影响项目享受的电价政策，项目按企业承诺全容量并网时间列入补贴清单，享受对应的电价政策。（三）可再生能源补贴项目承诺的全容量并网时间、电力业务许可证明确的并网时间、并网调度协议明确的并网时间不一致，且影响电价政策的，按照三个并网时间中的最后时点确认全容量并网时间，列入补贴清单，享受对应的电价政策。"因此，集中式风电项目需要明确上述三个并网时间的最后一个时间点，并认真填写相关文件，否则可能会因时间点不一致导致并网时间延迟且不能列入补贴目录。

不过，随着《国家发展改革委关于完善风电上网电价政策的通知》的下发，集中式风电项目已经进入无补贴平价上网时代。根据《国家发展改革委关于完善风电上网电价政策的通知》，2018 年底之前核准的陆上风电项目，2020 年底前仍未完成并网的，国家不再补贴；2019 年 1 月 1 日至 2020 年底前核准的陆上风电项目，2021 年底前仍未完成并网的，国家不再补贴。自 2021 年 1 月 1 日开始，新核准的陆上风电项目全面实现平价上网，国家不再补贴。

五、分散式风电项目的特殊规定

分散式风电项目最大特点是规模小、可以实现就近消纳、无需大规模外送。根据《国家能源局关于加快推进分散式接入风电项目建设有关要求的通知》规定，各省级能源主管部门按照有关技术要求和并网规定，结合前期区域内风能资源勘察的成果，在认真梳理区域内电网接入条件和负荷水平的基础上，严格按照"就近接入、在配电网内消纳"的原则，制定本省（区、市）及新疆生产建设兵团"十三五"时期的分散式风电发展方案，向全社会公示，并将方案和公示结果抄报国家能源局。各省级能源主管部门应结合实际情况及时对规划进行滚动修编，分散式接入风电项目不受年度指导规模的限制。已批复规划内的分散式风电项目，鼓励各省级能源主管部门研究制定简化项目核准程序的措施。因此，相较于集中式风电项目，分散式风电项目不受年度指导规模的限制，且分散式风电项目主要需遵循各省级能源主管部门制定并公示的分散式风电发展方案。

《分散式风电项目开发建设暂行管理办法》第九条规定：各地方要简化分散式风电项目核准流程，建立简便高效规范的核准管理工作机制，鼓励试行项目核准承诺制。地方能源主管部门制订完善的分散式风电项目核准管理工作细则，建立简便高效规范的工作流程，明确项目核准的申报材料、办理流程和办理时限等，并向社会公布。对于试行项目核准承诺制的地区，地方能源主管部门不再审查前置要件，审查方式转变为企业提交相关材料并作出信用承诺，地方能源主管部门审核通过后，即对项目予以核准。该管理办法第十条规定：鼓励各地方政府设立以能源主管部门牵头的"一站式"管理服务窗口，建立国土、环保等多部门高效协调的管理工作机制，并与电网企业有效衔接，建立与电网接入申请、并网调试、电费结算和补贴发放等相结合的分散式风电项目核准等"一站式"服务体系。该管理办法第十一条规定：分散式风电项目开发企业在项目取得土地、规划、环保等职能部门的支持性文件后，按照地方政府有关规定，向相应的项目核准机关报送项目申请报告。各地相关部门要针对分散式风电项目的特点简化工作流程，降低项目前期成本。相较于集中式风电项目，分散式风电项目因容量小、占地面积小，因此从政策要求来看，分散式风电项目前期在取得土地、规划、环保等职能部门的支持性文件方面应简化相关工作流程，但从实务来看，分散式风电项目整体的前期工作流程以及需要取得的项目前期支持性文件与集中式风电项目基本一致，只是由于分散式风电项目规模较小而使得各支持性文件的办理手续审批速度较快。

《分散式风电项目开发建设暂行管理办法》第十三条规定：在满足国家环保、安全生产等相关要求的前提下，开发企业可使用本单位自有建设用地（如园区土地），也可租用其他单位建设用地开发分散式风电项目。分散式风电项目不得占用永久基本农田。对于占用其他类型土地的，应依法办理建设用地审批手续；在原土地所有权人、使用权人同意的情况下，可通过协议等途径取得建设用地使用权。相较于集中式风电项目，从政策要求来看，分散式风电项目用地可以使用自有建设用地，也可租用其他单位建设用地；但从实务来看，由于分散式风电项目建设设施资金投入仍然很大且需要持续运营较长时间，因此大部分分散式风电项目用地安排亦参照集中式风电项目的方式，尽量由风电项目开发企业通过国有建设用地出让、集体建设用地流转等方式取得项目用地。

《分散式风电项目开发建设暂行管理办法》第十八条规定：电网企业应完善35千伏及以下电压等级接入分散式风电项目接网和并网运行服务。由地市或县级电网企业设立分散式风电项目"一站式"并网服务窗口，按照简化程序办理电网接入，提供相应并网服务，并及时向社会公布配电网可接入容量信息。因此，从政策要求来看，分散式风电项目的并网手续相较于集中式风电项目来讲更为简单。对于分散式风电项目办理并网手续的工作流程、办理时限，该管理办法第十九条进行了明确规定，（1）地市或县级电网企业客户服务中心为分散式风电项目业主提供并网申请受理服务，向项目业主填写并网申请表提供咨询指导，接受相关支持性文件，不得以政府核准文件、客户有效身份证明之外的材料缺失为由拒绝并网申请。（2）电网企业为分散式风电项目业主提供接入系统方案制订和咨询服务，并在受理并网申请后20个工作日内，由客户服务中心将接入系统方案送达项目业主，经项目业主确认后实施。（3）分散式风电项目主体工程和接入系统工程竣工后，客户服务中心受理项目业主并网调试申请，接收相关材料。（4）电网企业在受理并网调试申请后，10个工作日内完成关口电能计量装置安装服务，并与项目业主（或电力用户）签署购售电合同和并网调度协议。合同和协议内容参照有关部门制订的示范文本内容。（5）电网企业在关口电能计量装置安装完成后，10个工作日内组织并网调试，调试通过后直接转入并网运行。（6）电网企业在并网申请受理、接入系统方案制订、合同和协议签署、并网调试全过程服务中，不收取任何费用。

根据《国家发展改革委关于完善风电上网电价政策的通知》，参与分布式市场化交易的分散式风电上网电价由发电企业与电力用户直接协商形成，不享受国家补贴。不参与分布式市场化交易的分散式风电项目，执行项目所在资源区指导价。从政策要求来看，分散式风电项目与集中式风电项目一样，均已经进入无补贴平价上网时代。具体补贴与否的时间参见本章第三节"四、项目电网接入及电力销售"的相关内容。

第四节 海上风电项目

海上风电是指通过在海上建立风电机组、将海上风能转换为电能的一种发电形式。与陆上风电项目相比，海上风电项目具有风资源更为丰富、发电利用小时高、不占用土地资源以及沿海地区电网容量大、风电接入条件好等优势，是我国新能源发展的重点领域。

近年来，我国着力推动海上风电开发建设，支持性国家政策接连推出。2021年3月公布的《国民经济和社会发展第十四个五年规划和2035年远景目标纲要》提出"有序发展海上风电"；2021年10月国家发展改革委等九部门联合发布的《"十四五"可再生能源发展规划》提出，加快推动海上风电集群化开发，重点建设山东半岛、长三角、闽南、粤东和北部湾五大海上风电基地；2021年10月国务院公布的《2030年前碳达峰行动方案》提出"坚持陆海并重，推动风电协调快速发展，完善海上风电产业链，鼓励建设海上风电基地"；2022年1月国家发展改革委、国家能源局联合发布的《"十四五"现代能源体系规划》提出"鼓励建设海上风电基地，统筹推动海上风电规模化开发"。与此同时，我国沿海地区多个省份为推动海上风电发展，也纷纷出台海上风电发展规划及鼓励政策。

根据全球风能理事会（GWEC）发布的《全球风能报告2022》，2021年全球海上风电新增装机容量21.1GW，同比增长2倍，创历史最大增幅。其中我国的海上风电增量占比为80.02%，位列全球第一，远超第二名英国10.99%、第三名越南3.70%的增量占比。我国生态环境部发布《中国应对气候变化的政策与行动2022年度报告》显示，截至2021年底，我国海上风电装机规模跃居世界第一。

海上风电项目作为高度资本密集型行业，对资金依赖性极大。然而，2020年《关于促进非水可再生能源发电健康发展的若干意见》，新增海上风电项目不再纳入中央财政补贴范围，海上风电步入平价时代。在缺乏中央财政补贴、资金压力加剧的情形下，海上风电项目的合规性成为开发建设重中之重。

此外，由于海上风电项目的风机机组安装于海上，与陆上风电项目相比，需要通过交流集电线路将各个海上风机机组所发电力传输至海上升压站将电压升高，然后通过海底电缆将电输送到陆上集控中心。在这一过程中，涉及海域使用、海底电缆铺设、海上施工等一系列问题，较陆上风电项目更为复杂，所涉及的法律问题也更为繁杂。

结合笔者所参与的海上风电项目的实务经验，本部分将就海上风电项目的尽职调查关注要点进行阐述。

一、海上风电项目的核准

根据《海上风电开发建设管理办法》及《政府核准的投资项目目录（2016年本）》的规定，我国对海上风电项目实行核准制，由地方政府在国家依据总量控制制定的建设规划及年度开发指导规模内核准。未经核准的海上风电项目不得开发建设。

依据相关法律法规及政策的规定，海上风电项目在核准前应当符合以下核准前置条件。

（一）列入海上风电发展规划

根据《海上风电开发建设管理办法》的规定，海上风电发展规划包括全国海上风电发展规划、各省（自治区、直辖市）以及市县级海上风电发展规划。全国海上风电发展规划由国家能源局统一编制和管理，各省（自治区、直辖市）海上风电发展规划由各省能源主管部门组织有关单位，按照标准要求编制，并应符合全国海上风电发展规划。

海上风电项目在核准前，应已列入海上风电发展规划。未纳入海上风电发展规划的海上风电项目，项目单位不得开展海上风电项目建设。

此外，海上风电项目在被列入海上风电发展规划后，应及时办理核准手续，否则可能面临项目被废止的风险。例如，某集团某海上风电项目纳入国家海上风电开发方案，但未在当年核准，而被江苏省发展改革委予以废止。

（二）取得用海预审意见

根据《国家海洋局关于进一步规范海上风电用海管理的意见》，用海预审是企业投资项目核准前置审批事项之一，用海预审意见是核准项目申请报告的必要文件；并根据《海上风电开发建设管理办法》，项目单位向省级及以下能源主管部门申请核准前，应向海洋行政主管部门提出用海预审申请，按规定程序和要求审查后，由海洋行政主管部门出具项目用海预审意见。

用海预审意见的有效期为2年。在有效期内，若海上风电项目的拟用海面积、位置和用途等发生改变的，应当重新提出海域使用申请。

（三）取得用地预审与选址意见书

海上风电项目不仅包括安装于海洋的风电机组，还包括建设于陆地的陆上集控中心、海缆集中送出工程等。根据《建设项目用地预审管理办法》的规定，需核准的建设项目在项目申请报告核准前，由建设单位提出用地预审申请。因此，在项目核准前，除需取得用海预审意见外，海上风电项目还需要取得用地预审意见。

海上风电项目的用地预审意见由与项目核准机关同级的国土资源主管部门预审。就办理土地预审意见，项目单位需要对项目是否位于地质灾害易发区、是否压覆重要矿产资源进行查询核实。若位于地质灾害易发区或者压覆重要矿产资源的，应当依据相关法律法规的规定，在办理用地预审手续后，完成地质灾害危险性评估、压覆矿产资源登记。

海上风电项目用地预审意见的有效期为3年，自批准之日起计算。已经预审的项目，如需对土地用途、建设项目选址等进行重大调整的，应当重新申请预审。根据规定，项目用地未经预审或者预审未通过的，不得批复可行性研究报告、核准项目申请报告；不得批准农用地转用、土地征收，不得办理供地手续。

二、海上风电项目用海的合规要点

（一）项目用海选址

根据《国家海洋局关于进一步规范海上风电用海管理的意见》，海上风电项目原则上应在离岸距离不少于10公里、滩涂宽度超过10公里时，海域水深不得少于10米的海域布局。

需要注意的是，在各种海洋自然保护区、海洋特别保护区、自然历史遗迹保护区、重要渔业水域、河口、海湾、滨海湿地、鸟类迁徙通道、栖息地等重要、敏感和脆弱生态区域，以及划定的生态红线区内不得规划布局海上风电场。

（二）项目用海面积

根据《海上风电开发建设管理办法》，海上风电项目建设用海面积和范围按照风电设施实际占用海域面积和安全区占用海域面积界定。其中，海上风电机组用海面积为所有风电机组塔架占用海域面积之和，单个风电机组塔架用海面积一般按塔架中心点至基础外缘线点再向外扩50米为半径的圆形区域计算；海底电缆用海面积按电缆外缘向两侧各外扩10米宽为界计算。

我国要求海上风电的规划、开发和建设，应坚持集约节约的原则，提高海域资源利用效率。根据《国家海洋局关于进一步规范海上风电用海管理的意见》，单个海上风电场外缘边线包络海域面积原则上每 10 万千瓦控制在 16 平方公里左右。

(三) 海域使用权

根据《海域使用管理法》，单位和个人使用海域，必须依法取得海域使用权。海上风电项目核准后，项目单位应当及时将项目核准文件提交海洋行政主管部门。海洋行政主管部门在收到项目批准文件后，依法办理海域使用权报批手续。项目单位按照项目用海批复要求办理海域使用权登记，领取海域使用权证书。

另外，依照《海域使用权管理规定》的规定，使用海域应当依法进行海域使用论证。海上风电项目通过申请审批方式取得海域使用权的，申请人应当委托有资质的单位开展海域使用论证；项目通过招标、拍卖方式取得海域使用权的，则由组织招标、拍卖的单位委托有资质的单位开展海域使用论证。有审批权人民政府的海洋行政主管部门或者其委托的单位组织专家对海域使用论证报告书进行评审。评审通过的海域使用论证报告有效期 3 年。

需要注意的是，海上风电项目在取得海域使用权后，项目单位不得擅自改变经批准的海域用途；确需改变的，则应当以拟改变的海域用途按审批权限重新申请报批。

此外，海上风电项目单位未经批准、非法占用海域的，将面临被责令退还非法占用海域、恢复原状、没收违法所得、处以罚款等行政处罚。例如，2021 年福建某海上风电公司在未取得海域使用权的情况下擅自进行用海活动，被责令退还非法占用的海域，恢复海域原状，并被处以罚款 40 万余元。

(四) 海域使用金

我国实行海域有偿使用制度，海域使用权人应当依法缴纳海域使用金。根据不同的用海性质或者情形，海域使用金可以按照规定一次缴纳或者按年度逐年缴纳。根据《国家发展改革委、国家能源局关于完善能源绿色低碳转型体制机制和政策措施的意见》，符合条件的海上风电等可再生能源项目可按规定申请减免海域使用金。

海域使用金的征收标准，按照用海类型、海域类别以及相应的海域使用金征收标准计算征收，其中海域类别主要基于各沿海省市的行政区划。海上风电项目的用海类型一般涉及构筑物用海（海上风机机组及升压站）、其他用海（海底电缆管道），海上风电项目应缴纳的海域使用金数额及缴纳方式具体应以项目所在地规定及主管机关认定为准。

(五) 航道通航条件影响评价

由于海上风电场一般布置在离岸较远、水深良好的海域内，风机机组、海上升压站、海缆等可能跨越或穿越航道，影响航道通航条件。根据《航道法》，建设跨越、穿越航道的构筑物或在航道保护范围内建设构筑物，应当符合该航道通航条件的要求。并根据《航道通航条件影响评价审核管理办法》，在建设与航道有关的工程前，建设单位根据国家有关规定和技术标准规范，论证评价工程对航道通航条件的影响并提出减小或者消除影响的对策措施，由有审核权的交通运输主管部门或者航道管理机构进行审核。

实务中，可能由于考虑到风电场场址布置对海床变化和水流的影响，部分海上风电场在其选址未跨越或穿越航道、远离规划航道的情况下，仍被项目所在地主管部门要求出具航道通航条件影响评价报告并进行审批。因此，是否需要进行航道通航条件影响评价应以项目所在地要求为准。

(六) 无居民海岛

根据《海上风电开发建设管理办法》，海上风电项目使用无居民海岛建设的，项目单位应当按照《海岛保护法》等法律法规办理无居民海岛使用申请审批手续，并取得无居民海岛使用权后，方可开工建设。

根据《海岛保护法》，海上风电项目使用可利用无居民海岛的，应当向省、自治区、直辖市人民政府海洋主管部门提出申请，并提交项目论证报告、开发利用具体方案等申请文件，由海洋主管部门组织有关部门和专家审查，提出审查意见，报省、自治区、直辖市人民政府审批。

另外，海上风电项目经批准开发利用无居民海岛的，也需要依法缴纳使用金。

三、海上风电项目开发建设的合规文件

由于海上风电项目陆上部分开发建设应取得的合规文件，与陆上风电项目的大体相同，在此不再赘述，具体可参见前文"陆上风电项目"部分内容。

本部分就海上风电项目海上部分应取得的合规文件进行详述。

(一) 环境影响评价

我国对建设项目实行环境影响评价制度,并根据建设项目对环境的影响程度,对项目的环境影响评价实行分类管理。根据《建设项目环境影响评价分类管理名录(2021年版)》,总装机容量5万千瓦及以上的海上风电工程及其输送设施及网络工程应编制环境影响报告书;其他海上风电工程及其输送设施及网络工程应编制环境影响报告表。另外,根据《海上风电开发建设管理办法》,海上风电项目单位应当按照《海洋环境保护法》《防治海洋工程建设项目污染损害海洋环境管理条例》、地方海洋环境保护相关法规及相关技术标准要求,委托有相应资质的机构编制海上风电项目环境影响报告书,报海洋行政主管部门审查批准。

海上风电场的结构包括陆上集控中心与海上风机机组、海底电缆等,同时涉及陆上与海上两部分。因此,在对海上风电项目进行环境影响评价时,需要了解项目所在地的规定及审批部门的要求,以确认海上风电项目的陆上及海上环境影响评价文件为分别编制并报批,还是合并编制后一并报批。

若海上风电项目单位未依法报批环境影响评价文件,或环境影响评价文件未经批准的,项目不得开工建设;项目擅自开工建设的,将被责令停止建设、处以罚款,并可能被责令恢复原状。

(二) 社会稳定风险评估

由于海上风电场的建设可能对渔业和海产种植业造成影响,对利益相关方造成妨碍,不利于海上风电项目的建设与发展。例如2021年6月,由于影响扇贝捕捞,法国Saint-Brieuc海上风电场的建造被当地渔民抗议,数艘渔船围攻驱赶海上作业船Aethra号。为避免海上风电项目发生利益冲突,维持社会稳定,海上风电项目的社会稳定风险评估具有重要意义。

根据《国家发展改革委重大固定资产投资项目社会稳定风险评估暂行办法》的规定,国家发展改革委审批、核准或者核报国务院审批、核准的在境内建设实施的固定资产投资项目,项目单位在组织开展重大项目前期工作时,应当对社会稳定风险进行调查分析,征询相关群众意见,查找并列出风险点、风险发生的可能性及影响程度,提出防范和化解风险的方案措施,提出采取相关措施后的社会稳定风险等级建议。

若海上风电项目不属于前述层级的固定资产投资项目，则需以项目所在地规定及主管部门要求为准。实务中，我国部分地区要求将社会稳定风险评估报告作为申请海上风电项目核准的前提条件或项目建设的必备文件。

(三) 军事设施保护意见

由于海上风电场建设于茫茫海域，可能对周边军事设施造成一定影响。根据《军事设施保护法》的规定，县级以上地方人民政府安排可能影响军事设施保护的建设项目，应当征求有关军事机关的意见。另外，未经相关部门批准，不得在海防管控设施上搭建、设置民用设施。因此，海上风电项目在建设前需取得军事设施保护意见。

实务中，由于国防安全重要性和军事机密性，军事设施保护意见的取得存在一定难度，审批周期较长。若项目建设内容在审批过程中发生变更、可能影响军事设施保护的，则需要重新征求有关军事机关的意见。

若海上风电项目未能如期取得军事设施保护意见的，存在项目延期或被废止的风险。例如，因受军事意见影响，项目无法按期完成用海确权、环境影响评价审批等开工前手续。如某国电投某400MW海上风电场项目申请延期。

(四) 机场安全环境保护意见

1. 民用机场

根据《运输机场运行安全管理规定》及《民用机场管理条例》的规定，民用机场（含军民合用运输机场民用部分）净空保护区域内禁止任何影响飞行安全的行为，包括设置影响机场目视助航设施使用的或者机组成员视线的物体；而在净空保护区域外一定范围内，亦不得修建影响飞行安全的设施。

由于海上风电项目的风机高度较高，目前最高可达三百余米；叶轮直径也较大，亦可达三百余米，若海上风电项目的风机机组建设于机场净空保护区域内，则可能影响航空安全。

因此，海上风电项目需要查询核实海上风机机组选址是否位于机场净空保护区域内。根据《民用机场管理条例》，县级以上地方人民政府审批民用机场净空保护区域内的建设项目，应当书面征求民用机场所在地地区民用航空管理机构的意见。如海上风电项目风机选址位于净空保护区域内，则需取得航空管理机构的审批意见。否则，根据《运输机场运行安全管理规定》，若经空中交通管理部门研究认为，风机机组对航空器活动地区、内水平面或锥形面范围内的航空器的运行有危害时，则会被视为障碍物，并尽可能地予以拆除。

2. 军用机场

根据《军事设施保护法实施办法》第十九条和第二十条，在军用机场净空保护区域内，禁止修建超出机场净空标准的建筑物、构筑物或者其他设施。如在军用机场净空保护区域内建设高大建筑物、构筑物或者其他设施的，建设单位必须在申请立项前书面征求军用机场管理单位的军级以上主管军事机关的意见；未征求军事机关意见或者建设项目设计高度超过军用机场净空保护标准的，国务院有关部门、地方人民政府有关部门不予办理建设许可手续。未经批准在军用机场净空保护区域内修建超出军用机场净空保护标准的建筑物、构筑物或者其他设施的，由城市规划行政主管部门责令限期拆除超高部分。

据此，海上风电项目在确定选址前，还需查询核实风机机组位置是否位于军用机场净空保护区域。如是，则项目单位在办理建筑许可相关手续前，需要取得军事机关审批意见。

四、海上风电项目施工建设的合规要点

海上风电项目的施工建设包括陆上部分、海上部分。其中，陆上部分施工建设的合规要点与陆上风电项目相同，详见前述"陆上风电项目"。海上部分施工建设的合规要点如下。

（一）项目的开工时间

由于海上风电项目核准文件的有效期通常为 2 年，项目应在核准之日起 2 年内开工建设；未能在 2 年期限内开工建设的，项目单位应当申请延期，否则将面临核准文件失效的风险。一般情况下，项目的开工建设只能延期一次，且期限最长不得超过 1 年。因此，对项目开工时间的认定非常重要。

根据《海上风电开发建设管理办法》，海上风电项目的开工以第一台风电机组基础施工为标志。

（二）水上水下作业和活动通航许可

海上风电项目的建设内容包括搭建海上风机机组、升压站和铺设海底电

缆，涉及水上水下作业和活动通航，根据《海上交通安全法》及《水上水下作业和活动通航安全管理规定》，海上风电项目在海域内进行施工作业，应当经海事管理机构审批，颁发水上水下作业或者活动许可证，并核定相应安全作业区。

该许可证的有效期由海事管理机构根据作业或者活动的期限及水域环境的特点确定。许可证有效期届满不能结束水上水下作业或者活动的，项目单位或施工单位应当办理延续手续。许可证有效期最长不得超过3年。

另外，项目单位应当根据作业或者活动的范围、气象、海况和通航环境等因素，综合分析水上交通安全和船舶污染水域环境的风险，科学合理编制作业或者活动方案、保障措施方案和应急预案。

(三) 海底电缆的铺设

海上风电项目一般通过铺设海底电缆，将海上风机机组所发电量输送至陆上集控中心。就海底电缆铺设而言，需要完成以下合规手续：

1. 海底电缆路由勘测审批

根据《铺设海底电缆管道管理规定》，海上风电项目单位在为铺设项目海底电缆所进行的路由调查、勘测实施60天前，应向海洋行政管理机构提出书面申请。未经批准，不得擅自进行调查、勘测。

此外，项目单位委托进行海底勘察的企业应具备相应海洋工程勘察资质。根据《海洋工程勘察资质分级标准》，甲级海洋工程勘察单位承担海洋工程勘察的业务范围和地区不受限制；乙级海洋工程勘察单位可承担中、小型工程，业务范围和地区不受限制。项目单位在选择勘察企业时，需要注意其具有的勘察资质是否符合项目需要。

2. 海底电缆铺设施工批复

根据《铺设海底电缆管道管理规定实施办法》及《国家海洋局关于取消海底电缆管道铺设施工许可证的公告》，海上风电项目在调查、勘测完成后，项目单位应当在计划铺设施工60天前，将最后确定的海底电缆、管道路由报主管机关审批。审批机关审批后发给铺设施工批复文件。未经审批，不得擅自施工建设。海底电缆铺设施工完毕后，项目单位应当将海底电缆的路线图、位置表等说明资料报送主管机关备案，并抄送港监机关。

另外，根据《自然资源部关于积极做好用地用海要素保障的通知》，报国务院审批的海底电缆管道项目，海底电缆管道铺设施工申请，可与项目用海申请一并提交审查。

此外，若项目铺设海底电缆需要移动已铺设的海底电缆、管道时，应当先与该已铺设电缆、管道的所有者协商，并经主管机关批准后方可施工。

以上经审批的海底电缆路由调查、勘测和铺设施工，在实施作业前或实施作业中如需变动（包括路由、作业时间、作业计划、作业方式等变动），项目单位应及时报告主管机关。如路由等变动较大，还应报经主管机关批准。

(四) 制定应急预案

由于海上风电场建设于离岸较远的海域，受天气变化、海浪波动等因素影响大，与陆上风电项目相比，海上风电项目更易出现险情事故，比如人员落水、被困；船只碰撞、搁浅；风机倒塌、锚链断裂。在遇到恶劣海象、极端天气时，甚至会造成人员伤亡和经济损失。例如，受台风"暹芭"影响，2022年7月广东阳江青洲海上风电项目发生"福景001"轮事故，造成25人遇难。因此，对海上风电项目而言，应急处置预案具有不可忽视的重要作用。

根据《海上风电开发建设管理办法》，项目单位和施工企业应制定应急预案。部分省市出台了更为详细的地方性规定。以福建省为例，2021年福建省海事局发布《福建海上风电场水域交通安全管理办法》，明确规定海上风电场建设、施工和运维单位应当针对以上情形制定海上应急处置预案，配备满足海上风电场内应急需要的设施、器材，并定期组织海上应急演练。当发生涉及船舶、人员安全及海洋环境污染等方面的紧急情况时，应当第一时间组织开展自救，并将险情情况及时报告海上搜救中心和海事管理机构。

海上风电项目应根据项目所在地的规定及主管机关的要求，制定相应的应急预案，以保障风电场的安全。

五、海上风电项目的并网接入

海上风电场所发电力一般通过海底电缆输送至陆上集控中心，再由集控中心接入电网，因此，海上风电项目的并网接入方式与陆上风电项目相同，详见前述"陆上风电项目部分"，此处不再赘述。

六、海上风电项目的竣工验收

除风电项目一般需要办理的竣工验收手续外，海上风电项目还需要关注项目是否办理了环保竣工验收。

根据《海上风电开发建设管理办法》，海上风电项目建成后，按规定程序申请环境保护设施竣工验收，验收合格后，该项目方可正式投入运营。关于海上风电项目的环保竣工验收主要为对配套建设的环境保护设施进行验收，编制验收报告，确保环境保护设施与主体工程同时投产或者使用。

若海上风电项目未建成环保设施，或环保设施不能与主体工程同时投产或使用；以及项目的环境影响报告文件经批准后，该建设项目的性质、规模、地点、采用的生产工艺或者防治污染、防止生态破坏的措施发生重大变动，且项目单位未重新报批环境影响报告文件或者环境影响报告文件未经批准的，则该项目的环保竣工验收不合格。

根据《建设项目竣工环境保护验收暂行办法》，海上风电项目配套建设的环境保护设施经验收合格后，其主体工程方可投入生产或者使用；未经验收或者验收不合格的，不得投入生产或者使用。

此外，海上风电项目环保竣工验收合格的，需要公开公示验收报告；验收公告期满后，项目单位需要登录全国建设项目竣工环境保护验收信息平台，填报建设项目基本信息、环境保护设施验收情况等相关信息，由环境保护主管部门对上述信息予以公开。

第五节　储能项目

为提高新能源发电的稳定性，新能源发电的储存成为一个亟待解决的问题，而为解决这一问题，国家从政策方面给予了很大的支持。目前，我国有将近20个左右的省份出台了"新能源+储能"配套的鼓励政策，国家发展改革委、国家能源局也于2021年发布了《关于加快推动新型储能发展的指导意见》，该指导意见一方面提出了储能产业发展目标、赋予储能行业巨大政策空间，另一方面也明确了抽水蓄能和新型储能是支撑新型电力系统的重要技术和基础装备，对推动能源绿色转型、应对极端事件、保障能源安全、促进能源高质量发展、支撑应对气候变化目标实现具有重要意义。至此，储能项目在实务中的类型以及相关定义也就此确定下来，即抽水蓄能项目和新型储能项目。由于抽水蓄能项目和新型储能项目在开发建设等多方面存在不同，因此下文将分别进行展开论述。

一、抽水蓄能项目法律尽职调查

(一) 抽水蓄能项目前期合规性手续尽职调查

1. 抽水蓄能项目的选点规划

《国家能源局关于进一步做好抽水蓄能电站建设的通知》规定：抽水蓄能电站建设应纳入整个电力系统的发展规划统筹考虑，以整体提高电力系统的安全性和经济性为原则，做好抽水蓄能电站的选点和建设规划，有序推进各项前期工作，避免简单为电源项目配套而建设，杜绝单纯为促进地方经济发展上项目、建抽水蓄能电站。

根据《国家发展和改革委员会关于促进抽水蓄能电站健康有序发展有关问题的意见》的规定，抽水蓄能项目应：（1）做好选点规划。根据抽水蓄能电站特点，国家能源主管部门统一组织开展选点规划工作，统筹考虑区域电网调峰资源、系统需要和站址资源条件，分析研究抽水蓄能电站建设规模和布局，合理确定推荐站点、建设时序和服务范围，将选点规划作为各地抽水蓄能电站规划建设的基本依据。结合电力系统发展需要，对已完成选点规划的地区适时进行滚动调整，对尚未开展选点规划的地区适时启动规划工作；（2）明确发展规划。根据抽水蓄能电站发展需要，按照区域统筹协调、发挥地区优势的原则，在选点规划基础上，结合电力规划编制，制定全国和各区域抽水蓄能电站五年及中长期发展规划。依据全国抽水蓄能电站发展规划，各省（自治区、直辖市）将本地区抽水蓄能电站发展规划纳入当地能源发展规划；（3）保障规划实施。地方政府要认真做好站点资源的保护工作，做好与国土、城乡建设等相关规划的衔接，制定落实规划的各项措施，保障规划实施。抽水蓄能电站投资建设单位要根据规划制定实施方案，研究确定电站的服务范围以及在电网运行中承担的主要任务和功能定位，积极落实电站的各项建设条件。

从上述规定来看，国家能源局负责全国抽水蓄能项目的选点规划工作，地方政府需要依据国家能源局制定的全国抽水蓄能电站发展规划编制各地区抽水蓄能电站发展规划。参考《国家能源局关于贵州抽水蓄能电站选点规划有关事项的复函》《国家能源局关于青海抽水蓄能电站选点规划有关事项的复函》，实务中，地方政府关于抽水蓄能电站选点规划事项会先上报国家能源局审批，在取得国家能源局的复函后，地方政府方可在复函范围内核准抽水蓄能项目，同意相关项目开展前期工作。

因此，在对抽水蓄能电站并购项目进行法律尽职调查时，应当首先确定的是该项目是否纳入当地抽水蓄能电站建设选点规划。

2. 抽水蓄能项目的开发权

《国家发展和改革委员会关于促进抽水蓄能电站健康有序发展有关问题的意见》第八条第（一）项规定，抽水蓄能电站目前以电网经营企业全资建设和管理为主，逐步建立引入社会资本的多元市场化投资体制机制。在具备条件的地区，鼓励采用招标、市场竞价等方式确定抽水蓄能电站项目业主，按国家规划和政策要求独立投资建设抽水蓄能电站。

根据《关于鼓励社会资本投资水电站的指导意见》第二条第（一）项规定：实行资源配置市场化。鼓励通过市场方式配置水电资源和确定项目开发主体。中小河流上新建的水电站和中小型水电站，未依法依规明确开发主体的，一律通过市场方式选择投资者；对于重要河流，除国家已明确开发主体或前期工作主体，以及特殊的战略性重大工程外，原则上均应通过市场方式选择投资者。未明确开发主体的抽水蓄能电站，可通过市场方式选择投资者。统筹流域梯级开发，根据河流、河段实际情况，实行流域或梯级捆绑，实现资源综合有效利用。

《抽水蓄能中长期发展规划（2021—2035年）》规定，进一步完善相关政策，稳妥推进以招标、市场竞价等方式确定抽水蓄能电站项目投资主体，支持核蓄一体化、风光蓄多能互补基地等新业态发展，鼓励社会资本投资建设抽水蓄能。加快确立抽水蓄能电站独立市场主体地位，推动电站平等参与电力中长期交易、现货市场交易、辅助服务市场或辅助服务补偿机制，促进抽水蓄能可持续健康发展。

根据上述规定，抽水蓄能项目的投资主体可分为两类：电网企业与社会资本。从实务经验以及相关数据[1]来看，虽然社会资本已经可以参与开发抽水蓄能项目中，电网企业仍为抽水蓄能项目的主力军。不过在抽水蓄能项目逐步市场化以及鼓励社会资本参与电力生产交易的政策背景下，可以预见

---

[1] 周建平：《抽水蓄能：万亿产业健康发展的思考》，载《能源》2022年第5期。

的是，发电企业、地方投资平台、电力建设企业、非涉电建筑类企业、水利水电勘测设计企业、制造类企业、水利类企业和矿山类企业等均可能成为抽水蓄能项目的投资主体，抽水蓄能项目开发权的竞争也愈发激烈。

不过，需要注意的是，抽水蓄能项目投资主体通过招投标、市场竞价等方式取得项目开发权后，并不意味着永久性地取得项目开发权，项目开发权存在被收回的可能。从实务来看，部分地方政府与项目投资主体签订的合作开发协议中也会明确约定在项目未按照开发时序约定进行建设时，政府主管部门有权无条件地收回项目开发权。因此，在投资建设抽水蓄能项目前，应对当地抽水蓄能项目投资开发建设政策进行了解，并提前做好开发时序规划。[1]

3. 抽水蓄能项目的移民安置

《大中型水利水电工程建设征地补偿和移民安置条例》第六条规定，已经成立项目法人的大中型水利水电工程，由项目法人编制移民安置规划大纲，按照审批权限报省、自治区、直辖市人民政府或者国务院移民管理机构审批；省、自治区、直辖市人民政府或者国务院移民管理机构在审批前应当征求移民区和移民安置区县级以上地方人民政府的意见。该条例第十五条规定，未编制移民安置规划或者移民安置规划未经审核的大中型水利水电工程建设项目，有关部门不得批准或者核准其建设，不得为其办理用地等有关手续。

实务中，部分抽水蓄能项目也会涉及移民安置的问题，参考《浙江省人民政府关于浙江文成抽水蓄能电站建设征地移民安置规划大纲的批复》来看，涉及移民安置问题的抽水蓄能项目一般需参照《大中型水利水电工程建设征地补偿和移民安置条例》的规定编制编制移民安置规划大纲并报主管移民管理的机构进行审批，在主管移民管理机构审核完成之后，该抽水蓄能项目才可办理后续的项目核准手续及用地手续。

参考《大中型水利水电工程建设征地补偿和移民安置条例》《国家档案局、水利部、国家能源局关于印发水利水电工程移民档案管理办法的通知》的规定，抽水蓄能电站在取得移民安置规划审批文件前的工作流程以及需要取得的相关材料大致如表2-9所示。

---

[1] 郝利、夏煜鑫、张常睿：《抽水蓄能项目前期开发法律合规要点分析》，载 https://www.zhonglon.com/Content/2022/07-07/1500491886.html，最后访问日期：2023年10月21日。

表 2-9　抽水蓄能电站在取得移民安置规划审批文件前的工作流程以及需要取得的相关材料

工作流程	文件形式及内容
正常蓄水位选择	正常蓄水位选择报告及审查意见
施工总布置规划	施工总布置规划报告及审查意见
建设征地勘探处理	建设征地范围地质勘测报告及审查意见
	建设征地处理范围分析材料
封库/停建	关于禁止在工程占地和淹没区新增建设项目和迁入人口的通告（封库令、停建令）
实物调查	实物调查工作大纲、细则
	实物调查表、统计表、汇总表
	实物调查成果材料
移民安置规划及方案	移民安置规划大纲及其审批文件材料
	移民安置规划及其审核、审批文件材料
	移民安置规划变更及其审批文件材料
	移民安置方案及其审批文件材料
	移民安置选址、勘测、设计、论证、评估文件材料
	征地补偿和移民安置投资概（估）算及其审批文件材料
	初步设计阶段移民安置规划及其审批文件材料

4. 项目核准手续

《政府核准的投资项目目录（2016年本）》第二条规定，抽水蓄能电站是由省级政府按照国家制定的相关规划核准的，因此抽水蓄能项目需要经省级政府确定的核准机关负责项目核准。

从实务来看，核准机关一般为各地省级发展和改革委员会。以湖南省为例，根据《湖南省政府核准的投资项目目录》第二条的规定，湖南省内的抽水蓄能电站由省政府投资主管部门按照国家制定的相关规划核准。

5. 其他前期手续

结合实践中各省市对抽水蓄能电站核准需提交材料的要求，抽水蓄能电站核准前需要取得以下支持性文件：选点规划、建设项目用地预审与选址意见书、水土保持方案批复文件、社会稳定风险评估报告及审核意见、移民安置规划审批文件、环境保护部门的环境影响报告表审批文件、安监部门的安全生产条件、安全预评价报告及安全设施设计备案、地震安全性评价等。

(二) 抽水蓄能项目用地尽职调查

根据《水利水电工程建设征地移民安置规划设计规范》(SL 290-2009)的规定，按照用地范围和用地性质进行划分，抽水蓄能电站占地分为枢纽工程水库区、枢纽工程及其他水利工程建设区两部分。而对于枢纽工程水库区、枢纽工程及其他水利工程建设区的用地要求，《国土资源部、国家发展改革委、水利部、国家能源局关于加大用地政策支持力度促进大中型水利水电工程建设的意见》[1]曾进行明确规定，具体如下。[2]

1. 枢纽工程水库区

枢纽工程水库区实行水库水面用地差别化政策。水利水电项目用地报批时，水库水面按建设用地办理农用地转用和土地征收审批手续。涉及农用地转用的，不占用土地利用总体规划确定的建设用地规模和年度用地计划指标；涉及占用耕地和基本农田的，建设单位应履行耕地占补平衡义务，当地政府要足额补划基本农田。

2. 枢纽工程及其他水利工程建设区

枢纽工程及其他水利工程建设区由永久征地范围和临时用地范围构成。永久征地一般包括永久建（构）筑物的建筑区、对外交通用地和管理区；临时用地一般包括料场、渣场、作业场、临时道路、施工营地、其他临时设施用地及施工爆破影响区。

3. 水利水电工程枢纽工程建设区和水库淹没区

水利水电工程枢纽工程建设区和水库淹没区用地由建设用地单位向用地所在市、县人民政府国土资源主管部门提出用地申请。

对于永久占地部分，需办理建设用地转用审批手续；对于临时占地部分，由县级以上人民政府土地主管部门批准，并给予土地权利人相应的损失补偿。临时用地造成土地损毁的，项目业主必须依照《土地复垦条例》有关规定，

---

[1] 该意见已于2021年失效。
[2] 郝利、夏煜鑫、张常睿：《抽水蓄能项目前期开发法律合规要点分析》，载 https://www.zhonglon.com/Content/2022/07-07/1500491886.html，最后访问日期：2023年10月21日。

履行土地复垦义务。

因此，在对抽水蓄能项目进行用地尽职调查时应特别关注该项目项下所涉及土地的具体类型应符合法律法规规定并已经按照自然资源主管部门要求履行完毕所有的用地审批手续。

(三) 抽水蓄能项目施工建设及竣工验收

抽水蓄能项目与其他工程类项目一样，均应在取得国有土地使用权证、建设用地规划许可证、建设工程规划许可证、建设工程施工许可证后进行施工建设。

抽水蓄能项目建设完成后一般需要进行建设项目竣工验收备案、配套建设的环境保护设施竣工验收、消防竣工验收备案、安全设施验收备案、工程规划核验、水土保持设施验收、工程档案验收等验收程序。

二、新型储能项目法律尽职调查

(一) 新型储能项目前期合规性手续尽职调查

1. 项目备案手续

《新型储能项目管理规范（暂行）》第八条规定，地方能源主管部门依据投资有关法律、法规及配套制度对本地区新型储能项目实行备案管理并将项目备案情况抄送国家能源局派出机构。因此，新型储能项目由地方能源主管部门进行备案且地方能源主管部门还需要把具体的新型储能项目备案情况抄报主管国家能源局排除机构。从实务来看，新型储能项目的备案机关为储能项目所在地的发改部门，但具体由省、市、县哪一级发改部门负责备案，需要根据各省、市新型储能项目备案权限下放情况确定。以湖南省为例，根据《湖南省企业投资项目备案暂行办法》第八条"省项目备案机关负责中央在湘企业、省直属企业及其控股企业投资项目的备案，市州、县市区项目备案机关负责本级直属管理企业及控股企业投资项目的备案，其他企业投资项目备案按属地原则办理"的规定，湖南省新型储能项目应向储能项目所在地县级发展和改革委备案，并将项目备案情况抄送国家能源局湖南监管办公室。

2. 其他前期手续

《新型储能项目管理规范（暂行）》第十条规定，新型储能项目完成备案后，应抓紧落实各项建设条件，在办理法律法规要求的其他相关建设手续后及时开工建设。该法第十四条规定，新型储能项目相关单位应按照有关法律法规和技术规范要求，严格履行项目安全、消防、环保等管理程序，落实安全责任。

基于上述规定以及过往储能项目投资经验，新型储能项目在开工建设前一般需取得如下支持性文件：项目备案文件、用地预审意见、项目不占林地和草原的意见、项目不占生态红线的意见、水土保持批复文件、环境影响评价批复文件、安全预评价批复、无军事设施证明批复、无文物批复、压覆矿产意见批复、地质灾害危险性评估报告以及专家审查意见、维稳备案批复、消防备案、节能评估批复。除上述支持性文件之外，实务中，新型储能项目存在占用需要办理征占用手续的土地、被当地消防机关认定属于特殊建设工程等特殊情形，因此在对储能项目前期支持性文件的法律尽职调查过程中需注意核实是否需要特殊的前期支持性文件。

(二) 新型储能项目用地尽职调查

《关于支持新产业新业态发展促进大众创业万众创新用地的意见》规定，光伏、风力发电等项目使用戈壁、荒漠、荒草地等未利用土地的，对不占压土地、不改变地表形态的用地部分，可按原地类认定，不改变土地用途，在年度土地变更调查时作出标注，用地允许以租赁等方式取得，双方签订好补偿协议，用地报当地县级国土资源部门备案；对项目永久性建筑用地部分，应依法按建设用地办理手续。对建设占用农用地的，所有用地部分均应按建设用地管理。新能源汽车充电设施、移动通信基站等用地面积小、需多点分布的新产业配套基础设施，可采取配建方式供地。在供应其他相关建设项目用地时，将配建要求纳入土地使用条件，土地供应后，由相关权利人依法明确配套设施用地产权关系；鼓励新产业小型配套设施依法取得地役权进行建设。

现行法律法规并未明确新型储能项目的用地标准，但参考《甘肃省风力发电项目建设用地标准》中有关储能电站用地的标准：新能源场站配套储能电站用地为永久用地。用地面积按围墙外 1 米的外轮廓尺寸计算；新能源场站配套储能电站按照 $150m^2$—$200m^2$/MWh 确定用地指标；单独储能电站用地为永久用地。用地面积按围墙外 1 米的外轮廓尺寸计算，以及参考《关于支持新产业新业态发展促进大众创业万众创新用地的意见》《国务院关于促进光伏产业健康发展的若干意见》等规定，本书倾向性认为：新型储能项目永久性建筑用地部分，需要依法使用建设用地；而临时用地可以采取土地租赁、设立地役权等方式。

1. 永久性建筑用地的取得方式

现行法律法规虽未单独规定新型储能项目如何取得永久性建筑用地，但由于新型储能项目的永久性建筑用地需要按照建设用地进行管理，不过根据《土地管理法》《土地管理法实施条例》的规定，建设项目可以直接获得划拨土地、通过与项目所在地自然资源主管部门或与集体建设用地权利人签署建设用地使用权出让协议的方式取得建设用地作为新型储能项目的永久性建筑用地；如新型储能项目用地范围涉及占用农用地的，则该项目占用的农用地还需要按照《土地管理法》《土地管理法实施条例》的规定履行农用地转为建设用地的相关手续（有关征用农用地的流程、集体建设用地协议流转的流程可参考前文"陆上风电项目"中对应部分内容）。因此，新型储能项目的永久性建筑用地可以通过上述方式取得。

2. 临时用地的取得方式

新型储能项目可以按照《土地管理法》《土地管理法实施条例》的规定租赁国有土地、集体土地，或者按照《关于支持新产业新业态发展促进大众创业万众创新用地的意见》的规定通过租赁未利用地的方式取得临时用地。（有关租赁集体土地、租赁未利用地的流程可参考前文"陆上风电项目"中对应部分内容）

需要注意的是，新型储能项目获得永久性建筑用地和临时用地时需注意以下事项。

（1）县级以上政府方有权签署出让土地合同。

《城镇国有土地使用权出让和转让暂行条例》第十一条规定，土地使用权出让合同应当按照平等、自愿、有偿的原则，由市、县人民政府土地管理部门（以下简称出让方）与土地使用者签订。

《城市房地产管理法》第十五条规定，土地使用权出让，应当签订书面出让合同。土地使用权出让合同由市、县人民政府土地管理部门与土地使用者签订。

在实务中，在有些储能项目中，项目公司并未关注到镇政府或村集体组织并非土地出让合同的适格签署主体，且没有意识到镇政府或村集体组织并没有实施土地出让的相应职权，这也最终导致项目公司与镇政府或村集体组织签署的土地出让合同被认定为无效。从案号为（2020）最高法行申 3496 号的案例来看，最高人民法院认为，关于案涉《土地置换协议》的效力问题，该协议明确约定了置换土地的地块、位置、价格等内容，因此，其性质应为土地出让合同。根据《城市房地产管理法》第十五条的规定，土地使用权出让，应当签订书面出让合同。土地使用权出让合同由市、县人民政府土地管理部门与土地使用者签订。据此，土地出让合同是法律明确规定的要式合同，应当经有批准权的人民政府批准后，由土地管理部门与土地使用者签订。《行政诉讼法》第七十五条规定，行政行为有实施主体不具有行政主体资格或者没有依据等重大且明显违法情形，原告申请确认行政行为无效的，人民法院判决确认无效。本案中，案涉《土地置换协议》的签订未经过招标、拍卖或者挂牌程序，且由博瑞公司与滑县产业集聚区管委会签订，其签订主体超越职权，二审法院认定案涉《土地置换协议》无效，并无不当。

（2）土地承包、租赁等用地方式应履行民主决策程序。

《农村土地承包法》第五十二条第一款规定，发包方将农村土地发包给本集体经济组织以外的单位或者个人承包，应事先经集体经济组织成员的村民会议三分之二以上成员或者三分之二以上村民代表的同意，并报乡（镇）人民政府批准。

《村民委员会组织法》第二十四条规定："涉及村民利益的下列事项，经村民会议讨论决定方可办理：（一）本村享受误工补贴的人员及补贴标准；（二）从村集体经济所得收益的使用；（三）本村公益事业的兴办和筹资筹劳方案及建设承包方案；（四）土地承包经营方案；（五）村集体经济项目的立项、承包方案；（六）宅基地的使用方案；（七）征地补偿费的使用、分配方案；（八）以借贷、租赁或者其他方式处分村集体财产；（九）村民会议认为应当由村民会议讨论决定的涉及村民利益的其他事项。村民会议可以授权村民代表会议讨论决定前款规定的事项。法律对讨论决定村集体经济组织财产和成员权益的事项另有规定的，依照其规定。"综合上述规定来看，出租集体土地必须经村委会同意村民会议或者村民代表会议，如果不经村民会议或者村民代表会议批准，则会影响租赁合同的法律效力。在实践中，为了验证这种民主决策程序是否得到履行，可能需要对村民同意并签署的清单一一核对，以确保合同签发合法有效。

在储能项目中，项目公司通过合法租赁或农村土地承包经营权的方式取得项目用地的,应在与出租方签署租赁合同或与发包方(村集体经济组织或者村民委员会)签署承包合同时,按照《农村土地承包法》第五十二条的相关规定,事先取得集体经济组织成员的村民会议三分之二以上成员或者三分之二以上村民代表的同意,并将土地承包合同报乡(镇)人民政府批准,否则可能会导致用地合同无效。从案号为(2022)京02民终8718号的案例来看,一审法院认为:根据2017年《民法总则》第一百五十三条第一款规定,违反法律、行政法规的强制性规定的民事法律行为无效,但是该强制性规定不导致该民事法律行为无效的除外。《农村土地承包法》第五十二条规定,发包方将农村土地发包给本集体经济组织以外的单位或者个人承包,应当事先经本集体经济组织成员的村民会议三分之二以上成员或者三分之二以上村民代表的同意,并报乡(镇)人民政府批准。本案中,上黎城村经合社将涉案土地发包给本集体经济组织成员以外的田某海,应当事先经上黎城村经合社的村民会议三分之二以上成员或者三分之二以上村民代表的同意,并报乡(镇)人民政府批准。本案中,上黎城村经合社提交的会议记录并非针对田某海承包涉案土地所做决议,故上黎城村经合社与田某海签订的《果树承包合同》因违反法律的强制性规定而无效。北京市第二中级人民法院认为:根据查明的事实,上黎城村经合社与田某海签订的《果树承包合同》违反法律的强制性规定,应属无效,一审法院对此认定正确,法院对此予以确认。

(三) 新型储能项目施工建设

新型储能项目与其他工程类项目一样,均应在取得国有土地使用权证、建设用地规划许可证、建设工程规划许可证、建设工程施工许可证后进行施工建设。不过需要注意以下特殊问题。

《建设工程消防设计审查验收管理暂行规定》第十四条规定:"具有下列情形之一的建设工程是特殊建设工程:(一)总建筑面积大于二万平方米的体育场馆、会堂,公共展览馆、博物馆的展示厅;(二)总建筑面积大于一万五千平方米的民用机场航站楼、客运车站候车室、客运码头候船厅;(三)总建筑面积大于一万平方米的宾馆、饭店、商场、市场;(四)总建筑面积大于二千五百平方米的影剧院,公共图书馆的阅览室,营业性室内健身、休闲场馆,医院的门诊楼,大学的教学楼、图书馆、食堂,劳动密集型企业的生产加工车间,寺庙、教堂;(五)总建筑面积大于一千平方米的托儿所、幼儿园的儿童用房、儿童游乐厅等室内儿童活动场所,养老院、福利院、医院、疗养院的病房楼,中小学校的教学楼、图书馆、食堂,学校的集体宿舍,劳动密集型企业的员工集体宿舍;(六)总建筑面积大于五百平方米的歌舞厅、录像厅、放映厅、卡拉OK厅、夜总会、游艺厅、桑拿浴室、网吧、酒吧,具有娱乐功能的餐馆、茶馆、咖啡厅;(七)国家工程建设消防技术标准规定的一类高层住宅建筑;(八)城市轨道交通、隧道工程,大型发电、变配电工程;(九)生产、储存、装卸易燃易爆危险物品的工厂、仓库和专用车站、码头,易燃易爆气体和液体的充装站、供应站、调压站;(十)国家机关办公楼、电力调度楼、电信楼、邮政楼、防灾指挥调度楼、广播电视楼、档案楼;(十一)设有本条第一项至第六项所列情形的建设工程;(十二)本条第十项、第十一项规定以外的单体建筑面积大于四万平方米或者建筑高度超过五十米的公共建筑。"该暂行规定第十五条说明,对特殊建设工程实行消防设计审查制度。特殊建设工程的建设单位应当向消防设计审查验收主管部门申请消防设计审查,消防设计审查验收主管部门依法对审查的结果负责。特殊建设工程未经消防设计审查或者审查不合格的,建设单位、施工单位不得施工。

对于特殊建设工程,需要事先进行消防设计审查,虽新型储能项目目前不在特殊建设工程清单中,但考虑到储能项目的易燃易爆等风险,因此是否需要预先进行消防设计审查,笔者建议提前与当地消防主管部门沟通。

(四)新型储能项目竣工验收及并网

新型储能项目建设完成后一般需要进行建设项目竣工验收备案、配套建设的环境保护设施竣工验收、消防竣工验收备案、安全设施验收备案、工程规划核验、水土保持设施验收、工程档案验收等验收程序。

新型储能项目竣工验收完成后即可按照法律法规规定进行并网。《新型储能项目管理规范(暂行)》第十七条至第二十一条规定,电网企业应公平无歧视为新型储能项目提供电网接入服务。电网企业应按照积极服务、简捷高效的原则,建立和完善新型储能项目接网程序,向已经备案的新型储能项目提供接网服务。新型储能项目在并网调试前,应按照国家质量、环境、消防有关规定,完成相关手续。电网企业应按有关标准和规范要求,明确并网调试和验收流程,积极配合开展新型储能项目的并网调试和验收工作。电网企业应按照法律法规和技术规范要求,采取系统性措施,优化调度运行机制,科学优先调用，保障新型储能利用率，充分发挥新型储能系统作用。新型储能项目单位应按照相关标准和规范要求，配备必要的通信信息系统，按程序向电网调度部门上传运行信息、接受调度指令。项目单位应做好新型储能项目运行状态监测工作，实时监控储能系统运行工况，在项目达到设计寿命或安全运行状况不满足相关技术要求时，应及时组织论证评估和整改工作。经整改后仍不满足相关要求的，项目单位应及时采取项目退役措施，并及时报告原备案机关及其他相关单位。

第六节 源网荷储一体化项目

目前，我国电力系统调控主要采用"源随荷动"模式，根据负荷变化进行发电量的调节。在此种模式下，火电等发电端能够通过从电源侧调节发电机组的转动惯量以追随负荷的波动，实现"源""荷"的动态平衡。但随着新能源发电作为电源侧的电力结构比例日益提升，新能源发电所具有的波动性、间歇性等特点使电力系统供需不平衡的矛盾更加突出，发电高峰时段与用电高峰时段的不完全重合进一步造成新能源电力无法完全被消纳，"弃风""弃光"现象频发。

为有效解决新能源消纳及其产生的电网波动性问题，我国推进源网荷储一体化发展，以实现电网调控由"源随荷动"向"源荷互动"的转变。

青海省能源局于2021年6月下发《关于2021年市场化并网项目开发建设有关事项的通知》，筛选并确定2021年市场化并网重点推进项目20个，总规模达4213万kW，并配置520万kW的储能规模。随后，新疆维吾尔自治区发展改革委于2022年3月下发《服务推进自治区大型风电光伏基地建设操作指引（1.0版）》，同时新疆各地共计超过7GW的"源网荷储一体化"项目正式开工。

除新疆、青海两地规模较大的"源网荷储一体化"项目之外，河北、河南、安徽等省份也都下发了"源网荷储一体化"项目名单。相关统计数据显示，截至2022年7月，山西、河南、新疆等共7个省区，先后发布当地"源网荷储一体化"项目的实施方案及项目清单等，总规模共计约87.97GW，储能总规模共计约8.89GW/18.67GWh。

2022年11月18日,乌兰察布市"源网荷储一体化"示范项目顺利并网,该项目是我国首个源网荷储一体化示范项目,也是国内首个储能配置规模达到千兆瓦的新能源场站。相关数据显示,其总装机容量达到300万千瓦,投运后可提升高峰供电能力大约60万千瓦时,所发送的电力可满足我国南部大工业负荷供电的实际需要。并且,该项目不占用电网消纳空间,弃电率可控制至低于5%。作为全国最早实施且规模最大的"源网荷储一体化"项目,其对"双碳"目标下的我国探索源网荷储这一新能源供电模式极具参考价值。

2023年初,由陕建七建集团承揽的山西省运城17.8亿规模零碳示范区源网荷储一体化项目已完成前期准备工作,包括备案手续、电网接入批复、运城全境200兆瓦可利用屋顶尽职调查排查、银行融资授信等,并将在2023年2月份左右全面进行开工建设。据悉,该项目由100兆瓦自动化光伏组件厂、100兆瓦锂电池自动化生产线、200兆瓦分布式光伏发电和20兆瓦储能4个子项目组成,建成后,年发电量预计达到近2.5亿千瓦时。

同在2023年初,额济纳旗"源网荷储"微电网示范项目完成建设并初步实现并网供电,现即将进入联调联试阶段。额济纳旗"源网荷储"微电网示范项目,是我国首个具备独立运行能力的新能源项目。该项目建成后,预计可与10千伏电网双回并联运行,实现"风、光、柴、储"联合运行,既可以并网又可以离网运行,形成电网之间的互相备用,可以有效解决偏远地区电网供电可靠性偏低的问题,促进分布式新能源、微电网和大电网融合发展。

随着各地开展对"源网荷储"建设的探索之路,储能与风电、光伏的大规模一体化无疑将是未来新能源发电产业的发展方向,源网荷储一体化项目亦是提升可再生能源电量消费比重,实现零碳愿景的有效方式,是未来新能源发展的重中之重。

一、"源网荷储一体化"定义

据国家电网海宁市供电公司相关负责人所述,"源网荷储"是一种包含"电源、电网、负荷、储能"整体解决方案的电力运营模式,其可以精准控制社会可中断的用电负荷和储能资源、提高电网安全运行水平、解决清洁能源消纳过程中电网波动性等问题,是构建新型电力系统的重要发展路径。

山西省能源局在其发布的《源网荷储一体化项目管理办法》中提出,发展源网荷储一体化主要存在七个方面一体化的要求，具体是指可研设计、项目评估、项目纳规、项目建设、项目并网、项目运营及项目监管一体化。

二、"源网荷储"相关法规整理

自2014年中央财经领导小组第六次会议上提出"四个革命、一个合作"的能源安全新战略后，我国出台了一系列的能源政策，以落实并推动我国新能源产业的发展，也促进了源网荷储一体化概念的形成，我们将目前已出台的文件汇总至表2-10，以供读者参阅。

表2-10 关于能源政策的汇总

文件名称	出台时间	发布主体	主要内容
《关于促进智能电网发展的指导意见》	2015年7月6日	国家发展改革委、国家能源局	围绕"电源、电网、负荷、技术"提出十项主要任务，并提出至2020年的3个方面的发展目标
《关于推进"互联网+"智慧能源发展的指导意见》	2016年2月24日	国家发展改革委、国家能源局、工信部	推进"互联网+"，推动互联网与能源行业深度融合，从技术创新、体制机制、产业保障、加强组织等方面推进能源互联网行动计划重点工作
《国民经济"十三五"规划》	2016年3月17日	国务院	提出"源网荷储"相协调的系统化发展思路，要求积极构建智慧能源系统。推进能源与信息等领域新技术深度融合，统筹能源与通信、交通等基础设施网络建设，建设"源—网—荷—储"协调发展、集成互补的能源互联网
《电力发展"十三五"规划（2016—2020年）》	2016年11月7日	国家发展改革委、国家能源局	着力解决弃风、弃光问题，大力发展新能源，从八个方面绘制我国电力发展蓝图，包括：供应能力、电源结构、电网发展、综合调节能力、节能减排、民生用电保障、科技装备发展、电力体制改革等
《能源发展"十三五"规划》	2016年12月26日	国家发展改革委、国家能源局	提升能源系统效率和发展质量，建立可再生能源绿证交易机制，落实可再生能源保障性收购

续表

文件名称	出台时间	发布主体	主要内容
《关于促进储能技术与产业发展的指导意见》	2017年9月22日	国家发展改革委、财政部、科学技术部、工业和信息化部、国家能源局	提出未来10年内分两个阶段推进工作，第一阶段需实现储能由研发示范向商业化初期的过渡，第二阶段需实现商业化初期向规模化发展的转变。并提出五项重点任务，包括推进储能技术装备研发示范、推进储能提升可再生能源利用水平应用示范、推进储能提升电力系统灵活性稳定性应用示范、推进储能提升用能智能化水平应用示范、多元化应用支撑能源互联网应用示范
《关于推进电力源网荷储一体化和多能互补发展的指导意见》	2021年2月25日	国家发展改革委、国家能源局	指明源网荷储一体化实施路径，通过优化整合本地电源侧、电网侧、负荷侧资源，以先进技术突破和体制机制创新为支撑，探索构建源网荷储高度融合的新型电力系统发展路径，主要包括区域（省）级、市（县）级、园区（居民区）级"源网荷储一体化"等具体模式
《关于加快推动新型储能发展的指导意见》	2021年7月15日	国家发展改革委、国家能源局	健全"新能源+储能"项目激励机制，建立健全各地方新建电力装机配套储能政策，明确储能项目备案并网流程，健全储能技术标准及管理体系，鼓励地方先行先试，强化规划的引领作用，加快完善政策体系、加速技术创新，推动新型储能的高质量发展
《2030年前碳达峰行动方案》	2021年10月24日	国务院	提出将碳达峰贯穿于经济社会发展全过程和各方面，重点实施能源绿色低碳转型行动、节能降碳增效行动、工业领域碳达峰行动、城乡建设碳达峰行动、交通运输绿色低碳行动、循环经济助力降碳行动、绿色低碳科技创新行动、碳汇能力巩固提升行动、绿色低碳全民行动、各地区梯次有序碳达峰行动等"碳达峰十大行动"

续表

文件名称	出台时间	发布主体	主要内容
《关于加快建设全国统一电力市场体系的指导意见》	2022年1月18日	国家发展改革委、国家能源局	持续完善电力辅助服务市场，推动电力辅助服务市场更好体现灵活条件性资源的市场价值，推动源网荷储一体化建设和多能互补协调运营，完善成本分摊和收益共享机制
《"十四五"新型储能发展实施方案》	2022年1月29日	国家发展改革委、国家能源局	加大"新能源+储能"支持力度，加快推动新型储能规模化、产业化和市场化发展，推动储能多元化创新应用，推进源网荷储一体化、跨领域融合发展
《"十四五"现代能源体系规划》	2022年1月29日	国家发展改革委	全面提高能源产业现代化水平，实现可再生能源发电为主体电源，储能与灵活性电源配置

由表2-10所示能源政策演进来看，至2016年，《国民经济"十三五"规划》明确提出了建设源网荷储协调发展、集成互补的系统化发展思路。2021年，国家发展和改革委员会、国家能源局发布《关于推进电力源网荷储一体化和多能互补发展的指导意见》（以下简称《指导意见》）、《关于加快推动新型储能发展的指导意见》，明确源网荷储的实施路径与目标。国务院随后发布的《2030年前碳达峰行动方案》亦指出"新能源+储能"、源网荷储一体化和多能互补为我国日后可再生能源供电项目的重要发展趋势。2022年发布的《"十四五"新型储能发展实施方案》《关于加快建设全国统一电力市场体系的指导意见》《"十四五"现代能源体系规划》进一步强调并推动源网荷储一体化在我国的发展。

《指导意见》明确，应分为区域（省）级、市（县）级、园区（居民区）级的具体模式建设源网荷储一体化项目，开展风光储一体化、风光水（储）一体化、风光火（储）一体化建设，提升可再生能源消纳水平。"风光储""风光水（储）""风光火（储）"一体化侧重于电源基地开发，要求应结合电源侧所在地的资源条件和能源特点等客观情况，因地制宜地采取风能、太阳能、水能、火能等多能源品种发电互相补充，同时适度增加一定比例的储能，统筹各类能源应用于同一项目的规划设计、开发建设、运营管理等。"风光水火储一体化"通过优先利用风电、光伏等清洁能源，发挥水电、煤电调节性能，适度配置储能设施，统筹多种资源科学配置、协调开发，对发挥新能源富集地区优势，实现清洁电力大规模消纳具有重大意义。有业内人士指出，"风光水火储一体化"在未来可能将成为风光大基地建设的主流模式。

三、"源网荷储一体化"优势

国家发展改革委、国家能源局在《指导意见》中表示，源网荷储一体化和多能互补发展是我国电力行业坚持系统观念的内在要求，是实现电力系统高质量发展的客观需要，对于促进我国能源转型和经济社会发展具有重要意义。

时任中国能源研究会理事贾豫指出，源网荷储一体化更有利于实现因地制宜开发和最大程度利用当地能源资源。由于源网荷储一体化中的"源"，即电源侧大多以新能源为主体，但是省级电网的大规模输送会大大增加系统的调峰压力，源网荷储一体化将有助于引导用能大户从中东部地区向风光资源禀赋较好的西部地区迁移，从而降低能量的输送和流动成本。"同时，通过源网荷储一体化的协同发展能够实现新能源资源的本地规模化开发，促进能源最大程度就地利用，推动区域产业结构调整与转型升级。"但由于新能源电力自身具有波动性、间歇性的特征，新能源供电系统对电网弹性和各类电源间的互济要求都较高，在源网荷储一体化项目推进过程中，广域的新能源供电系统面临的问题可能会在局域的源网荷储一体化实践中充分显现。

因此，我国在开展源网荷储一体化示范项目、试点项目的过程中，在发挥"源网荷储"的自身优势，实现电源侧与负荷侧的动态平衡，加大新能源电力消纳程度，减少"弃风""弃光"现象的同时，又可以发掘出我国新能源供电系统中存在的问题，并可对此进行针对性研究，采取具体的处理方式，进一步完善我国新能源供电系统的整体建设与运行。

四、源网荷储一体化项目法律尽职调查要点

(一) 项目主体

目前，我国对于源网荷储一体化项目仍处于初步探索发展阶段，尚未开展大规模的开发建设。山西、河南、河北、内蒙古等地区已陆续推进试点项目和示范工程项目，据相关各地目前发布的指导意见及相关规定看来，项目

申报一般由项目所在地的发展改革委或能源主管部门统一组织申报。

尽管目前各地尚未出台关于源网荷储一体化项目主体变更的相关法规政策，参照传统新能源项目建设要求，源网荷储一体化项目未经主管机关同意，原则上无法变更项目主体。

至于项目并网后是否能够变更项目主体的问题，部分地区作出了更为严格的要求。例如，《内蒙古自治区能源局关于2022年源网荷储一体化项目申报的通知》的附件中明确要求项目申报主体应承诺"项目全容量并网后，不擅自变更项目投资主体、股权比例"。相较于先前出台的规定而言，该通知对项目投资主体、股权比例的变更设定了更为严格的约束。

由于目前国家及地方尚未出台有关源网荷储一体化项目主体是否可以变更、何时可以变更、如何变更等相关事项的具体法律法规及政策文件，具体还应以实操之时法律法规的相关规定及项目所在地要求为准。

(二) 项目核准/备案

根据《关于促进新时代新能源高质量发展的实施方案》第（九）条"持续提高项目审批效率"所述，以新能源为主体的多能互补、源网荷储、微电网等综合能源项目，可作为整体统一办理核准或备案手续。由此可知，源网荷储一体化项目可作为统一整体，向政府有关部门一并办理核准或备案手续，无需就项目的各部分分别办理核准或备案手续，极大地提高了源网荷储一体化项目的建设效率。

但由于目前我国在国家层面尚无对源网荷储一体化项目进行审批的专门行政机关，亦无源网荷储一体化项目实行备案制或核准制的统一规定，在进行源网荷储项目审批时，需要根据项目所在地审批的相关规定分别办理核准或备案手续。

例如，江苏省发展改革委规定"（源网荷储组成项目）分别经论证纳入省、市相应专项规划和年度建设规模，分别由相应机关进行核准（备案），确保分类分级协调管理"；由新疆维吾尔自治区发展改革委、自然资源厅等五部门发布的《关于建立新能源开发管理工作机制的通知》中表示将推动风电项目由核准制调整为备案制，以新能源为主体的多能互补、源网荷储、微电网等综合能源项目作为整体统一办理备案手续。纳入清单的项目，视同自治区统一备案、赋予代码。

(三) 项目选址

关于源网荷储一体化项目的选址，目前我国尚无全国性统一规定。经检索各省市关于源网荷储相关规定，并参照一般建设项目要求，源网荷储一体化项目建设场址应不占用永久基本农田，不涉及生态保护红线区域等禁止开发区域。如项目选址涉及林地、草地，应事先取得林业/草原行政主管部门的核准使用文件，以避免源网荷储一体化项目选址属于自然保护区、森林公园、自然遗产地等限制或禁建区域。

另外，第三次全国国土调查表明违法违规占用耕地等问题突出，严重冲击耕地保护红线。自然资源部也多次发文强调严守土地红线，各地均应加强对耕地用途管制。因此，若源网荷储一体化项目选址涉及农用地，项目单位应事先核查项目选址是否属于可建设区域、是否依法需办理"农转用"手续。

鉴于先前风电、光伏项目的发展经验累积，提高新能源项目用地审批效率成为各地关注的重点。为确保新能源项目尽快落地，新疆提出建立健全"标准地"用地机制，提前开展新建项目用地区域评价、控制指标设定、三通一平、土地征用等工作，形成企业即来投资即可建设的标准地。另外，新疆明确就项目用地而言，应优先利用沙地、裸土地、裸岩石砾地、盐碱地等国有未利用地，合理利用农用地，明确禁止占用生态保护红线、耕地、基本草原、I级林地、园地。对于符合条件的农光互补、牧光互补等项目，允许不改变土地原用用途和性质，以"复合用地"方式使用。除此之外，新疆还对纳入清单的新能源项目，实施用地用林用草联审机制，以提升用地审批效率。

此外，项目单位在源网荷储一体化项目选址方面还应事先核查是否具有压覆矿产资源批复、文物保护意见、水土保持批复、军事设施保护意见、地质灾害危险性评估及地震安全性评价等支持性文件，具体应以项目所在地要求为准。

(四) 项目负荷侧要求

充足的负荷侧响应能力为源网荷储一体化项目所必须的基本条件之一，如果项目的负荷侧没有足够的调节响应能力，即使该源网荷储一体化项目配有一定能力的储能系统，也只能发挥一个普通局域供电系统的作用，而并不能实现源网荷储一体化项目最大化调动、发挥负荷侧调节响应能力的设想。

鉴于国家发展改革委、国家能源局联合发布的《关于推进电力源网荷储一体化和多能互补发展的指导意见》明确提出，推进电力源网荷储一体化项目以充分挖掘和释放负荷侧调节潜力。因此，对于源网荷储一体化项目而言，实现负荷侧的调节能力是整个项目的重中之重。浙江省海宁市尖山新区作为全国首个"源网荷储一体化示范区"，其负荷侧可调节负荷达9.8万千瓦时，尖山新区347家企业签约需求侧响应，在负荷侧实现企业与电网间的高效互动；在储能侧，新能源项目装机容量10%配置储能的要求在尖山新区项目中正全面落地，由源网荷储主动协调控制系统等数字赋能的一体化系统实现了各项资源的整合和高效利用。

在此背景和发展趋势之下，各省区出台源网荷储一体化项目的规定对其负荷侧方面作出了明确要求或指导意见，本书对于各省区目前出台的政策、规定对源网荷储一体化项目负荷侧提出的要求稍作汇总。

（1）内蒙古自治区——项目单位应保证新增负荷与新能源项目同步建成投产。若新增负荷未投产的，源网荷储一体化项目不得并网；若新增负荷减产或停运，项目单位应及时引进新的负荷，否则自行承担弃电风险。

（2）河南省——配电网内部应当具有保障负荷用电与电气设备独立运行的控制系统，具备电力供需自我平衡运行能力，独立运行时能保障重要负荷连续供电，且连续供电不应低于2小时。

（3）青海省——负荷侧应按照用电负荷的5%、2小时建设储能设施。

（4）山西省——源网荷储一体化项目用户侧负荷应不低于60MW，年用电量应不低于3亿千瓦时。对于年用电量4亿千瓦时以上的项目，予以优先支持。

（5）新疆维吾尔自治区——新增负荷消纳路径，按照新增负荷的1.5倍配置新能源建设规模，并配建一定比例、时长2小时以上的储能规模。

（五）项目电源侧要求

电源侧作为源网荷储一体化项目的发电端，是项目运行并实现供电的基础。在源网荷储一体化项目中，电源侧基本由传统风电、光伏等新能源发电项目构成，因此，源网荷储一体化项目电源侧应当符合国家、项目所在地的具体规定。为提升新能源消纳水平，确保电力系统稳定运行，对于源网荷储一体化项目的电源侧原则上应当配备相应的储能系统。以河南省、青海省为例，河南省要求接入配电网的电源应以新能源发电为主，或天然气多联供分布式发电项目，新能源装机容量应不低于 50 兆瓦，天然气多联供系统综合能源利用效率应达到 70% 以上。青海省则要求，电源侧应按照配套新能源装机的 15%、2 小时配置储能，已建成的调节电源不得参与构建源网荷储一体化项目。

（六）项目整体要求

由于源网荷储一体化项目供电区域一般限制在一定范围之内，因此，对于源网荷储一体化项目而言，建设独立的调度管理系统是实现整合项目范围内各类资源，使得一体化项目成为能够独立运行、电力产用高度协调的融合体，对外联系上一级电网，对内充分协调电源、电网和储能的必要条件。例如，浙江省海宁市尖山新区源网荷储一体化项目通过对屋顶光伏电站的整合，形成了光伏群调群控系统，结合源网荷储协调控制系统，实现该源网荷储一体化项目供电区域内资源的高度融合与配网自动化的全覆盖。

为使源网荷储一体化项目充分整合项目区域范围内的电源侧、电网侧、负荷侧，更稳定有效、安全可靠地消纳清洁能源，各省市均高度关注源网荷储一体化项目的整体调节能力，并结合当地的实际情况对此提出要求，本书对此稍作汇总。

（1）青海省——源网荷储一体化项目整体应当按照用电侧负荷的 20%、2 小时配套调节能力。

（2）陕西省——源网荷储一体化项目每年可再生能源电量应不低于 2 亿千瓦时，并且消纳占比不应低于总电量的 50%。多能互补项目不应占用系统调峰能力，或不应增加系统调峰压力，且每年提供清洁能源电量不应低于 20 亿千瓦时。

（3）江苏省——源网荷储一体化项目应强化自主调峰、自我消纳，并提出以下项目应当作为发展重点。

①每年不低于 2 亿千瓦时新能源电量消纳能力且新能源电量消纳占比不低于整体电量 50% 的项目。

②每年不低于 20 亿千瓦时新能源电量消纳能力的电力多能互补项目。

同时，江苏省对地市级、园区级源网荷储一体化项目的系统规划作分别规划。对于地市级项目，原则上应当按照 220 千伏及以下电压等级的接网规模和容量进行系统规划；对于园区级项目，原则上应当按照 110 千伏及以下电压等级的接网规模和容量进行系统规划。并予以明确,源网荷储一体化项目原则上不占用系统调峰能力。

③新疆维吾尔自治区——按照园区(居民区)级、市(县)级对源网荷储一体化项目的系统规划作要求。对于园区(居民区)级源网荷储一体化项目,申报项目每年消纳新能源电量应不低于 2 亿千瓦时,且新能源消纳占比应不低于整体电量的 50%。

此外,新疆还对多能互补项目提出要求,明确多能互补项目实施后原则上每年消纳新能源电量应不低于 20 亿千瓦时。

(4)内蒙古自治区——按照园区(居民区)级、市(县)级对源网荷储一体化项目的系统规划作要求。对于园区(居民区)级依托增量用电负荷的源网荷储一体化项目实施后,其新能源电量占比原则上应不低于项目整体电量的 50%。

(5)山西省——源网荷储一体化项目调节能力应当不低于用电侧负荷的 50%,持续时间不低于 4 小时。发电装机容量原则上不低于 1.05 倍用电负荷,应当按照新能源电量消纳占比不低于总用电量 40% 的要求,合理确定新能源规模与配比。如项目在实际运行中,电量消纳占比低于总用电量 40% 的,应当通过市场化方式(包括但不限于通过绿电交易、绿证交易、消纳凭证交易等方式)购买绿电,以满足前述消纳权重的要求。此外,源网荷储一体化项目的运营商应当为具备山西省电力市场售电资格的主体。

(七)项目建设要求

与传统风电、光伏等新能源供电项目的建设要求相类似,源网荷储一体化项目根据当地的要求完成核准、备案后,项目主体应根据国家、地方相关法律法规及行业标准、要求等,在落实项目开工建设条件、建设资质、质检注册等法定要求后再行施工,并应确保项目建设符合安全环保、质量效益等要求。除前述普遍适用于新能源项目建设的要求之外,就源网荷储一体化项目而言,河北省、山西省、陕西省作出了更具有针对性的规定。

河北省要求,对项目各类电源建设条件、电力负荷落实情况、项目接入和消纳条件等前置条件,由各市级能源主管部门负责审核。如需变更项目建设规模、建设场址等主要内容的,项目单位应当将其报请省市能源主管部门同意。

山西省要求，配置储能应在电源侧或用户侧建设，并优先支持调节能力强、高比例消纳新能源电量的源网荷储一体化项目。源网荷储一体化项目应能满足发用电负荷需求，拥有独立的项目技术支持系统，作为整体接入电网，与省级电网应有清晰的物理分界面，源网荷储一体化项目中所包含的所有设备及其配套设施的地理位置，不能超过项目所在市（县）行政区域。

陕西省要求，省内消纳的风光火（储）一体化项目原则上应当为非煤电一体化机组，跨省跨区的增量风光火（储）一体化项目应由省发展改革委统筹规划。

第三章
新能源项目投资并购

在实操层面，新能源项目投资并购的关键流程主要包括尽职调查、制定收购方案、各方磋商及谈判、并购交易文件的制定与签署、对价支付、交割。

投资方通过对拟并购的项目公司及项目的尽职调查，对项目公司基本情况（主体资格、历史沿革、股权情况、公司治理、主要资产、债权债务及重大合同、劳动用工、财务与税务情况、诉讼、仲裁及行政处罚情况等）及项目基本情况（项目支持性文件的取得、项目用地、工程建设、竣工验收、并网发电、运维等）有了清晰、全面的了解，从而为并购项目的推进辨识风险，为项目的决策和估值奠定基础。为了并购交易能够成功落地，尽职调查完成后设计出符合各方诉求、切实有效的交易结构和交易方案，并在并购交易文件中设置相应条款以防范风险变得尤为重要。

本章将从新能源项目投资并购模式分析、基金股权预付款模式合同风控要点、交钥匙工程预收购模式合同风控要点、户用光伏合作开发模式合同风控要点进行阐述。

第一节 新能源项目投资并购模式分析

随着我国"双碳"战略的持续实施，新能源领域的投资并购愈演愈烈。目前新能源市场上的优质存量建成项目已逐渐被各大电力央企收购消化，以电力央企为主的投资方的重点也从存量建成项目转移到了在建项目甚至前期项目。虽然电力央企在新能源项目的开发、建设方面具有明显的优势，但地方企业在项目信息获取、土地收储、地方政府资源协调方面具有天然的优势，电力央企仍需要通过收购或与地方企业的合作来获得项目。因新能源行业禁止买卖路条的政策限制，实操中衍生出了多种复杂、巧妙的投资并购模式。根据多年积累的新能源投资并购服务经验，新能源投资投资并购的模式主要有：收购已建成项目模式、夹层收购模式、预收购模式、合作开发模式。

一、收购已建成项目模式

国家能源局自 2013 年以来多次发文明确禁止项目并网投产前擅自变更投资主体，禁止"买卖路条"，并重点监管新能源项目投产前的股权变动情况。基于前述政策限制，项目并网投产后，投资方再通过收购该项目所在的项目公司或项目公司股东（以下简称夹层公司）100%股权取得已建成投运项目的所有权和收益权，成为新能源并购中最传统的收购方式。该种模式项下项目主要由原业主进行开发、投资、建设和运营，投资方一般在项目并网投产后收购取得项目的所有权。交易结构如图 3-1 所示。

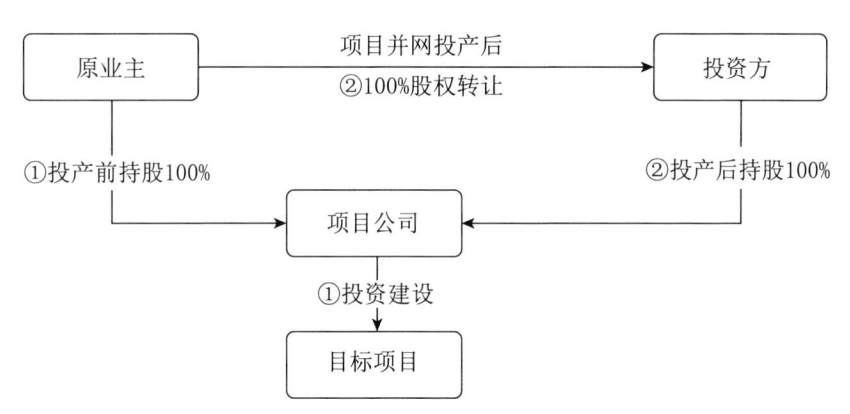

图 3-1 收购已建成项目模式下的交易结构

传统收购模式涉及的主要法律文件为股权收购协议，股权收购协议对整体交易安排、股权转让对价及支付、股权交割先决条件、交割、债权债务安排、过渡期、陈述与保证、违约责任等条款进行约定。

在实践中长期存在直接收购前期项目的模式，俗称收购"路条项目"，即项目并网投产之前，投资主体已经由原业主变更为投资方，该种模式违反了国家能源局禁止倒卖路条文件，属于不合规的情形。

传统收购模式最大的优势是该种模式不涉及倒卖路条的风险，但传统收购模式投资方收购的时点发生在项目并网投产后，对项目公司以及目标项目的尽职调查一般比较复杂，需要的评估时间长，而且价格提前无法提前锁定，总体测算收益率不高。最重要的是投资方收购时项目已经并网建成，如果项目公司在资产、负债、经营、诉讼等方面具有较多风险或者项目在合规支持文件的取得、工程质量和设备质量等方面等存在瑕疵，很可能对投资方收购新能源项目前的整改交割和收购后的运营产生不利影响。因此投资方应在前期尽职调查过程中，全面评估项目公司和项目可能涉及的法律风险，并在并购交易文件中通过原业主承诺、消缺等方式，将项目公司债权债务的清理风险，或有负债风险，以及项目开发、建设及并网全流程审批手续的瑕疵风险、项目工程质量和设备质量的风险、电价风险等重大风险转移至原业主。

二、夹层收购模式

夹层收购模式是指在项目并网投产前投资方通过收购夹层公司股权的方式间接收购项目公司及其名下新能源项目。夹层收购模式流行的主要原因在于国家能源局禁止倒卖路条文件中对于"谁是项目投资主体"的规定不明确，就擅自变更投资主体及于哪一层级，以及股权变更的比例达到多少将触发相关规定，实践中仍存在较大争议，给了夹层收购模式一定的解释空间。同时地方政府也默许了该种模式的存在，因此夹层收购模式一般发生在项目所在地监管机关对夹层公司股权变动持灵活态度的区域。

如项目所在地监管机关允许夹层公司100%股权转让的，则投资方通过收购夹层公司100%股权的方式获得项目，交易结构如图3-2所示。

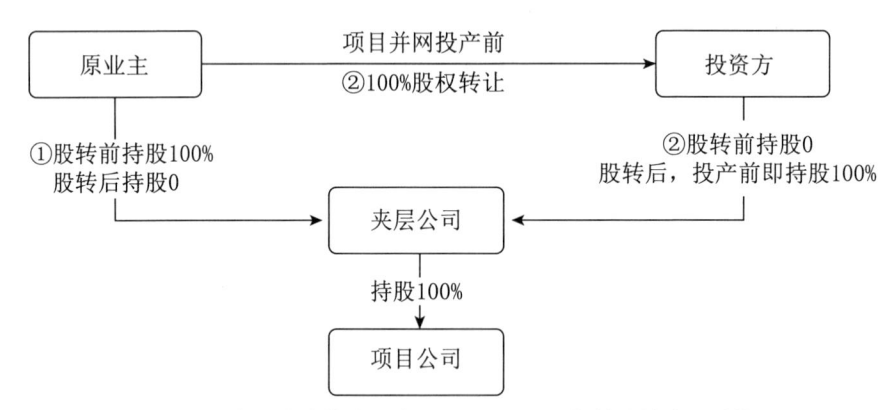

图3-2 夹层收购模式下夹层公司100%股权转让的交易结构

该模式项下主要的法律文件为股权转让协议，主要约定投资方收购夹层公司100%的股权。

如项目所在地监管机关仍要求原业主保持项目控股股东地位的,则投资方一般选择收购夹层公司49%股权并通过协议安排实际控制项目,收购后由投资方实际履行出资义务,待项目并网投产后原业主以转让剩余股权或作为未实缴股东减资退出的方式退出,从而实现投资方完全持有夹层公司100%股权的目的,交易结构如图3-3所示。

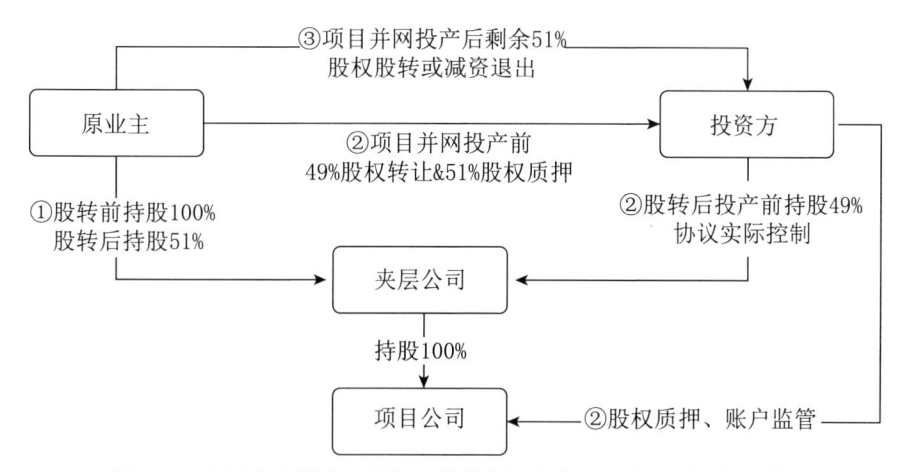

图3-3 夹层收购模式下投资方收购夹层公司49%股权的交易结构

该模式涉及的主要法律文件如表3-1所示。

表3-1 夹层收购模式涉及的主要法律文件

序号	合同名称	主体	内容
1	合作协议	投资方、原业主、夹层公司、项目公司	对股权收购条件、股权质押、项目投资建设、违约责任等进行约定
2	股权转让协议	投资方、原业主	对原业主将夹层公司49%股权转让给投资方、投资方协议控制夹层公司、项目公司及目标项目等事宜进行约定
3	股权质押合同1	原业主、投资方或其指定第三方	原业主将其持有的夹层公司51%股权质押给投资方或其指定第三方
4	股权质押合同2	夹层公司、投资方或其指定第三方	夹层公司将其持有的项目公司100%股权质押给投资方或其指定第三方
5	账户监管协议	投资方、项目公司、夹层公司	各方约定项目公司的银行账户和资金支付由投资方监管

续表

序号	合同名称	主体	内容
6	股权转让协议或减资协议（退出阶段）	投资方、原业主	项目并网投产后，原业主将其持有的剩余夹层公司股权转让给投资方，或原业主通过夹层公司减资的方式退出夹层公司，实现投资方100%持有夹层公司股权从而间接持有项目公司

该种模式相较于第一种夹层公司100%股权收购模式，最大的风险在于该种模式项下投资方仅持有部分股权，原业主仍为控股股东，项目的名义控制方仍为原业主，投资方仅通过实缴出资、协议控制的方式间接控制项目公司及项目，决策权、经营权和控制权较弱，投资方对项目工程质量和工期较难控制，且一发生纠纷，原业主有可能出现违约不履行股转的风险。另在投资方获得夹层公司全部股权之前，投资方已经全部实缴，如何保证资金安全也是投资方需要关注的重点。因此投资方一般会要求原业主委托投资方负责夹层公司和项目公司的实际管理以及项目建设管理，即投资方对夹层公司和项目公司治理、项目开发、投资、建设和运营享有决策权或一票否决权。同时为了投资方资金安全，投资方一般要求对项目公司支出进行全面监管。

从2022年能源、审计等相关部门对新能源发电企业开展的外部核查来看，相关部门对倒卖路条违规行为的认定趋严。夹层收购模式在项目公司层面虽然没有发生股权变化，但穿透审核，夹层公司股权的变化亦可能会被认为是间接转让项目，进而被认定为实质性"倒卖路条"。

三、预收购模式

在实操中，预收购模式是指项目并网投产前投资方与原业主签署协议锁定项目资源取得项目的排他性权利，项目并网投产后投资方再受让原业主持有的项目公司或夹层公司股权。在预收购模式项下有两种完全不同的方式，第一种方式，投资方不介入项目的投资建设，原业主通常通过自有资金或EPC垫资建设的方式进行项目建设，待项目并网验收达到投资方收购先决条件后，投资方以约定价格收购项目公司股权。为避免项目建设验收后不符合投资方收购标准，投资方一般会在合同中增加投资方对项目投资建设的监督管理权（比如EPC确定、融资担保等重大事项的共同决策权、工程建设质量/

工期/成本的管理控制等）。交易结构如图 3-4 所示。

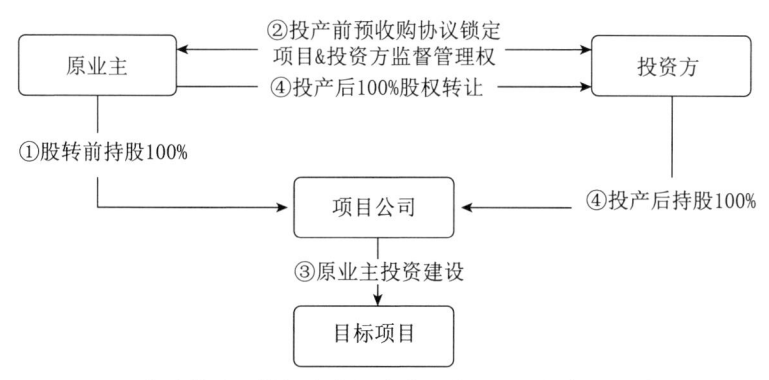

图 3-4 预收购模式下的投资方投产前不介入项目投资建设的交易结构

在实操中有的项目一方面原业主没有充足的资金和能力完全主导该项目的开发和投资建设，另一方面投资方担心由原业主主导项目投资建设，项目并网投产后存在不符合投资方收购条件的风险，因此衍生出了第二种方式，投资者在项目并网投产前即介入项目的投资建设，该种模式下投资方一般会负责协调金融机构解决项目建设资金，由投资方负责项目公司的经营管理和项目的建设管理，主导项目建设，项目并网投产后，原业主再将其持有的项目公司全部股权转让给投资方。但需要注意的是，该种模式因为投资方在项目并网投产前即主导项目的建设和管理，在监管趋严的背景下，该种模式存在被国家能源局等主管机关认定为项目建成前投资主体已经发生变更的风险。交易结构如图 3-5 所示。

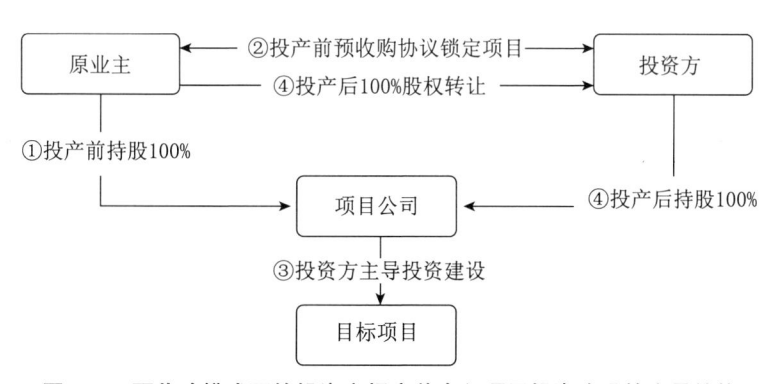

图 3-5 预收购模式下的投资方报产前介入项目投资建设的交易结构

预收购模式虽然能在一定程度上规避投资主体变更的限制，但预收购模式涉及原业主、投资方、EPC、融资方、担保方等多个交易主体的协调以及一揽子协议的统筹安排，模式较为复杂，对于交易双方亦存在法律风险。对于原业主来说，如何保证投资方按照约定收购项目是需要重点考虑的问题；对于投资方来说，虽然项目无法满足收购先决条件，投资方可以拒绝收购，但如何保障项目达成收购条件的基础上保证原业主向投资方交割股权，是投资方需要重点关注的风险。本章第二节和第三节将从合同文本角度重点介绍预收购模式的风控要点。

四、合作开发模式

2022年审计署对央企的新能源并购事项进行了审查，针对项目并购提出了若干问题。他们认为并购的方式抬高了新能源项目的开发成本，无助于新能源装机的新增规模，而且助长了市场倒卖路条的风气。在这一风声下，2023年部分电力央企的收购政策均有所收紧。基于前述情况，电力央企的并购活动下降，开始采取与项目所在地资源方合作开发项目的模式。合作开发模式是指投资方与资源方在项目核准备案前共同成立项目公司，由项目公司进行项目开发和投资建设，投资方和资源方共同出资并按照持股比例享有股东权利，如资源方无长期持有意愿的，待项目并网投产后可通过内部股权转让的方式实现退出，投资方得以完全控制项目。交易结构如图3-6所示。

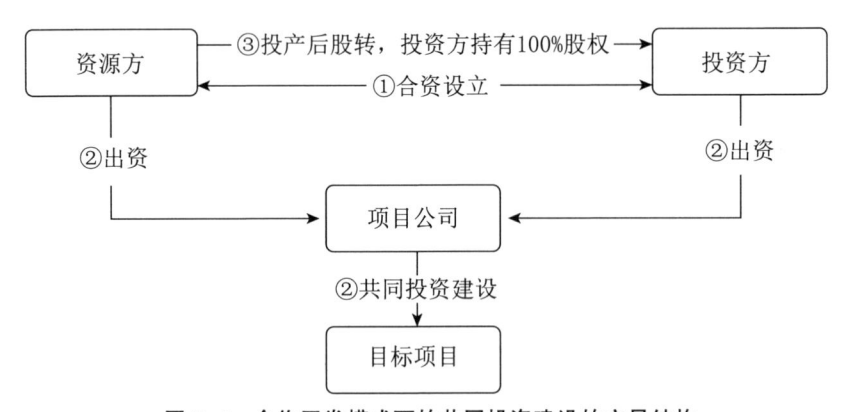

图3-6 合作开发模式下的共同投资建设的交易结构

该模式涉及的主要法律文件如表 3-2 所示。

表 3-2 合作开发模式涉及的主要法律文件

序号	合同名称	主体	内容
1	合资协议	投资方、资源方	对项目公司的公司治理，投资方和资源方在项目开发、建设中的职责，资源方退出机制进行约定
2	公司章程	投资方、资源方	对项目公司注册资本、出资、公司治理、利润分配等事宜进行约定
3	股权转让协议（退出阶段）	投资方、资源方	如资源方无长期持有意愿的，待项目并网投产后资源方通过内部股权转让的方式实现退出

在实操中有的项目资源方自始就没有长期持有项目的意愿，因此衍生出了名为合资实为收购的模式，即资源方和投资方合资成立项目公司，但资源方不实际履行出资义务，项目公司认缴出资全部由投资方出资，投资方和资源方按照实际出资比例享有股东权利。项目实际由投资方控制和主导，待项目并网投产后资源方将其持有的项目公司股权按照约定价格转让给投资方或通过减资的方式退出项目公司。交易结构如图 3-7 所示。

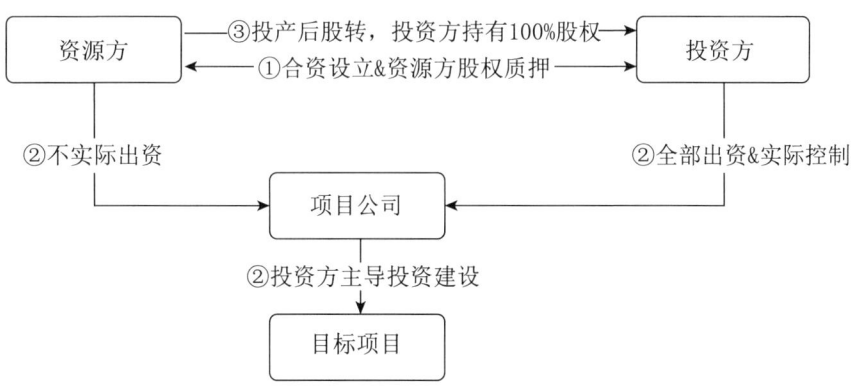

图 3-7 合作开发模式下名为合资实为收购的交易结构

该模式涉及的主要法律文件如表 3-3 所示。

表 3-3　名为合资实为收购模式涉及的主要法律文件

序号	合同名称	主体	内容
1	合资协议	投资方、资源方	对项目公司的公司治理，投资方和资源方在项目开发、建设中的职责，资源方退出机制进行约定
2	公司章程	投资方、资源方	对项目公司注册资本、出资、公司治理、利润分配等事宜进行约定
3	股权质押协议	投资方或其第三方、资源方	资源方将其持有的项目公司股权质押给投资方或其第三方
4	股权转让协议或减资协议（退出阶段）	投资方、资源方	待项目并网投产后资源方通过内部股权转让或项目公司减资的方式实现退出

与项目开发模式项下的第一种模式相比，名为合资实为收购的模式项下，项目公司及项目建设资金全部由投资方出资、负责解决融资，资源方不出资金，为了资金安全，投资方要切实采取措施保证投资方对项目公司的实际控制权，约定项目公司按照实缴出资比例行使权利，限制资源方实缴出资的权利，投资方对公司治理、项目建设等重要事项具有决策权或一票否决权，同时明确约定资源方股权转让或减资退出的节点和条件保证资源方按照约定退出实现投资方对项目的100%控制。

项目合作开发模式适用于资源方拥有项目资源，项目处于尚未核准备案阶段。项目合作开发模式能发挥投资方和资源方各自的优势，且合作开发模式在项目并网投产前不涉及投资主体的变更，因此在一定程度上能规避"倒卖路条"的风险。但合作开发模式也存在项目开发失败、资源方表见代理、提前锁定EPC、项目公司治理和退出等方面的风险，需要提前在投资方与合作方的合作协议中对双方权责、资源方退出以及相关风险防范作出相应安排。本章第四节将从合同文本角度重点介绍户用光伏合作开发模式的风控要点。

以上是对新能源投资并购常见模式的分析，由于新能源项目涉及利益方众多且各方诉求不同，实操中又衍生出了多种变形模式，每个项目模式并不完全一致。下面各节将从合同文本角度重点介绍笔者经手的三个并购模式的合同风控要点。

第二节 基金股权预付款模式合同风控要点

一、基金股权预付款模式介绍

基金股权预付款模式是电力央企（集团）投资新建项目的通道，基金先行以股权预付款模式预收购项目公司，暂不办理股权工商变更手续，为项目提供建设期资金，锁定项目资源，同时基金委托集团内区域公司进行项目建设的实质管控，使项目以合规方式、按照集团标准建成并网，待建成并网后办理基金受让项目公司股权的工商变更手续，最终由区域公司自基金处收购并持有项目。具体安排如下。

（一）股权预付款收购阶段

（1）基金向夹层公司支付股权预付款，股权预付款一般为总投的30%，基金通过预付款/往来款的形式支付至夹层公司，夹层公司以实缴的形式支付至项目公司，转为项目公司的注册资本，项目公司用于项目的建设。各方于交割完成日（项目公司股权工商变更至基金时），对股转对价进行核算，多退少补。剩余总投70%的资金以项目公司的名义融资获得。

（2）为避免被认定为倒卖路条，基金支付股权预付款后暂不办理股权变更登记，待项目并网投产达到过户条件时由夹层公司配合将项目公司股权过户至基金。

（3）为避免夹层公司、项目公司股权发生变更导致基金无法获得项目，夹层公司股东、夹层公司将夹层公司、项目公司100%股权质押予基金。

（4）为避免夹层公司存在风险导致对项目转股产生影响，区域公司与夹层公司股东对夹层公司进行共管；

（5）为实现控制项目公司及项目，基金委托区域公司对项目公司及项目进行全面管理。

（6）合作方负责获得项目建设所需全部支持性文件的办理，实际控制人（如有）承担连带责任。

（7）项目公司通过公开招标方式进行EPC选聘，EPC应符合集团标准，基金收购项目公司股权后承继EPC总承包合同。

(二) 基金退出阶段

基金与区域公司在基金投资项目公司时即签订《合作协议》(远期受让协议),基金给予区域公司以约定价格优先收购基金持有的项目公司股权的权利以实现基金投资退出。

二、基金股权预付款模式合同文本架构

基金股权预付款模式项下需要签署的主要文件具体情况如表3-4所示。

表3-4 基金股权预付模式项下需要签署的主要文件

主要协议			
序号	合同名称	主体	内容
1	合作协议	基金、区域公司、夹层公司、项目公司、夹层公司股东、实际控制人(如有)	对于基金收购项目公司的整体安排作出约定,包括收购主体、收购价格、进度安排
2	股权投资协议	基金、夹层公司、项目公司、实际控制人(如有)	对项目股权及项目转让的股权转让价款、支付条件、交割等安排进行约定
3	债权债务确认协议	基金、夹层公司、实际控制人(如有)	对夹层公司的股权转让义务衍生的违约责任进行确认,支付违约金的义务进行确认
4	股权质押合同	基金、夹层公司	质押的主合同为债权债务确认协议,夹层公司将其持有的项目公司股权质押给基金
5	股权质押合同	基金、夹层公司股东	质押的主合同为债权债务确认协议,夹层公司股东将其持有的夹层公司股权质押给基金
6	委托建设管理协议	区域公司、夹层公司、项目公司、实际控制人(如有)	夹层公司将项目公司及项目委托区域公司管理,包括法人治理结构的变更、证照账户、经营财务资料移交、项目建设管理等

续表

主要协议			
序号	合同名称	主体	内容
7	共管协议	区域公司、夹层公司、夹层公司股东	由区域公司、夹层公司股东对夹层公司的印章证照、账户等进行共管
8	股东借款合同	基金、夹层公司、项目公司	如基金支付的每笔股权预付款需支付资金占用费的，需要签署借款合同明确资金占用费收取
9	合作协议（远期受让协议）	基金、区域公司、基金GP（股权代持方，仅适用于单只基金收购项目公司100%股权情形）	基金方给予区域公司以约定价格优先收购基金持有的项目公司股权的权利以实现基金投资退出

配套协议			
序号	合同名称	主体	内容
1	承诺函	夹层公司、项目公司、实际控制人（如有）	夹层公司、项目公司、实际控制人对截至管理权移交/夹层公司共管之前项目公司、夹层公司相关事项进行承诺
2	同意签署交易文件的内部决议文件	基金、区域公司、夹层公司、项目公司、夹层公司股东、实际控制人（如有）	基金、区域公司、夹层公司、项目公司、夹层公司股东、实际控制人分别出具同意签署交易文件的内部决议文件
3	同意授权代理人签署交易文件的授权委托书	基金、区域公司、夹层公司、项目公司、夹层公司股东、实际控制人（如有）	基金、区域公司、夹层公司、项目公司、夹层公司股东、实际控制人分别出具授权代理人签署交易文件的授权委托书
4	确认函（交易文件具备签署条件）	区域公司	区域公司向基金的基金管理人出具确认函明确区域公司已完成全套交易文件的审核并具备签署条件，可以对外签署交易文件
5	通知函（放款前提条件已经满足）	区域公司	区域公司在《股权投资协议》项下放款先决条件达成时向基金发送通知函，通知放款前提已经达成

续表

配套协议				
序号	合同名称	主体	内容
6	夹层公司法人变更的工商版本（股东会决议/董事会决议）	夹层公司股东、夹层公司董事	决定变更夹层公司法人（执董/总经理）
7	项目公司董监高人员变更的工商版本（股东会决议/董事会决议）	夹层公司股东、项目公司董事	决定变更项目公司董事、监事、总经理、法人等
8	夹层公司股权转让工商版本（转让协议、章程、决议）	基金、夹层公司、夹层公司股东	夹层公司股东将夹层公司转让给基金的全套工商版本
9	项目公司股权转让工商版本（转让协议、章程、决议）	基金、项目公司、夹层公司	夹层公司将项目公司转让给基金的全套工商版本

三、基金股权预付款模式合同风控要点及防控措施

根据实操经验，结合尽职调查过程中发现的问题，对基金股权预付款模式相关合同提出以下风控要点及防控措施，如表 3-5 所示。

表 3-5 基金股权预付款模式相关合同的风控要点及防控措施

序号	尽职调查事实	风控要点及防控措施
1.	项目公司股东自核准/备案之后是否存在变更	通过预付款或者其他合理安排规避"买卖路条"风险
2.	项目公司股权是否存在权利负担或代持情形，是否存在影响过户的其他情形	除尽职调查之外，约定承诺条款、并将股权受限情况解除（股权过户）作为基金放款前提，或者针对预付款模式，设置股权质押，对原股东进行共管，防止原股东发生或有负债影响过户，同时就股权无法办理工商过户或夹层公司不配合办理工商过户相关违约责任约定高额违约责任

续表

序号	尽职调查事实	风控要点及防控措施
3.	项目公司治理结构	1. 重点核实公司章程对股权转让、股权转让决策程序是否有限制 2. 基金收购后项目公司的法定代表人、董事、监事、经理等高管人员要变更为基金或指定主体委派人员并办理工商变更登记手续,做到项目公司实际由基金或指定主体控制 3. 法定代表人应由基金委派或者实际可控制主体担任,以避免项目公司在基金收购后发生或有负债
4.	项目公司最近一期财务信息	1. 项目公司财务账面清晰可查,在尽职调查时要对财务资料进行归类汇总,以方便后续财务资料的移交 2. 重点关注夹层公司的投入、夹层公司与项目公司之间的往来、项目公司的支出情况,将基金支付款项的前提和金额与前述支出情况挂钩
5.	项目公司主要财产及权利负担	项目公司主要财产权属清晰、无权利负担或可控解除,合同签署前各方需对项目公司的主要财产及权利负担达成一致
6.	项目公司重大债权债务	1. 尽职调查需重点关注项目公司重大债权债务、担保情况,合同签署前各方需对项目公司的债权债务达成一致意见 2. 需在合同中落实项目公司未披露负债以及或有负债等潜在风险由合作方承担,基金不承担风险
7.	项目公司劳动用工	项目公司无劳动争议纠纷或可控解决,基金放款前遣散安置原劳动用工人员,并在合同约定潜在劳动纠纷由合作方承担,基金不承担风险
8.	项目公司诉讼、仲裁及行政处罚、被执行	需关注项目公司诉讼、仲裁、行政处罚或被执行信息对并购交易的影响,并把相关解决方案及落实作为基金放款前提,并在合同中将相关风险转移至合作方承担,基金不承担风险
9.	夹层公司/实际控制人诉讼、仲裁及行政处罚、被执行	1. 需关注夹层公司/实际控制人诉讼、仲裁、行政处罚或被执行信息对并购交易的影响,防止因夹层公司/实际控制人债务风险牵涉到项目公司,并把相关解决方案及落实作为基金放款前提,并在合同中将相关风险转移至合作方承担,基金不承担风险; 2. 同时基金应委派人员对夹层公司章证照账户进行共管,防止夹层公司增加债务影响项目公司

续表

序号	尽职调查事实	风控要点及防控措施
10.	项目合规性（项目核准/备案情况，开发、建设及并网全流程审批手续的合法合规性，用地问题，电价及电价补贴情况）	1. 标的项目必须被列入年度开发计划或取得了建设规模指标 2. 标的项目须取得核准文件或备案文件 3. 项目公司应当已经取得建设项目征地批复文件、用地预审与选址意见书、接入系统评审意见、环境影响评价批复意见、自然生态保护区批复或不涉生态红线证明、可行性研究报告等（根据基金要求调整），其他支持性批复文件没有取得障碍 4. 项目公司、夹层公司应当对已经取得的批复文件以及未取得批复文件取得无障碍出具承诺函并作为基金放款的前提 5. 如项目已经开工建设，需根据规定依法取得建设用地四证齐全，或取得无障碍 6. 项目用地是项目建设的基础，对项目的建设、运营至关重要，不得出现任何不可控风险，需在合同中将用地违规风险转移至合作方 7. 标的项目用地权属清晰、无权利负担（如抵押查封）或可控解除、若涉及农用地、林地、草地等特殊用地的需具有相关手续，不得占用永久基本农田、不得触及生态红线 8. 需重点核实项目合规文件的取得情况并在合同中落实由合作方负责全流程合规文件取得以及和规定文件取得时间节点和届时审批手续存在瑕疵或未取得的违约责任 9. 除项目审批手续外，项目规模、电量、电价和补贴都是需要特别关注的事项。需在合同中将前述事项的风险转移至合作方，并约定开发失败、未按照约定并网投产、并网容量小于备案容量、利用小时不达标、电价批复被撤销、补贴资格被取消等极端不利情况的违约责任
11.	项目建设重大合同情况	1. 需重点关注项目建设重大合同以及合同履行情况，并在合同中落实约定总投之外的成本和合同瑕疵由合作方承担 2. 因基金收购合同中核减工程款条款需要 EPC 配合，因此需要将基金收购合同中的核减条款平移至 EPC 合同

第三节　交钥匙工程预收购模式合同风控要点

一、交钥匙工程预收购模式介绍

基金股权预付款模式项下投资方在项目并网投产前即主导和控制项目，在项目监管比较严的地方，该种方式有可能被地方监管部门认定为倒卖路条而面临被叫停的风险，因此在实操中又衍生了交钥匙工程预收购模式。交钥匙工程预收购模式是指投资方与合作方合作之前，合作方已通过100%持股的项目公司取得项目的核准备案文件。投资方与合作方合资设立合资公司，合资公司在项目建成并网前不实缴注册资本，项目建设资金全部由合作方负责解决，项目由合作方建设，项目并网投产且符合投资方收购标准后由投资方向合资公司增资，由合资公司承债式收购合作方持有的项目公司100%股权并办理工商变更登记手续。具体安排如下：

（一）合资公司设立阶段

（1）投资方和合作方合资成立合资公司（SPV），合作方和投资方分别持有合资公司65%和35%的股权，在项目建成投产前双方不实缴注册资本。

（2）为避免合作方将其持有的合资公司股权转让给第三方，合作方将所持合资公司全部股权质押给投资方。

（二）项目建设阶段

（1）项目建设所需资本金及银行融资全部由合作方负责解决。

（2）项目由合作方主导建设，投资方参与项目的工程管理和项目财务资金的监督。

（三）合资公司增资和股转阶段

（1）项目并网投产后，双方对项目进行审计评估，达到投资方收购先决条件的，由投资方向合资公司进行增资，增资总额为项目公司的股转对价以及合作方对项目公司的股东借款本息之和。

（2）合资公司承债式收购合作方持有的项目公司100%股权，股转对价为合作方对项目公司的实缴资本（包括注册资本及资本公积），合作方将项目公司办理工商变更登记至合资公司名下，合作方无条件将其应收项目公司的债权转让给合资公司。

(四) 合作方减资退出阶段

合作方通过减资退出合资公司，投资方通过全资控制合资公司的方式间接持有和控制项目公司和项目。

二、交钥匙工程预收购模式合同文本架构

交钥匙工程预收购模式项下需要签署的主要文件具体情况如表3-6所示。

表3-6 交钥匙工程预收购模式项下需要签署的主要文件

序号	合同名称	主体	内容
1	合作框架协议（预收购协议）	投资方、合作方	对双方合作模式、边界条件、双方责任和义务、排他期进行约定
2	合作协议	投资方、合作方	对合资公司的设立和治理、投资方对合资公司增资前项目公司和项目的管理运营、投资方对合资公司增资后项目公司和项目交接、合资公司增资及股转对价、股东借款本息支付、项目公司收购、合资公司减资等事宜进行约定
3	合资公司章程	投资方、合作方	对合资公司注册资本、双方出资、公司治理、分配等事宜进行约定
4	股权转让协议	合资公司、合作方	对项目公司股权转让的价款及支付、债权债务安排、先决条件、交割等事项进行约定
5	技术服务合同	投资方、合作方	投资方为合作方提供技术管理服务，主要是作为股权质押的主合同
6	最高额股权质押合同	投资方、合作方	合作方将其持有的合资公司股权质押给投资方

三、交钥匙工程预收购模式合同风控要点

交钥匙工程预收购模式与基金预付款模式都属于预收购模式中的一种，在上一节中已经揭示的风控要点和风险防范措施将不再赘述，梳理交钥匙工

程预收购模式项下合同风控要点和风控措施如下。

(一) 收购先决条件的设置以及避免项目无法满足收购先决条件的风控措施

签署预收购协议并不意味着投资方一定要收购项目，预收购协议签署到项目并网投产时间较长，具有很大的不确定性，且该模式是交钥匙工程，项目的投资建设由合作方负责，项目建设的质量和成本控制是否达到投资方的收购标准需要并网验收后才能确定，因此需要在合同中落实投资方的收购先决条件，投资方收购的先决条件一般包括投资方内部程序通过、项目公司股权质押等担保事项解除、审计、评估结果符合投资方要求、竣工验收及财务决算达成一致意见、债权债务达成一致等。虽然在无法满足收购先决条件时投资方享有拒绝的权利但投资方进行预收购的目的还是最大程度收购该项目，因此为了避免项目并网投产后可能发生的工程质量、建设成本等无法满足投资方先决条件的情形，投资方一般会在合同条款中约定投资方对项目工程建设管理和项目资金的监督权，比如投资方有权派选专业技术管理团队参与项目建设管理，监督项目建设质量，参与决定EPC、重大合同签署，对工程建设标准、工程进度、安全、质量、合同付款、成本控制、验收等重大事项具有知悉和监督签认的权利，项目公司重大融资担保事项、重大支出事项需提前征得投资方同意，不得对投资方交易造成障碍等安排。需要注意的是，投资方的上述项目监督权与合作方减少管理环节，提高工作效率，力争在约定期限全容量并网投产存在一定的冲突，是投资方和合作方争议较大的问题，一般需要经过双方多轮的磋商和拉锯才能最终达成一致。

(二) 避免合作方违约在满足收购先决条件的前提下不配合股权转让的风控措施

交钥匙工程预收购模式是预收购模式的一种，避免合作方在项目建设期将股权转让给第三方或者在满足收购先决条件的前提下不配合办理工商变更登记手续是预收购模式的一大难点。为了避免合作方一股二卖，除交易安排中合作方将其持有的合资公司股权质押给投资方外，还需要在合同中约定自预收购协议签署之日至项目并网投产的期限内为排他期，在排他期内，无论其他收购方收购价格或条件是否更具有优势，合作方不得对合资公司、项目公司或项目开展任何形式的合作，不得对合资公司、项目公司股权作出除征得投资方同意之外的任何形式的股权转让、质押等操作，如违反排他期规定，合作方将承担高额违约金。同时在签署全套交易文件时应当同时将工商版本的股权转让相关工商文件签署出来并由投资方保存，届时如项目满足投资方先决条件的则投资方可以直接带着已经签署的股转文件进行股权转让。

(三) 合资公司的治理以及避免合作方不配合合资公司、项目公司交接的风控措施

如前所述，项目并网投产前项目一般由合作方主导和控制，且项目是否能达到收购先决条件由投资方收购尚存在不确定性，所以一般合资公司成立时大多是合作方占大股，除董事、监事人选的确定、合资公司对外担保、重大股权投资、重大事项、大额支出等投资方比较关注的事项外，必须经投资方同意外，其他事项一般由合作方自行决策即可；董事会由双方各自委派，合资公司设立时由合作方委派董事担任法定代表人，但在投资方向合资公司支付增资款后，投资方的价款支付义务已经履行完毕，应变更为投资方委派的董事担任法定代表人；合资公司的监事由投资方委派；合资公司设立时经理由合作方委派，但在投资方支付完毕增资款后经理应变更为投资方委派的人员；为了监督合资公司的资金支出，一般由投资方委派人员担任合资公司的财务负责人。

投资方向合资公司支付完毕全部增资款后，为了避免合作方不配合合资公司和项目公司的交接，需在合同中约定合资公司收取增资款的账户为共管账户，合作方只有在配合办理完毕增资相关工商变更登记手续、合资公司交接（章证照材料移交、人员变更）、项目公司交接（章证照材料移交、人员变更）以及项目公司股权变更登记手续后合资公司才能将股转价款支付至合作方。

(四) 避免合作方不配合减资退出合资公司的风控措施

交钥匙工程预收购模式项下合作方通过减资退出合资公司，投资方最终通过持有合资公司100%股权的方式间接持有和控制项目公司和项目。如合作方不配合退出合资公司，投资方就无法完全控制项目，因此除设置合作方不配合减资违约责任外，建议在合同中将合资公司股权转让价款和股东借款本息的支付设置成分两期支付，将合作方配合办理完毕减资手续作为尾款支付的前提条件，促使合作方配合办理相关手续。

第四节 户用光伏合作开发模式合同风控要点

一、户用光伏合作开发模式介绍

2022年笔者经手的新能源投资并购项目主要以户用和工商业屋顶分布式电站的投资并购为主，本节将以户用分布式光伏电站为例讲述户用光伏合作开发模式。户用光伏合作开发模式是指投资方和合作方通过合伙企业（持股平台）设立项目公司作为户用光伏项目投资建设主体，项目公司与农户共建户用光伏项目，共享收益，待投资期限结束，投资方一般通过合作方远期实缴或远期受让合伙份额加运营管理对赌的方式退出。具体安排如下：

（一）持股平台设立阶段

户用光伏项目单体装机容量一般较小，项目数量多，为了融资需要，户用光伏一般以省为单位设立持股平台，以持股平台的名义进行融资。投资方和合作方一般以50%∶50%的比例以省为范围设立持股平台，持股平台再各自设立项目公司作为户用光伏项目的开发建设主体。前期项目资本金一般由投资方单独出资。项目公司法定代表人、执行董事、总经理一般由合作方委派，监事和财务人员由投资方委派。

（二）户用光伏项目共建阶段

（1）项目公司和农户签署共建协议，农户向项目公司提供屋顶，项目公司负责户用光伏项目的投资、建设和运营，农户和项目公司在共建期内分享收益。

（2）项目公司委托 EPC 进行户用项目的施工安装。

（3）项目公司委托合作方或合作方的关联方对户用光伏项目进行运维管理，合作方对项目发电量和运维业绩进行对赌。

（三）投资方退出阶段

在该种模式下，投资方和合作方一般运用各自资源寻找意向方，如有意向方收购的，则投资方通过转让其有限合伙份额退出持股平台，合作方因自始未实缴出资，意向方收购投资方合伙份额后则合作方退出持股平台。如无意向方的，投资方一般通过合作方远期实缴分配加运营管理对赌或合作方远期收购投资方合伙份额加运用对赌的方式退出。

二、户用光伏合作开发模式合同文本架构

户用光伏合作开发模式项下需要签署的主要文件具体情况如表3-7所示。

表3-7 户用光伏合作开发模式项下需要签署的主要文件

序号	合同名称	主体	内容
1	合作协议	投资方、合作方	对双方合作模式、边界条件、出资、双方责任和义务、退出安排进行约定
2	合伙协议	投资方、合作方	对双方共同设立合伙企业，合伙人出资、决策机制、合伙人收益分配等事宜进行约定
3	项目公司章程	合伙企业（如项目公司所在地工商不允许合伙企业为一人有限公司股东时，需要代持方持有股权）	对项目公司注册资本、双方出资、公司治理、分配等事宜进行约定
4	光伏电站合作共建协议	项目公司、农户	项目公司和农户就项目公司在农户拥有产权的屋顶设计、安装、管理和运营户用光伏电站项目进行约定，明确共建期、共建期内电站运营及维护以及电站收益分享、双方权责
5	安装工程合同	项目公司、EPC（合作方或其关联方）	明确EPC为项目公司进行施工安装，明确工程范围、工期、工程质量、工程价款及支付方式、竣工验收、质保等
6	委托管理服务合同	项目公司、合作方或其关联方	对项目公司将其电站委托给合作方或其关联方运营进行约定，明确委托管理费及其支付、委托期限、委托具体内容、发电量保证、运营对赌等内容
7	发用电合同	农户、电网公司	明确农户向电网公司出售电能，电网公司购买农户上网电量
8	远期受让协议	投资方、合作方	明确发生特定情形下，合作方远期受让投资方持有的合伙份额，以实现投资方的退出

三、户用光伏合作开发模式合同风控要点

上两节中已经提及的风控要点和风险防范措施将不再赘述，本部分将梳理户用光伏合作开发模式项下合同风控要点和风控措施。

（一）防范项目开发失败风险以及项目开发、建设审批手续不合规风险的风控措施

在户用光伏合作开发模式项下，一般由合作方提供项目资源，由合作方负责项目备案以及项目开发、建设和运营整个流程中的合规审批文件的取得，如果合作方在前述流程中怠于履行相关义务或者在审批建设流程中不按照法律规定程序进行操作，则整个项目会有开发失败或项目不合规被行政处罚或被第三方追偿的风险。基于以上情形，建议投资方在合同中增加合作方承诺取得备案以及全流程审批手续的规定文件，如项目开发失败未取得项目备案的，投资方不实缴出资，项目产生的项目公司注册、注销、项目前期费用均由合作方承担，与投资方无关，合作方应当赔偿投资方因此遭受的损失。同时应当在合同中设置投资方对合作方的监督权，合作方应当配合投资方的监督并配合整改。

（二）防范合作方违约以及治理风险的风控措施

如前所述，投资方和合作方的合作贯穿于持股平台设立、项目备案、项目施工安装和运营以及投资方退出整个阶段，合作方在每个阶段都存在合作方违约的风险，因此前期需对合作方进行全面的尽职调查，对合作方自身实力、项目资源以及开发能力进行核实并在合同中对合作方可能出现的擅自处分持股平台股权、未按约定办理项目合规审批手续、未通过远期实缴或远期受让合伙份额的方式实现投资方退出的情形设置违约责任。

在户用光伏合作开发模式项下，因合作方具有项目资源和政府关系，一般由合作方进行项目的实际操盘，但为了维护投资方的资金安全，应在合同中约定投资方对持股平台治理、项目融资担保、项目开发建设和运营、资金支出等重大事项具有一票否决权，避免合作方违约或者合作方自作主张影响项目正常运行。

（三）防范提前锁定EPC的风控措施

在户用光伏合作开发模式项下，合作方通常要求安排自己或其关联方作

为EPC总承包方，通过增加EPC总承包的方式获取项目回报。根据《必须招标的基础设施和公用事业项目范围规定》第二条规定，新能源项目属于必须招标的范围，根据《必须招标的工程项目规定》第五条规定，与工程建设有关的重要设备、材料等的采购达到下列标准之一的，（1）施工单项合同估算价在400万元人民币以上；（2）重要设备、材料等货物的采购，单项合同估算价在200万元人民币以上的必须招标。新能源发电项目属于必须采取招标的项目，提前确定EPC承包方，存在被认定为"先定后招""明招暗定"的法律风险。因此双方应通过合法合规的方式进行EPC方式的选定。

（四）防范屋顶光伏特有风险的风控措施

1. 关于屋顶确权、屋顶维护的风控措施

户用光伏项目光伏组件安装在农户的屋顶，因此在项目前期尽职调查过程中应当重点核查房屋的权属，核实农户是否拥有房屋所有权，房屋所有权剩余期限是否满足电站运营期限，房屋是否属于违法建筑或临时建筑，屋顶所在建筑物和土地是否存在抵押等权限限制，是否存在被法院查封风险，以防光伏项目落地后产生不必要的纠纷。

同时基于户用光伏依附于房屋屋顶的特殊属性，双方应在合同中约定户用光伏运营期间，双方对屋顶和光伏设备的安全维修管理责任。如农户翻新的应确保光伏电站仍安装于原屋顶并由农户承担相应成本并在翻新期间农户不享受任何收益。户用光伏项目一般禁止农户出售、出租、抵押或对房屋设置其他限制性权利，双方应在合同中约定出现上述情形以及农户房屋被拆除、拆迁等风险时的应对措施和损失赔偿方法。同时应约定农户蓄意破坏电站农户应承担的违约责任。

2. 农户配合的相关风控措施

户用光伏项目一般以农户名义申请备案、审批及并网验收等各项手续，因此整个项目合作中需要合作方配合，在实操中，农户可以出具授权书要求投资方或投资方指定的第三方代为办理，但农户仍需提供身份证、房屋权属等审批所需的各项材料，同时应在合同中约定如因农户原因导致不能并网时农户的违约责任。

3. 电站收益结算账户管控相关风控措施

户用光伏项目中，为了确保电站收益不被挪用，投资方一般要求在合同中约定电站收益结算账户由投资方或其指定的第三方进行全权管控。农户在投资方指导下，在投资方指定的互联网平台/APP 开立收取电站各项收益（包括但不限于：电费收入、补贴收入等）的唯一结算账户。未经投资方同意，农户不得更改电站收益结算账户，不得将该账户挂失或进行任何其他操作，以确保投资方或投资方指定的第三方对该账户的有效管控。同时双方应在合同中约定农户违反前述约定更换结算账户或电站收益结算账户因农户原因导致查封、冻结等措施时农户应承担的违约责任。

第四章
新能源项目并购交易法律纠纷与风险

本章对新能源项目的项目转让、项目用地、建设施工、实际运营阶段在实践中较为常见的法律纠纷进行收编、列举,并对典型的司法案例进行法律分析。

在新能源项目主体变更方面,本书侧重对转让方与受让方签署的变更投资主体的投资合同效力纠纷、投资主体变更后项目股息红利归属纠纷以及政策变化是否可以作为解除投资合同的依据、交易合同设计等方面的案例进行解析。

在新能源项目用地方面,本书侧重从用地合同纠纷、无权使用土地纠纷、非法使用农用地纠纷等方面的案例进行解析。

在新能源建设施工方面,本书侧重对招投标纠纷、建设资质纠纷、非法分包纠纷、施工合同纠纷、工程质量纠纷、保险纠纷等方面的案例进行解析。

在实际运营阶段,本书侧重对环境污染纠纷、运行故障纠纷等方面的案例进行解析。

第一节 转让方与受让方签署的变更投资主体的投资合同效力纠纷

在新能源项目并购交易中,转让方与受让方在新能源项目投产前就项目转让签署的投资合同是否会因涉嫌违反国家能源局的监管规定而被认定为无效是转让方和受让方普遍关心的问题。本书梳理了相关案例,司法实践中法院对该问题的观点并不一致,具体详见以下案例。

案例一：山东某集团有限公司、宋某与平邑某光伏电力有限公司、苏州某新能源投资有限公司股权转让纠纷再审案［江苏省高级人民法院（2020）苏民申733号民事裁定书］

【案情简介】

山东某集团有限公司（转让方）设立了平邑某光伏电力有限公司（目标公司），目标公司持有山东平邑县某地面光伏电站项目（光伏项目），光伏项目已经完成项目省级备案等报批工作。

2015年，苏州某新能源投资有限公司（受让方）与转让方签订《合作协议》及《股权转让合同》，约定转让方根据受让方通知时间在未来将持有目标公司100%的股权转让给受让方，目标公司办理工商变更登记手续前，转让方作为名义股东持有100%的股权，其应将股权质押给受让方，同时完成管理人员变更、证照、印鉴的移交。

但光伏项目并网后，转让方拒绝办理股权转让的变更登记，受让方诉请法院要求目标公司办理变更登记手续，目标公司主张《合作协议》及《股权转让合同》无效。

【主要争议】

双方签订的涉案《合作协议》及《股权转让合同》是否合法有效？

【法院观点】

法院认为：转让方与受让方签订的《合作协议》及《股权转让合同》，系双方真实意思表示。双方鉴于目标公司正在推进开发光伏项目，明确约定受让方收购转让方持有的目标公司100%的股权，并对于股权变更、项目建设、违约责任等方面明确了双方的权利义务。转让方提供的证据不足以证明《合作协议》及《股权转让合同》存在违反《行政许可法》第九条等法律行政法规强制性规定的情形，或存在以合法形式掩盖非法目的、损害社会公共利益的情形，其称上述协议合同实为倒卖项目行政许可批文应为无效的主张，缺乏事实和法律依据，一、二审法院对此不予支持，认定《合作协议》及《股权转让合同》并无不当。

案例二：江苏某新能源开发投资有限公司与某科技股份有限公司股权转让纠纷二审案［北京市第二中级人民法院（2019）京02民终7719号民事判决书］

【案情简介】

某科技股份有限公司（转让方）与江苏某新能源开发投资有限公司（投资方）、目标公司签订《项目预收购合作协议书》《合作协议》，约定转让方于2015年5月14日设立目标公司，转让方持有其100%的股权，项目建设规模14MW。项目在2016年11月30日前建成及并网后投资方确认该项目符合收购条件后，投资方启动项目收购程序。后转让方未向投资方转让其持有的目标公司股权，投资方起诉至法院，要求转让方将股权转让给投资方并变更登记至投资方名下，转让方在庭审中主张《合作协议》无效。

【主要争议】

涉案《合作协议》是否因违反《光伏电站项目管理暂行办法》等文件精神而应被认定为无效？

【法院观点】

法院认为：1999年《合同法》第五十二条规定："有下列情形之一的，合同无效：（一）一方以欺诈、胁迫的手段订立合同，损害国家利益；（二）恶意串通，损害国家、集体或者第三人利益；（三）以合法形式掩盖非法目的；（四）损害社会公共利益；（五）违反法律、行政法规的强制性规定。"2009年《最高人民法院关于适用〈中华人民共和国合同法〉若干问题的解释（二）》第十四条规定："合同法第五十二条第（五）项规定的'强制性规定'，是指效力性强制性规定。"转让方主张涉案《合作协议》违反了《光伏电站项目管理暂行办法》等文件精神，应被认定为无效，但其上述主张并非合同无效的法定事由，转让方未提交相关证据证明《合作协议》违反了法律、行政法规的效力性强制性规定，亦未举证证明《合作协议》存在1999年《合同法》第五十二条规定的其他应认定合同无效的情形，故对其该项诉讼请求本院不予支持。

第四章 新能源项目并购交易法律纠纷与风险

案例三：某能源投资集团有限公司、浙江某新能源开发有限公司合同纠纷二审案〔甘肃省嘉峪关市中级人民法院（2022）甘02民终236号民事判决书〕

【案情简介】

出让方某能源投资集团有限公司于2013年5月取得省发展改革委批文后，于2014年8月12日成立目标公司，随后，出让方与受让方浙江某新能源开发有限公司签订《股权转让协议》，约定出让方先将目标公司99%的股权以800万元的价格转让与受让方。2014年9月11日，出让方将目标公司99%的股权转让并登记于受让方名下并同步进行项目资料的交接。

【主要争议】

涉案《股权转让协议》是否合法有效？

【法院观点】

法院认为：从双方确认的交接清单可以看出，仅对省发展改革委同意的关于项目前期工作的复函文件以及出让方前期申请的光伏发电项目的相关资料进行交接，转让财产并未涉及房地、净资产等实物。从股权转让行为发生的时间节点以及转让的实际内容可以看出，出让方取得省发展改革委同意案涉光伏发电项目前期工作的批文后，在未实际出资、没有投入建设的情况下，将目标公司的登记投资人由出让方变更为受让方，双方以股权转让的形式实际转让的是出让方取得的光伏发电路条许可权，而非真正意义上的公司股权。光伏电站项目属于国家行政许可的范畴，须经严格的审批手续。《行政许可法》第九条规定，依法取得的行政许可，除法律、法规规定依照法定条件和程序可以转让外，不得转让。2013年国家能源局《光伏电站项目管理暂行办法》第十四条规定，省级能源主管部门依据国务院投资项目管理规定对光伏电站项目实行备案管理。第三十三条规定，项目单位不得自行变更光伏电站项目备案文件的重要事项，包括项目投资主体、项目场址、建设规模等主要边界条件。2014年国家能源局《关于规范光伏电站投资开发秩序的通知》规定，已办理备案手续的项目投资主体在项目投产之前，未经备案机关同意，不得擅自将项目转让给其他投资主体。上述规定系监管部门对光伏发电项目的严格监管，转让路条应当取得发展改革委等部门的许可。结合本案来看，双方签订的协议实际是变更了光伏发电项目的投资主体，未经主管部门变更备案。双方签订的协议违反了国家关于"项目单位不得自行变更光伏电站项目备案文件的重要事项,包括项目投资主体、项目场址、建设规模等主要边界条件"的规定,光伏电站项目属于能源基础设施项目,关乎社会、国家公共利益,据此,双方签订的《股权转让协议》无效。

【案例评析】

结合上述三个案例,对于转让方与受让方在新能源项目投产前就项目转让签署的投资合同,是否会因涉嫌违反国家能源局的监管规定而被认定无效的问题,目前司法实践存在争议。法院认定投资协议有效,通常基于以下理由:协议为各方真实意思表示;备案文件不属于《行政许可法》第九条规定的行政许可;监管部门禁止倒卖路条的规定不属于法律或行政法规强制性规定;投资协议不存在1999年《合同法》第五十二条认定的合同无效情形。而法院认定投资协议无效主要是基于法院通过整个交易安排的设定最终认定争议交易安排虽然名为股权转让但实为违反监管规定倒卖路条的行为,光伏电站项目属于能源基础设施项目,关乎社会、国家公共利益,符合以合法形式掩盖非法目的的合同无效情形。

鉴于在新能源项目投资中可能因涉及擅自变更投资主体导致合同无效,投资方与转让方签署投资合同时,要通过合理、合法的交易结构设计避免投资交易因违反禁止倒卖路条规定而被认定为无效。

第二节 投资主体变更后项目股息红利归属纠纷

案例:某证券股份有限公司、湖南某集团有限公司股权转让纠纷再审案[最高人民法院(2016)最高法民再240号民事判决书]

【案情简介】

2006年11月13日,湖南某集团有限公司(转让方)与某证券股份有限公司(收购方)签订《股份转让协议书》,约定将转让方所持有的目标公司800万股非流通股票转让给收购方,共计4440万元。《股份转让协议书》第三条"股票变更及过户前后的相关权益"约定如下:"双方在此确认,在本协议得以履行的前提下,自本协议生效之日起,拟转让股份的股息、红利以及其他衍生孳息等权益归乙方(收购方)所有。"之后,双方依据约定办理了股权过户及价款支付。根据目标公司 2006 年度年报，该年度可供股东分配利润为 64 996 334.21 元。目标公司 2006 年分配预案为不分配，公积金不转增股本。转让方于 2007 年向收购方发函要求支付 2006 年度股息及红利，收购方拒绝。转让方遂起诉至法院，要求法院判令收购方支付 2006 年度红利 163.63 万元，以及 2006 年度前的未分配利润 125.6 万元。

【主要争议】

收购方是否应支付转让方股权转让协议生效前交易股权 2006 年度红利及未分配利润。

【法院观点】

法院认为：双方在庭审中均认可 800 万股非流通股票包含股票项下的全部权益，由此证明双方当事人在《股份转让协议书》中约定的转让价格是对目标公司 800 万股非流通股票的整体作价。收购方支付的 4440 万元对价，所购买的是转让方 800 万股股票的全部权益，其中当然包含该股权的股息、红利以及其他衍生孳息，因为这些权益都是案涉股权的全部价值构成部分。根据 2007 年《物权法》第一百一十六条第二款[1]的规定，"法定孳息，当事人有约定的，按照约定取得；没有约定或者约定不明确的，按照交易习惯取得"，该 800 万股股票项下的全部权益随着股权的转移，理当归属新的股权所有者即收购方。这既符合对价购买 800 万股股票全部权益的合同目的，亦符合股权交易的规定和交易习惯。只有本案双方当事人明确约定该协议生效前的目标公司 2006 年度的红利及未分配利润归转让方所有，才能成为"涉案股票所有权转移之前的股息、红利以及其他衍生孳息则应由转让方享有"的特殊约定，而本案各方当事人并未对此作出过特殊约定。因此根据《股份转让协议书》第三条的约定，转让方无权就该协议生效之前的股东财产权益向收购方主张权益。

【案例评析】

基于 2007 年《物权法》第一百一十六条第二款"法定孳息，当事人有约定的，按照约定取得；没有约定或者约定不明确的，按照交易习惯取得"以

---

[1]《物权法》已失效，《民法典》第三百二十一条第二款亦有相同规定。

及上述案例中的法院裁判思路，本书建议交易主体在新能源投资合同设计中注意以下事项。

（1）在交易合同中明确所转让的权益范围。

本案中因双方并未在股权转让协议中约定交易的标的股权的具体范围，审理法院根据实践中的常理，认为在没有特别约定的情况下，推定转让股票当然包含股票项下的全部财产权益，即转让的股权包含股息、红利以及其他衍生孳息。

因此标的股权交易各方应注意在交易文件中明确所交易的标的股权的权利范围，是否包含该股票项下的全部财产权益，即是否包含股息、红利以及其他衍生孳息。如果交易文件中对此未作出明确约定，则交易各方就此事项在后续合同履行的过程中，可能产生争议。

（2）在交易合同中明确股权转让之前目标公司未分配利润的处理方式。

股权交割之前新能源项目公司是否存在未向转让方分配的利润，未分配利润应如何处理等问题也是新能源并购交易中容易产生争议的焦点。在新能源并购尽职调查时应核实项目公司是否存在未向转让方分配的利润并协商该等未分配利润的处理方式，双方应在交易文件中明确未分配利润的分割节点及相应金额（如无法确认具体金额的，应在交易文件中明确约定未分配利润的计算方式、计算依据及相应的考虑因素等），防止因约定不明而对股权转让交易的履行造成不利影响。

第三节 政策变化可否作为解除投资合同的依据

案例一：淮北某有限责任公司与新某集团有限公司股权转让纠纷再审审查与审判监督案（最高人民法院（2020）最高法民申 1357 号民事裁定书）

【案情简介】

2012 年 7 月 19 日，淮北某有限责任公司（转让方）与新某集团有限公司（受让方）签订《股权转让协议书》，转让方向受让方转让其持有的目标公司 51% 的股权，此次股权转让后，受让方持有目标公司 100% 的股权。协议签订后，受让方支付了首付款 8000 万元，2012 年 9 月 11 日，目标公司进行股东变更工商登记，变更后受让方持股 100%。

随后，双方就此次股权转让的价款产生争议，转让方与受让方多次就股权转让价款进行协商并于2016年3月15日签订《还款协议》，对《股权转让协议》中约定的转股价格进行调整，并就后续股权转让价款的支付事宜作出约定。

因国家产能政策调整，目标公司被收回采矿权，受让方要求调整股权转让价款，但双方并未就此达成一致。随后，当地为实现"十三五"期间化解剩余产能目标任务，目标公司被要求按期按质完成关闭。

2017年1月10日，转让方向受让方发出《解除合同通知书》，解除双方签订的《还款协议》，并要求受让方依据《股权转让协议》履行支付股权转让价款的义务。但受让方并未履行，转让方遂向法院提起诉讼，要求受让方支付相关款项。在诉讼过程中，受让方提起反诉，要求解除《股权转让协议》。

【主要争议】

受让方以情势变更为由诉请解除案涉《股权转让协议》，并要求转让方返还股权转让价款8000万元是否有事实和法律依据？

【法院观点】

法院认为：意思自治、契约自由、契约严守是合同法的基本原则，情势变更原则的适用应有十分严格的条件限制。2009年《最高人民法院关于适用〈中华人民共和国合同法〉若干问题的解释（二）》第二十六条规定："合同成立以后客观情况发生了当事人在订立合同时无法预见的、非不可抗力造成的不属于商业风险的重大变化，继续履行合同对于一方当事人明显不公平或者不能实现合同目的，当事人请求人民法院变更或者解除合同的，人民法院应当根据公平原则，并结合案件的实际情况确定是否变更或者解除。"本案中，受让方以其受让目标公司股权后国家政策变化导致目标公司关闭，出现情势变更为由，请求解除案涉《股权转让协议》并退还股权转让款。原判决认定受让方的诉请不符合情势变更的适用条件，认定事实不缺乏证据证明，适用法律亦无不当。首先，本案不符合情势变更适用的时间条件。2012年7月19日双方签订案涉《股权转让协议》后，受让方在2012年9月11日即获得了目标公司的全部股权，持股比例100%。2016年，煤炭行业去产能政策出台。此时，受让方已获得目标公司股权并经营四年。受让方虽主张案涉协议签订后双方一直处于协商、谈判状态，合同未履行完毕，但从双方往来函件及签订的《还款协议》等文件来看，后续磋商系围绕股权款延期支付等问题。原判决对受让方以其迟延付款履行行为期间政策变更为由主张情势变更不予支持，并无不当。其次，政策变化并未导致受让方合同目的不能实现，亦未导致对受让方明显不公平的情形。受让方已于 2012 年 9 月 11 日获得了目标公司 100% 的股权，原判决认定受让方的合同目的已经实现，并无不当。受让方后于 2012 年 10 月 30 日与案外人签订《股权转让协议》将目标公司 37% 股权转让给该公司。受让方又于 2017 年 9 月 9 日将目标公司 63% 股权转让给刘某煤矿。原判决认定受让方以案涉《股权转让协议》履行对其明显不公平缺乏事实和法律依据，并无不当。最后，国家政策变化发生在受让方获得目标公司股权的四年后，属于受让方在经营期间发生的商业风险，不属于案涉《股权转让协议》情势变更事由。综上，受让方以原判决未支持其情势变更主张，适用法律错误为由申请再审，再审法院不予支持。

案例二：龙某公司与郑某股权转让纠纷再审审查与审判监督案 [最高人民法院（2020）最高法民申 800 号民事裁定书]

【案情简介】

2010 年 3 月 29 日，郑某与龙某公司签订的《股权转让协议》约定，郑某向龙某公司转让其持有的恒某泰公司 51% 的股权，包括乌鲁木齐某矿区 8.12 平方公里的探矿权证。《股权转让协议》还约定，当事人各方协商一致，可以变更或解除本协议。发生下列情况之一时，一方可以解除本协议：（1）由于不可抗力或不可归责于各方的原因致使本协议的目的无法实现的；（2）另一方丧失实际履约能力的；（3）另一方严重违约致使不能实现协议目的。

协议签订后，龙某公司向郑某支付定金，双方当事人办理了股东工商变更登记和法定代表人变更登记。

2010 年 8 月 4 日，乌鲁木齐市人民政府办公厅作出《督查通知》，要求对某风景区范围内的各类矿场进行清理整顿，停止在该地区开展各类开采行为。受该政策变化影响，恒某泰公司所持探矿权证所涉区域内已不可能获得进一步开发建设。股权收购方龙某公司以情势变更为由诉请法院要求解除《股权转让协议》。

【主要争议】

本案政策调整是否构成情势变更？本案当事人能否以情势变更为由解除涉案《股权转让协议》？

【法院观点】

案涉《股权转让协议》不存在情势变更或约定解除的情形。

一是作为专业的矿产公司，龙某公司在签订协议时对案涉矿区位于风景名胜区的事实是明知的。即使如龙某公司所称当地环保政策宽松，但在行政法规明令禁止在风景名胜区采矿的情况下，其对政策走向应当有所预见，之后当地政策逐步收紧导致探矿权不能延续对其而言不属于意外风险。龙某公司作为商事主体甘愿冒风险通过签订协议成为恒某泰公司股东，享有矿业权所带来的利益，属于为实现自身利益而作出的选择和安排，其应按照意思自治原则，履行协议约定内容，承担从事商事行为的风险与责任。

二是龙某公司仍然持有恒某泰公司51%的股权，并享有股东权益，案涉《股权转让协议》的基础没有丧失，虽然因政策变化可能导致探矿权无法延续，但目前探矿权仍然存在。龙某公司在2010年7月8日、9日召开的相关会议的会议纪要中记载，其已明知政策调整，但在2012年11月9日对郑某的复函中表示继续推进项目开发建设或争取政策补偿，2013年5月8日仍支付股权转让价款，以实际行为继续履行合同。

三是龙某公司已于2010年4月12日取得郑某交付的恒某泰公司51%的股权，案涉《股权转让协议》的合同目的已经实现，探矿权并未灭失，对于政策调整导致的探矿权不能延续是恒某泰公司在经营过程中遇到的经营风险，不属于《股权转让协议》第十二条12.2款"由于不可抗力或不可归责于各方的原因致使本协议的目的无法实现的"可以解除协议的情况。据此，原审判决认定案涉《股权转让协议》合法有效，龙某公司主张以情势变更或符合协议约定解除条件为由解除合同不能成立，并无不当。

【案例评析】

由于新能源项目受国家、地方法律法规、政策调整的影响较大，在交易各方就新能源项目公司的股权转让事项作出安排后，如遭遇法律、政策的调整，交易方能否以情势变更为由请求法院解除双方签订的股权转让协议呢？

《民法典》第五百三十三条[1]在吸收了2009年《最高人民法院关于适用〈中华人民共和国合同法〉若干问题的解释（二）》第二十六条的规定后，对情势变更制度作了更进一步地明确。在司法实践中，关于情势变更的认定和适用有着较为严格的条件，情势变更的条件包含：情势变更的事实应当发生在合同生效之后，履行完毕之前；订立合同时，情势变更的情况是当事人不可预见且不能承受；发生了情势变更的事实且不可归责于合同主体；继续履行合同对于当事人一方明显不公平。法院一般会结合案件的具体情况，通过综合分析和研判案件材料、考虑合同标的的性质、相关情势发生的原因以及与合同履行的关联情况等因素综合作出具体认定。

基于上述两案中法院的裁判思路，本书认为，在新能源项目公司股权转让之时，交易方应注意下列事项：

（1）确定合同订立当时或可预见的相关法律法规及政策。

从《民法典》第五百三十三条的内容来看，适用"情势变更"以解除合同的条件之一为"合同的基础条件发生了当事人在订立合同时无法预见、不属于商业风险的重大变化"。如不利于该次股权交易的法律法规、政策在交易各方订立交易合同之时业已存在，或后续法律法规、政策变更属于交易各方订立交易合同之时即可预见的范围之内，则此类情形下为交易方造成的风险并不属于政策风险，而是属于正常的商业风险。

（2）明确合同目的。

股权转让协议最基本的目的即为股权转让，因此，在双方无特殊约定或意思表示的情况下，如果标的股权已完成工商变更登记，即股权收购方已取得标的股权的情况下，法院通常会认定该股权转让协议的目的已实现，并要求收购方继续履行支付股权价款的义务，而一般不会认为该股权转让协议的继续履行存在对收购方"明显不公平或不能实现合同目的"的情形而被判定解除。

因此，本书建议交易各方在合同中对于此次股权转让的交易背景及交易目的作出陈述，以明确股权转让只是手段，合同的根本目的实为双方所陈述的交易目的，则可在一定程度上有助于后续如因政策变更等原因导致交易目

---

[1]《民法典》第五百三十三条规定，合同成立后，合同的基础条件发生了当事人在订立合同时无法预见的、不属于商业风险的重大变化，继续履行合同对于当事人一方明显不公平的，受不利影响的当事人可以与对方重新协商；在合理期限内协商不成的，当事人可以请求人民法院或者仲裁机构变更或者解除合同。人民法院或者仲裁机构应当结合案件的实际情况，根据公平原则变更或者解除合同。

的无法实现之时提请法院以情势变更为由解除股权转让协议，以减少收购方的损失。

（3）审慎确定自身对于交易文件的履行行为。

在"龙某公司与郑某股权转让纠纷案"中，法院对龙某公司以情势变更为由请求解除涉案《股权转让协议》的主张不予支持的一个考量因素即为龙某公司在明知政策调整的情况下，仍明确表示继续推进并支付股权转让价款。该实际履行的行为被法院认定为龙某公司以实际履行的行为变更原《股权转让协议》。

由此可见，履行行为在很大程度上影响后续法院对当事人真实意思表示的判定。如当事人在明知法律法规、政策等发生重大变更，且对涉案合同的履行产生重大影响的情况下，虽然作出了解除该协议的意思表示，但另一方面又以实际的履行行为表明其继续履行该协议的意思表示，则在此情形下，法院恐难以认定解除涉案协议系该当事方的真实意思表示。

为保障交易各方的利益，建议在签订股权转让协议之时，明确约定如遇法律法规、政策等发生重大变更之时的合同解除权，后续按此约定执行即可。

第四节　交易合同设计纠纷

案例：某能源公司等与南京电力公司合同纠纷案［北京市高级人民法院（2021）京民终 473 号民事判决书］

【案情简介】

2016 年 12 月 13 日，某市发展和改革委员会作出《关于某新能源有限公司某风力发电一期项目核准的批复》，同意某能源公司实施某风力发电一期项目，总装机容量 76MW。

2017 年 5 月，南京电力公司与北控集团签订《框架合作协议书》。协议书合作背景部分载明某能源公司开发的某风力发电一期项目已进入 2016 年核准计划，且已于 2016 年 12 月 13 日核准，首某信为该项目股东，持有该能源公司 100% 的股权。南京电力公司为能源公司 100% 的股权的质押方。南京电力公司与北控集团有意共同合作开发该项目，南京电力公司承诺将协调能源公司股东方同意并配合该次合作。协议约定，项目建设完成并网发电后，南京电力公司负责协调能源公司股东将能源公司全部股权以零元价格转让给北控集团或北控集团指定第三方，签署股权转让协议；在项目符合北控集团投资测算要求及其他要求的前提下，北控集团同意按照1元/瓦的价格给予南京电力公司相应的费用。

随后，南京电力公司及其关联公司与多个公司就涉案项目的建设签订一系列合同。经法院查明，前述合同仅为北控集团向南京电力公司履行《框架合作协议书》约定的付款义务提供支付途径，并未在合同相对方之间建立真实的权利义务关系，北控集团应为《框架合作协议书》中的实际付款义务人。

之后，涉案风电项目完成并网发电，北控集团未向南京电力公司足额支付相应款项，南京电力公司遂起诉要求北控集团支付剩余款项及逾期付款利息。

【主要争议】

北控集团股权转让费用的支付时间节点应当如何认定？

【法院观点】

就本案而言，根据双方签订的《框架合作协议书》中的约定来看，南京电力公司与北控集团仅约定了涉案项目建设完成，并完成并网发电后，双方签署股权转让协议。同时约定，在涉案项目符合北控集团投资测算要求及其他要求的前提下，北控集团同意按照1元/瓦的价格向南京电力公司支付费用。由此可知，双方虽然明确约定了股权转让协议的签订时间，但并未约定相应费用的支付时间，也即股权转让行为与股权转让费用支付的时间先后顺序并未明确约定。

在此情形下，法院参考南京电力公司就涉案项目建设与其他公司签订的一系列合同中关于能源公司股权转让的相关约定"若首某信、南京电力公司违反本协议约定拒绝配合北控集团办理股权工商变更登记，使北控集团无法受让能源公司90%—100%股权（具体比例以股转协议为准），致本协议目的无法实现的，则由首某信、某能源公司退还北控集团依据本协议已支付的款项"认定北控集团的付款义务应当在签订股权转让协议及南京电力公司配合办理股权转让的义务之前。又因南京电力公司与北控集团对涉案风电项目的并网发电时间为2018年7月31日均无异议，因此法院最终判定北控集团向南京电力公司支付股权转让费用的条件业已成就，并以涉案风电项目并网发电时间作为计算其逾期付款利息的期间起点。

【案例评析】

本案南京电力公司、北控集团所采用的合作开发模式在实践中较为常见，但因双方并未明确约定股权转让费用的支付时间而造成纠纷。合同作为商事活动中各主体履行义务的重要根据，双方应当在合同中对与合同履行相关的重要事件予以明确约定，使得各方就义务的履行、权利的主张均有据可依。

就股权转让协议而言，其一般应当包含以下内容：目标公司基本情况、股权受让方受让标的股权的先决条件、标的股权基本情况、转让对价及支付方式、过渡期安排、标的公司交割事项、违约责任、各方权利义务及陈述与保证等条款。项目投资方在与交易对手磋商新能源项目公司股权转让事项之时，双方应根据项目的实际情况，对股权转让中前述重要的事项逐一进行协商确认，并在协议中对此进行明确约定，防止日后因约定不明而产生争议。

交易文件作为投资方、资源方之间享有各自权利、履行各自义务最为基础且直接的依据，交易各方在设计相关条款时，应当注意以下事项：

（1）合同条款本身是否存在与现行新能源法规、政策相违背，或客观无法履行等不合理的情况。

（2）合同条款本身是否与项目的实际情况相适应。

（3）在设定的交易模式下，双方是否已签署所需的全部文件，各文件中所作出的约定是否全面、具体。

（4）合同中是否已对各阶段、各方所需履行的义务、责任分配、时间节点等事项作出明确的约定，尤其是股权转让的时间节点及所需满足的条件等。

（5）各交易文件之间是否存在冲突、矛盾的情形。

第五节 新能源项目用地纠纷与风险

因新能源项目占地面积较广，导致一般城镇区域内地块无法满足项目用地需求，故而项目单位大多倾向于选择乡村地块用作新能源项目的开发建设。然而，乡村地块大多为农村集体经济组织所有，项目单位应根据《土地管理法》《农村土地承包法》《农村土地承包经营权流转管理办法》[1]《最高人民

---

[1]《农村土地承包经营权流转管理办法》已失效。

法院关于审理涉及农村土地承包纠纷案件适用法律问题的解释》等相关法律法规等规定取得相应地块的使用权。

在实践中，不乏项目单位因违反上述法律文件规定，或因未对土地权利予以厘清而招致法律纠纷等情况。经检索并结合相关实践经验，选取以下典型案例并进行相应的评析，以供读者了解新能源项目用地合规的注意要点。

一、用地合同效力

案例：陕西某光伏电力有限公司与某村民委员会土地租赁合同纠纷二审案 [陕西省咸阳市中级人民法院（2016）陕04民终2151号民事判决书]

【案情简介】

2015年11月4日，某村民委员会与陕西某光伏电力有限公司（光伏公司）签订了土地租赁合同，约定该租赁土地用途为"20MWP分布式太阳能光伏发电项目"建设。但某村民委员会原村支部书记赵某未能证明该土地租赁合同签订以前召开了村民代表大会，且某村民委员会从2015年至本案审理日未向镇人民政府上报关于相关土地流转的文件。

随后光伏公司与某村民委员会就该土地租赁合同的履行产生纠纷，遂诉至法院。

【主要争议】

涉案土地租赁合同是否合法有效？

【法院观点】

一审诉讼过程中，证人某村民委员会会计赵某甲出庭作证，证明某村民委员会与光伏公司签订《土地租赁合同》之前未召开村民会议，上诉人对此事实亦不持异议，故该合同签订之前未经该集体经济组织成员的村民会议三分之二以上成员或者三分之二以上村民代表的同意，且至今未报镇人民政府批准，亦未进行改变土地用途的变更审批手续，违反了《土地管理法》第六十三条，2009年《农村土地承包法》第八条、第三十三条、第四十八条的强制性规定，故一审判决认定合同无效正确，应予维持。

第四章 新能源项目并购交易法律纠纷与风险

【案例评析】

根据《土地管理法》第六十三条[1]、2009年《农村土地承包法》第八条、第三十三条、第四十八条[2]的相关规定，发包方将农村土地发包给本集体经济组织以外的单位或者个人承包，应当事先经本集体经济组织成员的村民会议三分之二以上成员或者三分之二以上村民代表的同意，并报乡（镇）人民政府批准，未经依法批准不得将农村承包地用于非农建设。本案中，涉案土地租赁合同签订之前，某村未就该土地的出租事宜召开村民会议并达成有效决议，且根据土地租赁合同的约定，涉案土地出租后将用于光伏项目的建设，改变了涉案土地原本的农业用途。本案土地出租及用途变更事宜均未报镇人民政府批准。由此可见，涉案土地的出租并不符合《土地管理法》和2009年《农村土地承包法》规定的法定程序，即违反法律强制性规定，因此，本案一审、二审法院均判定涉案土地租赁合同无效。

因此，如项目单位以租赁方式取得集体经济组织土地使用权的，应当根据法律规定，事先经该集体经济组织成员的村民会议三分之二以上成员或三分之二以上村民代表同意，且该土地出租事宜应报经乡（镇）人民政

---

[1]《土地管理法》第六十三条规定，土地利用总体规划、城乡规划确定为工业、商业等经营性用途，并经依法登记的集体经营性建设用地，土地所有权人可以通过出让、出租等方式交由单位或者个人使用，并应当签订书面合同，载明土地界址、面积、动工期限、使用期限、土地用途、规划条件和双方其他权利义务。前款规定的集体经营性建设用地出让、出租等，应当经本集体经济组织成员的村民会议三分之二以上成员或者三分之二以上村民代表的同意。通过出让等方式取得的集体经营性建设用地使用权可以转让、互换、出资、赠与或者抵押，但法律、行政法规另有规定或者土地所有权人、土地使用权人签订的书面合同另有约定的除外。集体经营性建设用地的出租，集体建设用地使用权的出让及其最高年限、转让、互换、出资、赠与、抵押等，参照同类用途的国有建设用地执行。具体办法由国务院制定。

[2] 2009年《农村土地承包法》第八条规定，农村土地承包应当遵守法律、法规，保护土地资源的合理开发和可持续利用。未经依法批准不得将承包地用于非农建设。国家鼓励农民和农村集体经济组织增加对土地的投入，培肥地力，提高农业生产能力。第三十三条规定，土地承包经营权流转应当遵循以下原则：（1）平等协商、自愿、有偿，任何组织和个人不得强迫或者阻碍承包方进行土地承包经营权流转；（2）不得改变土地所有权的性质和土地的农业用途；（3）流转的期限不得超过承包期的剩余期限；（4）受让方须有农业经营能力；（5）在同等条件下，本集体经济组织成员享有优先权。第四十八条规定，发包方将农村土地发包给本集体经济组织以外的单位或者个人承包，应当事先经本集体经济组织成员的村民会议三分之二以上成员或者三分之二以上村民代表的同意，并报乡（镇）人民政府批准。由本集体经济组织以外的单位或者个人承包的，应当对承包方的资信情况和经营能力进行审查后，再签订承包合同。2009年《农村土地承包法》于2018年被修正，修正后的法律中也有类似规定。

161

府批准后，再行与集体经济组织签订该土地租赁合同，以确保该合同的合法有效性，防止后续因租赁合同签署程序不当而给新能源项目的建设造成阻碍。

二、无权使用土地

案例：行唐县某新能源发展有限公司、刘某财产损害赔偿纠纷二审案（河北省石家庄市中级人民法院（2020）冀01民终1511号民事判决书）

【案情简介】

2003年3月17日，行唐县某村村民委员会以公开发包的形式，与村民赵某、王某1就A地块签订了荒山承包合同，合同约定承包期限为50年。

2005年4月，赵某与王某1将承包的荒山转包给原告王某2和刘某，并与其签订荒山转包协议书，该协议书盖有村民委员会公章，并有村主任、支部书记及村会计的签名和手印，协议承包期限和初始承包合同相同。

2017年1月8日，村民委员会召开两委和部分村民代表会议。在该次会议中，讨论了被告1行唐县某新能源发展有限公司（以下简称能源公司）占用村北土地发展光伏发电的事项，但并未讨论是否应将王某2和刘某经营的土地收回或承包给被告2常某。据此次会议决议，某村股份经济合作社和某村村民委员会作为甲方，被告2常某作为乙方，某乡人民政府作为丙方，三方就涉案土地签订土地租赁合同，该合同中明确同意被告2常某或转租后第三方将涉案土地用于太阳能光伏电站的开发建设。但该合同并未写明标的土地的具体四至，仅写明标的土地面积约为2000亩。

随后，被告2常某作为甲方，被告1能源公司作为乙方，某村村民委员会、某村股份经济合作社作为丙方，乡人民政府作为丁方，四方就涉案土地签订土地租赁合同，将某村村民委员会提供的2000亩土地转包给被告1能源公司，前述各方均在土地租赁合同上签字、盖章确认。

能源公司取得涉案土地的使用权后，开始办理光伏发电项目的审批手续，并取得了该县国土资源局出具的选址意见函、农林畜牧局出具的占地意见、县发展和改革局作出的对该光伏项目予以备案的文件等。

【主要争议】

能源公司在涉案土地开发建设太阳能光伏电站是否侵害了王某2和刘某

对涉案土地的承包经营权?

【法院观点】

2003年3月,村民委员会通过公开发包的方式,将案涉荒山发包给案外人赵某、王某1,双方签订《荒山承包合同》后,已实际履行各自的权利义务,该承包合同合法有效。2005年4月,王某1经赵某同意,与王某2、刘某签订了《荒山转包协议书》,将案涉荒山转包给王某2、刘某。该转包协议书经村民委员会组织成员同意,并签字确认、加盖村民委员会公章,该行为应视为村民委员会对《荒山转包协议书》效力的认可。王某1、赵某与王某2、刘某之间就涉案荒山的转包行为不等同于村民委员会向本集体经济组织以外人员的对外发包行为,该转包行为未违反法律、法规的禁止性规定,上诉人能源公司以2002年《农村土地承包法》第四十八条主张上述转包行为无效的上诉理由,法院不予支持。王某1、赵某与王某2、刘某签订转包协议后,二被上诉人对案涉荒山地块进行了管理并栽种了果树。现上诉人在未与被上诉人协商一致的情况下,在其承包地块铺设光伏太阳板等设施,侵害了被上诉人的承包经营权,现被上诉人向法院起诉,请求排除妨害,原审法院判决上诉人限期清除案涉地块的光伏发电设施,并无不当。

【案例评析】

根据2002年《农村土地承包法》第四十六条的相关规定,荒山可以直接通过招标、拍卖、公开协商等方式实行承包经营。

本案中,虽然各方就涉案土地签订的两份土地租赁合同均属合法有效,且能源公司对涉案土地的承包行为亦符合2002年《农村土地承包法》等规定的法定程序,但因王某2、刘某在前述土地租赁合同签订之前已取得涉案土地的承包经营权,并已实际对涉案地块进行管理并栽种了果树。在未与涉案地块土地承包经营权权利人王某2、刘某协商一致的情况下,能源公司在其权利范围内铺设光伏太阳板等设施,开发建设太阳能光伏项目,侵害了王某2、刘某的承包经营权。

根据2002年《农村土地承包法》第五十六条的相关规定,任何组织和个人侵害土地承包经营权、土地经营权的,应当承担民事责任。因此,法院最终判定能源公司应当承担相应的侵权责任亦无不当。

虽然，本案中能源公司取得涉案土地使用权的程序并无错漏，所签署的土地租赁合同亦合法有效，但因能源公司未在合同签署前对涉案土地的实际承包经营情况予以核实，导致其在土地租赁合同签订后实际使用该土地之时，侵犯了成立在先且合法有效的土地承包经营权，并最终应当向在先权利人承担侵权责任。为此，本书建议新能源项目单位在就拟开发用地签订相关的权利文件之前，可以派遣相关人员至实地考察该土地的情况，如本案中，王某2、刘某已利用涉案土地进行果树种植，如能源公司在签署土地租赁合同之前，实地考察该土地情况即可发现其已被使用，并应当就此对该土地的在先权利进行调查核实，以避免后续纠纷的产生。

三、非法占用农用地涉嫌犯罪

案例：河南电力工程公司、魏某非法占用农用地案〔河南省林州市人民法院（2020）豫0581刑初197号刑事判决书〕

【案情简介】

2016年10月，河南电力工程公司分包了河南省林州市某镇光伏送出线路石大沟村30WMP集中式光伏电站项目外线工程。

2016年11月至2017年6月期间，该公司在未办理占用林地手续的情况下，安排施工方在林州市某镇石大沟村、南窑村等村的林坡上施工，施工时修路和建铁塔占用了林地，同时造成了林地的毁坏。

后经查明，涉案项目共计占用林地面积17.67亩，其中防护林地面积12.77亩，一般林地面积4.9亩。

【法院观点】

被告单位河南电力工程公司及身为该公司直接负责的主管人员的被告人魏某，为了单位利益，违反土地管理法规，非法占用林地进行建设，改变被占用土地用途，数量较大，造成林地大量毁坏，林州市人民检察院指控河南电力工程公司、魏某犯非法占用农用地罪罪名成立。

【案例评析】

根据《刑法》第三百四十二条[1]的相关规定，违反土地管理法规，非法占用耕地、林地等农用地，改变被占用土地用途，数量较大，造成耕地、林地等农用地大量毁坏的，构成非法占用农用地罪。

按照上述法律条文的内容，非法占用农用地罪的构成要件如下：

（1）行为人占用土地的行为违反土地管理法规；
（2）行为人占用的土地属于耕地、林地等农用地；
（3）行为人占用土地且改变了被占用土地作为农用地的用途；
（4）行为人占用土地的面积数量较大；
（5）行为人占用土地的行为造成被占用土地大量毁坏。

本案中，被告所占用的土地为林地，根据上表应属农用地，仅可直接用于农业生产，而不可进行开发建设。根据《土地管理法》第四十四条第一款和第二款的规定，建设占用土地，涉及农用地转为建设用地的，应当办理农用地转用审批手续。永久基本农田转为建设用地的，由国务院批准。《基本农田保护条例》第十五条规定，基本农田保护区经依法划定后，任何单位和个人不得改变或占用，如重点建设项目选址确实无法避开基本农田保护区，需要占用基本农田，涉及农用地转用或者征收土地的，必须经国务院批准。

现被告河南电力工程公司在未根据上述法律规定向有关部门就其所占用林地办理土地转用审批手续并获得准许的情况下，私自占用农用林地用于建设，属于《刑法》第三百四十二条规定中所述的"违反土地管理法规"的行为。

由此可见，虽然新能源项目的开发建设涉及用地、环境、生态、地质、矿产等多方面审批程序，较为繁琐，但如该项目在开发前期未完全履行行政合规手续，极有可能为该项目的后续建设、运营造成不利影响，严重者可能会被有关机关叫停或予以强制拆除，项目单位亦有可能因此遭受较大金额的罚款，情节严重者甚至可能因此而承担刑事责任。为减少此种情况的发生，项目单位应当在新能源项目开发前期按照相关法律法规及当地行政机关的具体要求，认真谨慎履行全部的行政合规手续，在完成全部的行政审批手续后

---

[1]《刑法》第三百四十二条规定，违反土地管理法规，非法占用耕地、林地等农用地，改变被占用土地用途，数量较大，造成耕地、林地等农用地大量毁坏的，处五年以下有期徒刑或者拘役，并处或者单处罚金。

再行建设。

四、其他

案例：株洲某新能源有限公司、株洲市某地产集团公司等侵权责任纠纷二审案［湖南省株洲市中级人民法院（2022）湘02民终789号民事判决书］

【案情简介】

2016年4月14日，金元公司作为甲方与乙方株洲某新能源有限公司（以下简称能源公司）签订《屋顶租赁协议》，约定金元公司将株洲某管理厂区三个厂房屋顶租赁给能源公司，用以组装太阳能光伏组件。

2016年11月2日，株洲某新型管业有限公司对能源公司发出《租赁物瑕疵告知函》，当中载明"房屋业主单位因负有相关金融机构债务，租赁的房屋在租赁前抵押给了相关金融机构，并部分进行了司法查封"。

2018年1月4日，金元公司作为甲方与乙方能源公司签订《屋顶租赁协议》，将株洲某管理厂区一号房屋屋顶租赁给能源公司。

2018年12月28日，株洲市中级人民法院开展司法拍卖公开竞价，地产集团公司以最高价胜出。

2019年1月28日，株洲市中级人民法院作出执行裁定，裁定某地产集团公司即时享有株洲某管理厂区相关产权，并发出公告责令相关租赁户限期清退。能源公司随后与多方进行交涉，并始终未予腾退。

2020年8月18日，金元公司向能源公司发出解除《屋顶租赁协议》的通知。

2020年9月18日，某地产集团公司作为甲方与乙方金元公司工会委员会签订《腾退协议》，约定由乙方金元公司负责腾退工作。随后，金元公司就腾退事宜与多个案外人签订多份协议，并将能源公司的相关设备予以拆除。

后经鉴定，能源公司的设备在拆除过程中产生损坏。

能源公司对金元公司解除《屋顶租赁协议》且对其设施设备予以拆除的行为向法院提起诉讼。

【主要争议】

能源公司是否应当腾退其所占用的屋顶？

【法院观点】

上诉人与被上诉人金元公司于2018年1月4日签订第二份《屋顶租赁协议合同》之前的2016年11月2日，与金元公司存在租赁关系的承租人株洲某新型管业有限公司向上诉人发出《租赁物瑕疵告知函》，明确了涉案房屋在租赁期抵押给了相关金融机构，并进行了司法查封。故上诉人对《屋顶租赁协议》因司法拍卖可能提前解除合同或终止应为明知。根据《屋顶租赁协议》第十条约定"因政府行为等造成双方不能履行本协议义务，双方通过书面形式通知对方，本协议即告中止"。因案涉房屋被法院司法拍卖的政府行为，双方合同已无法继续履行。由于涉案出租房屋设定抵押权的时间和被人民法院保全查封的时间均早于上诉人主张房屋《屋顶租赁协议》订立的时间，根据《最高人民法院关于审理城镇房屋租赁合同纠纷案件具体应用法律若干问题的解释》第十四条的规定，"租赁房屋在承租人按照租赁合同占有期限内发生所有权变动，承租人请求房屋受让人继续履行原租赁合同的，人民法院应予支持。但租赁房屋具有下列情形或者当事人另有约定的除外：（一）房屋在出租前已设立抵押权，因抵押权人实现抵押权发生所有权变动的；（二）房屋在出租前已被人民法院依法查封的"，上诉人的租赁行为发生在涉案房屋被抵押和查封之后，故不能对抗抵押权人和查封权人的权利。被上诉人地产集团通过司法拍卖程序合法竞得涉案房屋，其权利应受法律保护，上诉人作为承租人请求房屋受让人地产集团继续履行原租赁合同的权利义务于法无据，法院不予支持，上诉人无权继续使用涉案房屋。法院按照法律规定多次发出限期腾退清场公告及通知，要求包括上诉人在内的租赁户迁出房屋、退出土地，并对逾期不履行的采取强制清场交付。上诉人未在限定的期限内搬拆腾退，被上诉人地产集团作为买受人，为顺利完成腾退工作，由地产集团土地开发公司与被上诉人金元公司工会委员会签订《腾退协议》，被上诉人地产集团、金元公司工会委员会并未对上诉人造成侵权行为，在房屋腾退过程中不存在过错，不应承担损害赔偿责任。金元公司委托自然人沈某某而非专业搬迁队拆除上诉人的设备，在搬迁、存储过程中对上诉人的设备造成了一定程度的损坏，应承担相应的损害赔偿责任。一审法院根据财产损失评估报告确定的评估价值，去除正常拆卸必须发生的费用，按30%的责任比例，由金元公司承担损失责任并无不当。

【案例评析】

根据《最高人民法院关于审理城镇房屋租赁合同纠纷案件具体应用法律若干问题的解释》第十四条的相关规定，如房屋在出租前已设立抵押权，因抵押权人实现抵押权发生所有权变动，或如房屋在出租前已被人民法院依法查封的，承租人的承租权无法对抗租赁房屋在前述情形下的所有权变动。

本案中，株洲某新型管业有限公司已于2016年11月2日向能源公司发出《租赁物瑕疵告知函》，清楚表明能源公司拟承租的房屋屋顶已抵押给了相关金融机构，并已被相关法院查封。能源公司在明知涉案房屋屋顶存在抵押及查封的权利负担的情况下，仍于2018年1月4日与金元公司就涉案房屋屋顶签订《屋顶租赁协议》，且《屋顶租赁协议》第十条约定，"因政府行为等造成双方不能履行本协议义务，双方通过书面形式通知对方，本协议即告中止"。由此可见，能源公司在该屋顶租赁合同签订之时，即对该合同可能因司法拍卖或抵押权人实现抵押权而提前解除或终止。该情形符合《最高人民法院关于审理城镇房屋租赁合同纠纷案件具体应用法律若干问题的解释》第十四条中所列出的除外情形，因此，对于能源公司以承租权对抗司法执行的主张，本案一、二审法院均未予支持。

本案亦反映出新能源项目单位在就项目拟用地签订相关权利文件之前，对该用地权属进行调查核实的必要性。项目单位可至该地块所在地的不动产登记中心查询拟用地是否存在被抵押的情形，并核实其权利人及使用年限等信息，项目单位亦可通过司法系统查询拟用地是否被查封，是否存在日后被司法强制执行的风险等。项目单位应当重视对拟用地权属信息及权利负担的核查，以防日后因用地事宜纠纷而遭受不利影响。

第六节 新能源项目施工建设的法律纠纷与风险

在新能源项目施工建设的过程中，因新能源项目工程规模较大，其牵涉的主体也较多，较易产生法律纠纷。经检索研究，新能源项目在施工建设过程中比较常见的导致法律纠纷的事实包括，应履行而未履行招标投标程序而导致施工合同无效、项目单位在尚未取得建设工程规划许可证的情况下作为发包方与施工单位签订施工合同、项目建设过程中侵害第三方的合法权益等。

一、招投标相关纠纷

案例：丰都县某光伏发电公司与光伏电站公司合同效力纠纷案［湖北省保康县人民法院（2021）鄂0626民初1163号一审民事判决书］

【案情简介】

2017年11月7日，马良镇政府与光伏电站公司签订了《保康县马良镇光伏扶贫电站发电项目合作协议书》，约定马良镇政府以林地入股分红的形式，与光伏电站公司合作建设规模及类型为20MWP农光互补光伏电站扶贫电站（涉案项目）。涉案项目由光伏电站公司投资建设并自主经营。随后，马良镇政府先后取得县扶贫办、县国土局的同意批复。

2018年3月20日，光伏电站公司作为甲方与乙方某光伏发电公司就涉案项目的施工建设事项签订《保康县光伏扶贫电站项目EPC总承包合同》（以下简称《EPC合同》）。但某光伏发电公司并未根据《EPC合同》的约定进行施工，这期间马良镇政府与光伏电站公司曾多次发函催告，但某光伏发电公司仍未施工。

某光伏发电公司以光伏电站公司未能成功办理涉案项目的并网审批手续，致使《EPC合同》的目的无法实现，应依法予以解除《EPC合同》为由，于2017年7月26日向法院提起诉讼。

经查，某光伏发电公司与光伏电站公司所签订的《EPC合同》未经招投标程序，由双方协商一致后即行签署。

【主要争议】

某光伏发电公司与光伏电站公司所签订的《EPC合同》是否合法有效？

【法院观点】

法院认为：根据《招标投标法》第三条，"在中华人民共和国境内进行下列工程建设项目包括项目的勘察、设计、施工、监理以及与工程建设有关的重要设备、材料等的采购，必须进行招标：（一）大型基础设施、公用事业等关系社会公共利益、公众安全的项目；（二）全部或者部分使用国有资金投资或者国家融资的项目；（三）使用国际组织或者外国政府贷款、援助资金的项目。前款所列项目的具体范围和规模标准，由国务院发展计划部门会同国务院有关部门制订，报国务院批准。法律或者国务院对必须进行招标的其他项目的范围有规定的，依照其规定"。经国务院批准的《必须招标的工程项目规定》和《必须招标的基础设施和公用事业项目范围规定》载明，上述条款第一项"大型基础设施、公用事业等关系社会公共利益、公众安全的项目"是指："（一）煤炭、石油、天然气、电力、新能源等能源基础设施项目；（二）铁路、公路、管道、水运，以及公共航空和A1级通用机场等交通运输基础设施项目；（三）电信枢纽、通信信息网络等通信基础设施项目；（四）防洪、灌溉、排涝、引（供）水等水利基础设施项目；（五）城市轨道交通等城建项目。"本案中，光伏电站公司与光伏发电公司于2018年3月20日签订《EPC合同》。根据本案的情况，光伏发电公司承包施工的工程符合必须进行招标的条件，依法应履行招投标程序。而光伏电站公司与光伏发电公司所签订的《EPC合同》并未履行招投标程序，违反了《招标投标法》的规定，依法应为无效。在合同被确认无效后，双方应各自返还因合同取得的对方的财产，故对于光伏发电公司要求光伏电站公司退还保证金50万元的诉讼请求，法院予以支持。

【案例评析】

根据《招标投标法》第三条的相关规定，大型基础设施、公用事业等关系社会公共利益、公众安全的工程建设项目依法必须进行招标。第四条明确，任何单位和个人不得将依法必须进行招标的项目化整为零或以其他任何方式规避招标。《必须招标的工程项目规定》《必须招标的基础设施和公用事业项目范围规定》第二条[1]进一步明确，"煤炭、石油、天然气、电力、新能源等能源基础设施项目"属于必须招标的范围。

本案中，涉案项目属于新能源工程建设，符合必须进行招标的条件，应当依法履行招投标程序后再行签署相应的《EPC合同》。然而，《EPC合同》并未履行招投标程序，违反了《招标投标法》的强制性规定，根据《民法

---

[1]《必须招标的基础设施和公用事业项目范围规定》第二条规定："不属于《必须招标的工程项目规定》第二条、第三条规定情形的大型基础设施、公用事业等关系社会公共利益、公众安全的项目，必须招标的具体范围包括：（一）煤炭、石油、天然气、电力、新能源等能源基础设施项目；（二）铁路、公路、管道、水运，以及公共航空和A1级通用机场等交通运输基础设施项目；（三）电信枢纽、通信信息网络等通信基础设施项目；（四）防洪、灌溉、排涝、引（供）水等水利基础设施项目；（五）城市轨道交通等城建项目。"

典》第一百五十三条[1]的规定，应属无效。

同时，因《EPC合同》无效，双方已履行的部分应当根据《民法典》第一百五十七条[2]的规定处置。如行为人因履行该无效合同而取得财产的，应向对方返还；如不能返还或返还无必要的，应当向对方折价补偿。如一方存在过错的，应当赔偿对方因此所遭受的损失；如合同各方均有过错的，应当根据各自的过错程度承担相应的责任。

除此之外，《招标投标法》第四十九条[3]赋予行政机关对应招标而未招标项目的处罚权。2020年，宜昌市某能源公司就因未履行招投标程序而被区公共资源交易监督管理局根据该条法律规定罚款。

二、新能源项目建设资质纠纷

案例：昌吉准东经济技术开发区某新能源电力有限公司与某电力建设有限公司合同纠纷案 [新疆维吾尔自治区吉木萨尔县人民法院（2020）新2327民初1311号民事判决书]

【案情简介】

2019年6月5日，昌吉准东经济技术开发区某新能源电力有限公司（发包人）与某电力建设有限公司（承包人）签订了《100MW光伏发电项目EPC工程合同》（以下简称《EPC合同》），约定发包人将"100MW光伏发电项目EPC工程的设计、设备采购和施工工程"（以下简称涉案工程）发包给承包人施工，并对工程总价、工期、双方权利义务等内容作出了具体约定。

《EPC合同》签订后，承包人并未根据约定进行施工，发包人于2019年9月8日以邮寄的方式向承包人发出函件，要求解除双方签订的《EPC合同》。

---

[1]《民法典》第一百五十三条规定："违反法律、行政法规的强制性规定的民事法律行为无效。但是，该强制性规定不导致该民事法律行为无效的除外。违背公序良俗的民事法律行为无效。"

[2]《民法典》第一百五十七条规定："民事法律行为无效、被撤销或者确定不发生效力后，行为人因该行为取得的财产，应当予以返还；不能返还或者没有必要返还的，应当折价补偿。有过错的一方应当赔偿对方由此所受到的损失；各方都有过错的，应当各自承担相应的责任。法律另有规定的，依照其规定。"

[3]《招标投标法》第四十九条规定："违反本法规定，必须进行招标的项目而不招标的，将必须进行招标的项目化整为零或者以其他任何方式规避招标的，责令限期改正，可以处项目合同金额千分之五以上千分之十以下的罚款；对全部或者部分使用国有资金的项目，可以暂停项目执行或者暂停资金拨付；对单位直接负责的主管人员和其他直接责任人员依法给予处分。"

据查，发包人于 2019 年 9 月 16 日取得建设用地规划许可证，于 2020 年 1 月期间与第三方就涉案项目另行签订了施工合同，并于 2020 年 4 月开工建设，2020 年 12 月 21 日涉案工程完成并网。

承包人与发包人未就《EPC 合同》的解除事宜协商一致，发包方遂诉请法院对本案进行审理。

【法院观点】

法院认为：原告作为工程发包方，在未取得规划许可证的情况下将涉案工程发包给被告施工，违反法律强制性规定，故原、被告双方签订的《EPC 合同》应认定为无效。对原告主张被告赔偿因其无法按期并网发电而给原告造成的 2020—2022 年三年的差额电价收益损失 19 224 720 元的诉讼请求。根据《民法典》第一百五十七条之规定："民事法律行为无效、被撤销或者确定不发生效力后，行为人因该行为取得的财产，应当予以返还；不能返还或者没有必要返还的，应当折价补偿。有过错的一方应当赔偿对方由此所受到的损失；各方都有过错的，应当各自承担相应的责任。法律另有规定的，依照其规定。"本案中，被告未按期施工原因系原告未按约定取得规划许可证，不具备施工的条件，虽然原告于 2019 年 9 月 16 日取得了规划许可证，具备了开工条件，但原告于 2019 年 9 月 8 日已单方告知被告解除了合同，因此被告在合同履行过程中并无过错，故对原告主张差额电价收益损失 19 224 720 元的诉讼请求，因缺乏法律依据，法院不予支持。

【案例评析】

《城乡规划法》第四十条第一款规定，"在城市、镇规划区内进行建筑物、构筑物、道路、管线和其他工程建设的，建设单位或者个人应当向城市、县人民政府城乡规划主管部门或者省、自治区、直辖市人民政府确定的镇人民政府申请办理建设工程规划许可证"。根据《最高人民法院关于审理建设工程施工合同纠纷案件适用法律问题的解释（一）》第三条[1]的相关规定，当

---

[1]《最高人民法院关于审理建设工程施工合同纠纷案件适用法律问题的解释（一）》第三条规定，当事人以发包人未取得建设工程规划许可证等规划审批手续为由，请求确认建设工程施工合同无效的，人民法院应予支持，但发包人在起诉前取得建设工程规划许可证等规划审批手续的除外。发包人能够办理审批手续而未办理，并以未办理审批手续为由请求确认建设工程施工合同无效的，人民法院不予支持。

事人以发包人未取得建设工程规划许可证等规划审批手续为由，请求确认建设工程施工合同无效的，法院应予支持，但发包人在起诉前取得建设工程规划许可证等规划审批手续的除外。

综合相关法律法规及实操要求，项目单位作为工程的发包方，应根据法律法规的要求取得建设用地规划许可证、建设工程施工许可证、建设用地批准书、有关部门要求的其他文件。

因此在项目单位与施工单位签订《EPC 合同》的过程中，应关注作为发包方的项目单位是否取得上述建设工程所必须的审批文件。

三、新能源项目非法分包或转包纠纷

案例：佳木公司、科嘉公司、电力公司建设工程施工合同纠纷二审案 [河南省安阳市中级人民法院（2022）豫 05 民终 4348 号民事判决书]

【案情简介】

2018 年 12 月 31 日，安阳公司作为甲方、电力公司作为乙方签订了《某风电场工程主体施工合同补充协议》（以下简称《补充协议》），约定安阳公司将涉案风电场项目工程主体施工合同中部分工程委托给电力公司施工。

2019 年 12 月 15 日，佳木公司作为发包人、科嘉公司作为承包人，就涉案风电场项目工程部分主体施工有关事项签订了《合同协议书》。

据查，涉案工程由电力公司总包，并部分分包给佳木公司，后佳木公司又部分分包给科嘉公司施工。后各方因工程结算款项问题产生争议，遂提起诉讼。

【主要争议】

佳木公司作为承包方，将涉案工程部分分包给科嘉公司，佳木公司、科嘉公司间签订的《合同协议书》是否合法有效？

【法院观点】

关于案涉科嘉公司与佳木公司合同协议书的效力问题，法院作出了如下认定。1999 年《合同法》第二百七十二条第三款规定，禁止分包单位将其承包的工程再分包。建设工程主体结构的施工必须由承包人自行完成。《建筑法》第二十九条第三款规定，禁止分包单位将其承包的工程再分包。案涉工程发包方是安阳公司，承包方是电力公司，电力公司又分包给佳木公司，佳

木公司又分包给科嘉公司。故佳木公司与科嘉公司的案涉合同违反上述法律规定，系无效合同。但科嘉公司施工的案涉工程已交付且发包方已对工程造价进行了审定结算，佳木公司请求科嘉公司按照合同中工程价款的约定支付工程款，应予支持。

【案例评析】

本案的争议焦点为佳木公司、科嘉公司签订的《合同协议书》的效力问题，以及如果该合同无效，科嘉公司作为分包人是否有权主张约定的工程价款？

《民法典》第七百九十一条[1]规定，禁止分包单位将其承包的工程再分包，建设工程主体结构的施工必须由承包人自行完成。《建筑法》第二十九条[2]也作出类似规定，明确除总承包合同中约定的分包外，必须经建设单位认可。施工总承包的，建筑工程主体结构的施工必须由总承包单位自行完成。同时，亦禁止分包单位将其承包的工程再分包。

本案中，涉案工程的发包方为安阳公司，电力公司作为涉案工程的总承包方，其将涉案工程主体部分分包给佳木公司、佳木公司再行分包给科嘉公司的行为违反《民法典》及《建筑法》的上述规定，因此，法院认定佳木公司与科嘉公司就工程分包事宜签订的《合同协议书》违反法律的强制性规定，应属无效。

为确保建设工程质量、保障工程发包人的权利，我国法律明确禁止未经发包人同意的分包建设工程主体结构的行为。因此，项目业主方在与建设单

---

[1] 《民法典》第七百九十一条规定，发包人可以与总承包人订立建设工程合同，也可以分别与勘察人、设计人、施工人订立勘察、设计、施工承包合同。发包人不得将应当由一个承包人完成的建设工程支解成若干部分发包给数个承包人。总承包人或者勘察、设计、施工承包人经发包人同意，可以将自己承包的部分工作交由第三人完成。第三人就其完成的工作成果与总承包人或者勘察、设计、施工承包人向发包人承担连带责任。承包人不得将其承包的全部建设工程转包给第三人或者将其承包的全部建设工程支解以后以分包的名义分别转包给第三人。禁止承包人将工程分包给不具备相应资质条件的单位。禁止分包单位将其承包的工程再分包。建设工程主体结构的施工必须由承包人自行完成。

[2] 《建筑法》第二十九条规定，建筑工程总承包单位可以将承包工程中的部分工程发包给具有相应资质条件的分包单位；但是，除总承包合同中约定的分包外，必须经建设单位认可。施工总承包的，建筑工程主体结构的施工必须由总承包单位自行完成。建筑工程总承包单位按照总承包合同的约定对建设单位负责；分包单位按照分包合同的约定对总承包单位负责。总承包单位和分包单位就分包工程对建设单位承担连带责任。禁止总承包单位将工程分包给不具备相应资质条件的单位。禁止分包单位将其承包的工程再分包。

位签订项目施工建设总承包合同之时，应在合同中对禁止分包的事项予以明确，同时应明确建设单位违法分包后的责任应如何承担。一方面可以降低施工单位将工程违法分包他人，为项目业主方造成法律风险的可能性，另一方面可以在施工单位分包后，降低项目业主方作为工程的发包人需对次承包人等就其施工内容承担责任的可能性。

四、施工合同纠纷

案例一：某建设有限公司与城建建设集团有限公司建设工程施工合同纠纷二审案［江西省高级人民法院（2019）赣民终231号民事判决书］

【案情简介】

2016年3月，某建设有限公司（以下简称建设公司）经过招标投标手续，确定城建建设集团有限公司（以下简称城建公司）为"某渔光互补光伏发电项目土建工程"（以下简称涉案工程）的中标方，并于2016年6月8日签订了《某渔光互补光伏发电项目建设工程施工专业分包合同》（以下简称《分包合同》），约定涉案工程开工日期为2016年4月20日，2016年6月15日主体结构完成，具备电气设备安装条件，并应于2016年6月30日完成全部工程。

后城建公司于2016年4月20日进场施工，但在施工过程中遇到特殊情况，导致设计变更、工程量增加。同时，因施工过程中遇到恶劣天气，城建公司最后于2017年1月6日完工。

双方因工期延误问题及由此产生的违约金数额产生争议，建设公司诉请以2016年6月30日作为应完工日计算城建公司应当承担的逾期完工违约金。

【主要争议】

本案中建设公司逾期完工天数以及相应违约责任如何认定？

【法院观点】

法院认为：（1）关于一审判决对逾期完工天数的认定是否正确的问题。首先，虽然《分包合同》中的《协议书》第三条约定了开工日期为2016年4月20日、2016年6月30日完成全部工程、合同工期总日历天数70天，但在电控楼施工过程中出现涌泉，且一时难以封堵。为应对地基出现的新情况，建设公司将原条基设计改为桩基，已施工的回填毛石凿除，重新回填河沙，并更改了施工图纸，变更的土建图纸于2016年7月5日发送给城建公司，而电控楼出现的涌泉直到2016年8月20日才被封堵，故《协议书》关于2016年4月20日开工、2016年6月30日完工的约定已不具有约束力。其次，从建设公司提交的《工程联系单》可以看出，对于土建工程的各个具体施工部分，建设公司通过联系单分别提出需在哪一时间点完成，并未要求城建公司在合同约定的70天内完成全部工程，双方对何时作为工期的重新起算点、增加工程的工期如何计算等问题也未进行过协商，应认定双方以实际履行的方式改变了《分包合同》中《协议书》就本案公用土建工程对施工工期的约定。因此，建设公司仍要求按照2016年6月30日完工计算逾期完工违约金的诉请，与本案事实不符，不予支持。鉴于本案工程施工工期较长，城建公司在一审庭审中也自认其延误工期一个月，据此认定城建公司延误工期30天。

（2）关于本案是否存在因城建公司的原因被阻扰施工现象、应否承担工人阻止施工违约金的问题。本案合同约定的工程款为21 872 965元，但《分包合同》中的"专用条款"将总工程款分为合同基本费用12 472 965元、考核金920万元两部分，双方对工程款、考核金的支付均存有争议。城建公司已另案起诉建设公司支付工程款，因建设公司是否按照约定支付了工程款难以认定，即使存在欠付工人工资阻工的情形，也不能认定系城建公司的原因造成，建设公司要求城建公司承担工人阻工违约金的诉请，法院不予支持。

（3）关于一审判决调整违约金的计算标准是否正确的问题。《分包合同》中的"专用条款"第26.1条对建设公司逾期付款的违约责任约定为按同期中国人民银行贷款利率向城建公司承担应付而未付部分的工程预付款（或工程款）的利息，而第26.2条第二项对城建公司逾期竣工的违约责任约定：每逾期一天应当按合同总价的千分之五向总承包人支付逾期违约金。由于"专用条款"中对城建公司约定的违约金过高，城建公司也提出了调整违约金的请求，且建设公司未就其损失举证证明，一审判决将城建公司逾期完工的违约金调整为年利率24%并无不当，应予维持。为此，城建公司向建设公司支付的逾期完工违约金为：以合同总价款21 872 965元为基数、按照年利率24%计算逾期时间30天的违约金为431 466.70元。

【案例评析】

与一般建设工程不同，新能源项目工程建设的开工日期及竣工日期不仅与工程本身有关，还可能对该新能源项目的并网时间造成影响，更可能影响该新能源项目建成后的上网电价。从各地方先前发布的政策文件来看，不少地区对于新能源项目的开工时间及并网时间有所要求，如未在规定的时间内开工或完成并网，则可能使得项目因审批文件过期等导致项目被废止或因无法按时完成并网而无法享受优惠的上网电价，给项目单位造成损失。

因此，对于新能源项目的建设工程而言，项目单位应当对下列事项重点予以关注：

（1）在确定施工单位的过程中，项目单位应全面评估投标的施工单位的资质登记、业务能力、设备技术等，降低因施工单位自身原因无法按期开工、完工的可能性；

（2）项目单位作为新能源项目的发包方，应在签订施工合同之时取得相应的建设用地规划许可证、建设工程施工许可证、建设用地批准书等所有与建设工程相关的审批文件；

（3）在勘测阶段，应对新能源项目拟占地块的地形、气候等客观条件进行尽可能准确的测量，并综合考量各因素制定施工图纸，降低施工过程中因变更施工、设计图纸而延误工期的可能性。

如确因突发情况需对开工日期、工期等作出调整的，项目单位应注意保留与对方的沟通记录，并以签订补充协议的方式，重新确定开工日期、工期以及施工单位是否应当就开工日期、工期调整承担违约责任，以及违约责任的承担方式，以防日后因此产生争议时因缺乏依据而无法保障项目单位的自身利益。

案例二：黑龙江庆达某工程有限公司与大庆某新能源有限责任公司建设工程施工合同纠纷案［黑龙江高级人民法院（2016）黑民终433号二审民事判决书］

【案情简介】

2012年9月30日，经招投标，黑龙江庆达某工程有限公司（以下简称庆达公司）与大庆某新能源有限责任公司（以下简称能源公司）签订矿建剥离工程合同一份，能源公司将涉案工程承包给庆达公司施工。涉案工程于2013年5月30日竣工。

工程竣工后，庆达公司与能源公司就工程价款结算未能达成一致意见。庆达公司因此起诉要求能源公司支付尚欠工程款及利息，并自2013年7月27日起至判决生效之日止每日支付1000元的迟延给付工程款违约金。

【主要争议】

涉案工程的尚欠工程款、违约金金额应如何确定？

【法院观点】

关于能源公司尚欠庆达公司工程款数额的问题，法院作出了如下认定。依据二审查明的事实，双方当事人签订两份施工合同的结算标准均为6.1.2条款中记载的"工程价款结算按大庆某有限责任公司现行结算办法"。虽然《大庆某有限责任公司2012年建设项目竣工结算、决算办法》发布并实施的时间系在双方当事人签订两份施工合同之后，但该结算办法"自发布之日起施行，已结算完工程不再调整；以往规定与本规定不同之处，以本规定为准"。故该结算办法接近双方实际结算的时间，应作为双方结算的依据。鉴定机构重新作出的补充鉴定意见应予采信。能源公司主张按非双方约定的结算标准进行结算，本院不予支持。根据上述补充鉴定意见，案涉工程总造价为64 920 333元，扣除双方当事人无争议的已付工程款9 577 000元，能源公司尚欠庆达公司工程款55 343 333元。

关于逾期拨付工程进度款及逾期支付工程款违约金的问题。根据1999年《合同法》第一百一十四条第一款"当事人可以约定一方违约时应当根据违约情况向对方支付一定数额的违约金，也可以约定因违约产生的损失赔偿额的计算方法"之规定，双方当事人约定的按每日1 000元分别支付不同时间段的逾期拨付工程进度款违约金及尚欠工程款违约金系上述条款中"因违约产生的损失赔偿额的计算方法"。一审法院根据双方当事人约定，由能源公司向庆达公司支付上述两个不同阶段计算出的违约金并无不当。因双方当事人约定的违约金计算方法所得出的违约金数额具有以补偿为主、惩罚为辅的双重性质，具有填补非违约方"实际损失"的功能；逾期付款的利息属于逾期支付的款项在该期间产生的法定孳息，应认定为债权人因债务人逾期付款而产生的"实际损失"，亦具有填补非违约方"实际损失"的功能。本案中虽然双方当事人未约定逾期付款的利息，但约定了"因违约产生的损失赔偿额的计算方法"，虽然两者概念不同，但均有填补非违约方"实际损失"的功能。根据损失填补的原则，如果双方约定的违约金过高或过低，一方当事人可根据1999年《合同法》第一百一十四条第二款之规定，请求减少或增加。《最高人民法院关于适用〈中华人民共和国合同法〉若干问题的解释（二）》第二十八条规定，"当事人依照合同法第一百一十四条第二款的规定，请求人民法院增加违约金的，增加后的违约金数额以不超过实际损失额为限……"。本案中，在双方约定的违约金计算方法所得出的违约金数额大于双方非约定的银行同期贷款利息时，即已经填补实际损失的情形下，不宜加判逾期付款的银行同期贷款利息。否则，不仅远超出了庆达公司的实际损失，且加大了能源公司所要承担的民事责任，对此法院予以调整。

【案例评析】

项目业主方与施工方在新能源项目工程施工建设的过程中，时常会产生纠纷。通常情况下，应当按照双方签订的建设工程施工合同的约定履行，如构成违约行为的，则应当根据合同的约定承担相应的违约责任。本案的意义在于其厘清了违约金的含义与可主张的范围，我们参考黑龙江省高级人民法院对本案的判决，对此作出以下评述。

根据《民法典》第五百八十五条[1]的规定，当事人可以约定一方违约时应当根据违约情况向对方支付一定数额的违约金，也可以约定因违约产生的损失赔偿额的计算方法。从该规定可以看出，一方面我国采取的是补偿性违约金和惩罚性违约金兼具的模式，另一方面表明在适用违约金时应该坚持以补偿性违约金为主、以惩罚性违约金为辅，故违约金并非仅以守约方遭受损失为前提，可以适度适用惩罚性违约责任。

因此，项目业主方在与施工单位签订施工合同时，一方面，应在合同中对违约情形及其对应的违约责任进行明确约定，另一方面，违约金作为较为常用的违约责任类型，双方应注意在合同中约定违约金的计算方式，或明确约定损失赔偿额的计算方法。并可借鉴本案中黑龙江省高级人民法院的观点，

---

[1]《民法典》第五百八十五条规定，当事人可以约定一方违约时应当根据违约情况向对方支付一定数额的违约金，也可以约定因违约产生的损失赔偿额的计算方法。约定的违约金低于造成的损失的，人民法院或者仲裁机构可以根据当事人的请求予以增加；约定的违约金过分高于造成的损失的，人民法院或者仲裁机构可以根据当事人的请求予以适当减少。当事人就迟延履行约定违约金的，违约方支付违约金后，还应当履行债务。

在违约金的计算方面，可以适度使用惩罚性违约金，而并非仅以守约方所受损失为限，以充分保障合同守约方的利益。

五、质量纠纷

案例：上海某新能源投资管理有限公司与绍兴某电力设备科技有限公司损害赔偿纠纷二审案［上海市第一中级人民法院（2016）沪01民终5721号民事判决书］

【案情简介】

上海某新能源投资管理有限公司（买方）与绍兴某电力设备科技有限公司（卖方）为某光伏发电示范项目（涉案项目）施工需要签订了《购销合同》，约定卖方向买方供货太阳能晶体硅电池组件，合同中特别约定卖方所供组件应符合行业标准，并满足国家颁布的金太阳示范项目关键设备基本要求。然而，买方正式启用组件发电运行后，发现组件发电量与金太阳工程的要求相距甚远，遂向法院起诉要求其承担违约责任。

【主要争议】

卖方所供组件不符合《购销合同》约定的质量要求是否成立？买方据此计算的发电量经济损失是否合理？

【法院观点】

法院认为：本案中，法院根据双方确定的方式方法，经抽样并检验，卖方所供组件的衰减率明显不符合涉案项目工程的要求，亦不符合双方合同的相关约定，卖方在所供组件的质量要求方面存在违约，故应承担相应的违约责任。

对于卖方组件功率的不正常衰减导致整个项目运行期内发电量减少的相应经济损失的核算，由于涉案发电量的经济损失计算较为复杂、专业，除了电价，还需考虑组件的正常衰减、气候、日照、发电效率等各种因素，现根据双方抽样的检验报告的结果（可得出非正常衰减的大致数据）、项目可行性研究报告的相关数据、涉案项目工程对组件使用寿命、允许衰减率的要求、能源管理合同有关电价的约定等，在假设组件于今后的衰减率能够符合金太阳工程要求的前提下，买方在整个项目运行期内发电减少量约为417.07万千瓦时，再假设电价保持稳定，且扣除税收因素，可得出买方在整个项目运行期内发电量减少的相应经济损失约为321.14万元。但同时基于双方所送检的样品中，有部分组件存在隐裂等情况，虽买方称系卖方所供产品本身的原因，但因买方未能及时对此进行检验验收，且组件的安装并非由被告进行，故买方对此理应承担举证不能的不利后果，其对此所导致的组件功率衰减亦应承担部分后果，一审法院参考检验报告中四片存在上述问题的组件的功率衰减与正常组件的衰减之间的比例等因素，酌定买方损失为219万元。

【案例评析】

发电量损失在新能源项目运营过程中较为常见，如发电量损失是由于项目承包人或项目组件供货商提供的设备不符合国家、行业标准或不符合双方在合同中对设备质量的约定，则项目承包人、组件供货商应当根据合同的约定承担相应的更换、维修、减价等违约责任。同时，因发电量损失在法律性质上属于可得利益损失，属于合同当事人可向违约方主张的违约损害赔偿的范畴，因此，项目承包人、组件供货商可能需要就项目业主方的发电量损失承担损害赔偿责任。

为避免因设备质量问题而导致项目业主方发电量损失，建议项目业主方在合同中明确约定供货设备的质量标准及承诺、验收程序及标准、质保服务、违约责任等，以确保相关情形发生时可以凭借合同依据向对方主张权利。在对方交付所供设备时，项目单位应当对其交付的设备根据相关的标准、程序等事项严格进行验收，并对相关的验收单据、质量证明材料等予以妥善保存。

另外，如因发电量产生争议，项目单位需对发电量损失的数额承担举证责任，否则其应当承担不利的诉讼结果。发电量损失的计算往往较为复杂，需要结合具体案件的实际情况具体分析。在实操中，发电量损失的计算主要应关注电量、电价、期间三个要素。项目单位可比较实际发电量和预期发电量之间的差额确定电量，根据电价批复、结算单等文件确定电价，根据自项目正式运行之日起至今的已发电时长确定期间，结合项目实际情况计算相应的发电量损失，向对方主张权利，提出索赔。

六、采矿权侵权纠纷

案例：社旗县某公司与某新能源股份有限公司采矿权侵权纠纷二审案
[河南省高级人民法院（2020）豫民终 52 号民事判决书]

【案情简介】

2005 年，社旗县某公司取得前转山—洞沟萤石矿采矿权，有效期限为 2005 年 7 月 13 日至 2015 年 7 月 13 日。2011 年，社旗县某公司取得社旗县下洼乡前转山—洞沟萤石矿采矿权，其许可期限为 2011 年 1 月 24 日至 2015 年 7 月 24 日，后该采矿权证又顺延至 2018 年 7 月 24 日。该许可证与社旗县某公司 2005 年取得的许可证在矿区面积和矿区范围拐点坐标上有所不同。

2013 年 3 月 31 日，河南省发展和改革委员会作出批复，同意某新能源股份有限公司（风电项目公司）在社旗县下洼乡建设涉案风电场。

2014 年 3 月 17 日，风电项目公司与当地政府签订《临时使用土地合同》，使用下洼辖区内土地建设风电场风机平台，并达成《风电场山地租赁协议书》，由风电项目公司租赁下洼辖区内山地用于建设涉案风电场内道路。

2017 年 11 月 1 日，社旗县国土资源局出具情况说明，说明涉案项目工程场地在实际建设过程中，风电场风机建设位置与审批意见位置不符，1 号风机基座、3 号风机基座进入前转山—洞沟萤石矿区范围（社旗县某公司采矿权范围）内。

后社旗县某公司起诉认为，因被告的行为导致其采矿权不能延续，影响其已经取得的采矿权范围内的矿产不能开发利用，进而造成损失。

【主要争议】

风电项目公司是否实施了相应的侵权行为，是否应当承担赔偿责任？

【法院观点】

法院认为：本案中，由风电项目公司开发建设的涉案风电场项目经过该地省级发展和改革委员会项目审批，亦经过该地省级人民政府的用地批准，因此风电项目公司依法已取得了涉案风电场项目土地的使用权。此外，在准备建设涉案项目时，委托了岩土工程公司编制了矿产资源压覆报告，且该报告经过了该地国土资源部门的审查。根据前述报告及相关机关的审查意见，涉案风电场并未压覆矿产资源。

然而，在涉案风电场后续的建设过程中，其施工位置与上述被证明未压覆矿产资源的原审批区域并不一致，其风机进入社旗县某公司持有的采矿权证所载范围，另有部分电线、道路在社旗县某公司矿体位置穿过，该等行为符合侵权责任的构成要件，系侵权行为。

现社旗县某公司采矿权未获延续，南阳市环保局告知其待问题解决、完善资料后可再次报批，审批机关至今未明确告知其采矿权不能延续。现有证据不能证明风电项目公司的建设行为是社旗县某公司采矿权不能延续的唯一确定因素，风电项目公司的行为与社旗县某公司未取得采矿权延续之间并无必然的直接因果关系。社旗县某公司采矿权未获准延续，且针对风电项目公司仅对其部分矿体侵权行为所造成的具体损失数额及计算依据未提供证据证明，因此社旗县某公司提出要求风电项目公司赔偿的请求缺乏事实和法律依据，其应当在采矿权证等相关权利证书完备后再行主张赔偿事宜。故原审判决驳回社旗县某公司的诉讼请求并无不当。

【案例评析】

由本案可知，即使项目单位完全根据法定程序取得新能源项目用地的使用权，但在实际施工过程中，也应当关注项目是否严格在审批的用地范围之内进行建设。如超过审批的用地范围，进入他人权利的范围，则可能造成侵权，项目单位可能因此需承担相应的侵权责任。

七、保险纠纷

案例：国电某动力技术有限公司与某保险公司某支公司追偿权纠纷二审案[内蒙古自治区锡林郭勒盟中级人民法院（2018）内25民终664号民事判决书]

【案情简介】

2010年5月13日，内蒙古某能源投资有限公司风电分公司（买方）与被告国电某动力技术有限公司（卖方）签订《某风电场一期49.5MW工程风力发电机组采购合同》，其中包括涉及本案的B14号风电机组。

2015年8月13日，某风电场一期49.5MW工程场地，B14号风电机组发生倒塌。内蒙古某发电投资集团新能源有限公司就包括涉案事故设备在内的机器向某保险公司投保了《风电企业运营期一切险（2009）版保险单》，被保险人为内蒙古国电某风电有限公司（国电某风电公司），保险金额为332 375 358.08元，保险期限为2015年7月29日0时至2016年7月28日24时止。

经鉴定，B14号风电机组倒塌事故系产品质量所致，因此向本案被告卖方索赔。2016年10月13日，被告卖方向买方发出《复函》，对造成倒塌事故的原因进行分析进而说明要求其赔偿损失无事实依据。2016年12月1日买方向某保险公司发函一份，载明B14号风电机组倒塌事故完全是风电机组变桨系统设计及质量原因所致，因此向某保险公司索赔。2017年4月26日，某保险公司向国电某风电公司支付保险金6 621 115.40元。

随后，某保险公司赔付后向卖方进行追偿，遂诉至法院。

【主要争议】

保险人赔付后是否可以代为行使被保险人向第三者请求的权利？

【法院观点】

法院认为：因第三人对保险标的的损害而造成保险事故的，保险人自向被保险人赔偿保险金之日起，在赔偿金范围内代为行使被保险人向第三者请求的权利。采购合同第9.15条约定，潜在缺陷指设备的隐患在正常情况下不能再制造和短期运行过程中被发现的情况。当发现这类潜在缺陷时，卖方应按照本合同的规定进行修理或调换。2016年8月15日，北京某认证中心有限公司出具风光电场风电机组倒塌事故分析说明一份，载明B14号风电机组倒塌属于B14号风电机组设计或制造问题。故被告理应为B14号风电机组缺陷承担合同约定的潜在缺陷责任。故原告向被保险人支付保险金6 621 115.40元后，向被告追偿保险赔偿金6 621 115.40元，该院认为合法有据，予以支持。

【案例评析】

根据《民法典》第一千二百零二条、第一千二百零三条的相关规定，因产品存在缺陷造成他人损害的，生产者应当承担侵权责任。因产品存在缺陷造成他人损害的，被侵权人可以向产品的生产者请求赔偿，也可以向产品的销售者请求赔偿。

在新能源项目因设施设备存在缺陷而致使项目单位或其他第三方遭受损

失的,项目单位作为设施设备的采购方,既可依据与该缺陷设施设备的生产者、销售者之间签订的合同中约定的内容向其主张违约责任,亦可依据《民法典》第一千二百零二条、第一千二百零三条关于产品侵权责任的规定,向该缺陷设施设备的生产者、销售者主张侵权损害赔偿责任。而因此遭受损害的其他第三方,因与该缺陷设施设备的生产者、销售者之间不存在合同关系,故其仅可主张产品侵权责任。

在新能源项目单位已向保险公司就其新能源项目投保了运行保险的情形下,如在其运行过程中,因设施设备存在缺陷而造成损害,且处于投保理赔范围之内的,被保险人有权直接向保险公司就其损害在保险金额内申请理赔。保险公司在向被保险人支付保险金额后,有权根据《保险法》第六十条[1]的规定,在赔偿金额范围内代位行使被保险人向实际造成该保险事故的第三方的损害赔偿请求权。

第七节 新能源项目投产运营的法律纠纷

在项目单位完成新能源项目的开发建设后,新能源项目将进入运营发电阶段。在新能源项目运营发电的过程中,亦会由于日常运营或突发事件而造成法律风险。

一、环境污染纠纷

案例:倪某与丹东某风力发电有限责任公司侵权责任纠纷再审案[辽宁省高级人民法院(2013)辽审三民提字第45号民事判决书]

【案情简介】

倪某系东港市菩萨庙镇常胜村村民,1993年秋建温室甲鱼养殖场一座并开始养殖甲鱼。2000年3月,丹东某风力发电有限责任公司(以下简称某风

---

[1]《保险法》第六十条规定:"因第三者对保险标的的损害而造成保险事故的,保险人自向被保险人赔偿保险金之日起,在赔偿金额范围内代位行使被保险人对第三者请求赔偿的权利。前款规定的保险事故发生后,被保险人已经从第三者取得损害赔偿的,保险人赔偿保险金时,可以相应扣减被保险人从第三者已取得的赔偿金额。保险人依照本条第一款规定行使代位请求赔偿的权利,不影响被保险人就未取得赔偿的部分向第三者请求赔偿的权利。"

电公司）在养殖场及周边村落建成大规模风力发电机组，其中两组发电机组位于养殖场附近，该两组发电机组分别位于养殖场东南约100米处、养殖场西北400米至500米处。

自2000年9月后，倪某养殖的甲鱼大量死亡。为查明原因，2001年7月25日，倪某自行委托辽宁省淡水渔业环境监督监测站针对被告某风电公司对原告甲鱼养殖场生产影响进行了论证，辽宁省淡水渔业环境监督监测站2001年8月5日作出《丹东某风力发电有限责任公司对倪某甲鱼场生产影响的论证报告》，结论为：养殖用水源和养殖池中水质的各项指标符合国家渔业水质标准，能够满足甲鱼生长对水质的要求，饲料中各项指标正常；风力发电机叶轮转动投影及噪声扰乱改变了温室大棚中甲鱼所需的安静生活环境，而且这种惊扰正值四月、五月的甲鱼繁殖、发育和生长，导致了一系列不良后果。后，倪某另委托资产评估公司对其所致损失进行了评估，并诉至法院要求某风电公司向其承担损害赔偿责任。

【主要争议】

倪某所养殖的甲鱼死亡是否与某风电公司所建设的涉案风电场的运行存在因果关系？某风电公司是否应向倪某承担侵权损害赔偿责任？

【法院观点】

法院认为：根据2008年《最高人民法院关于民事诉讼证据的若干规定》第四条第一款第（三）项规定，因环境污染引起的损害赔偿诉讼，由加害人就法律规定的免责事由及其行为与损害结果之间不存在因果关系承担举证责任。可见，环境污染侵权责任纠纷实行因果关系举证责任倒置，但上述规定不排除被侵权人要对污染行为与损害之间具有关联性承担初步的举证责任。被侵权人初步举证责任完成后，由污染者举证证明污染行为与损害之间不存在因果关系，如果污染者不能充分举证证明，应当认定污染行为与损害之间具有因果关系。

本案某风电公司未完成对其实施的风力发电行为与甲鱼死亡之间不存在因果关系的证明责任，应当认定两者之间具有因果关系，且某风电公司亦未能举证证明存在法律规定的免责事由，故法院应依法认定其承担相应的民事侵权责任。

【案例评析】

因新能源发电项目需要安装大量设施设备，在运行过程中不可避免地会产生噪声、光影、电磁等，如超过相应标准，将会产生环境污染，对新能源项目周边的自然环境造成影响，甚至毁坏。《辽宁省风力发电厂生态建设管理暂行办法》第十条第（三）项规定指出，1500千瓦及以下机组应与噪声及光影敏感目标保持500米以上防护距离，并根据风力发电机组型号和地形地貌等实际情况核定防护距离。该规定亦间接肯定了风电机组在运行时的噪声及光影对周边环境造成影响的可能性。

根据《民法典》第一千二百二十九条、第一千二百三十条[1]的相关规定，因污染环境、破坏生态发生纠纷的，行为人应当就其行为与损害之间不存在因果关系承担举证责任，造成他人损害的，侵权人应当侵权责任。因此，如任何个人或单位以环境污染为由请求项目公司承担侵权责任，则应由项目单位举证证明该新能源项目的建设、运行与其损失结果之间不存在因果关系，如项目单位无法证明前述因果关系不存在，则项目单位恐将承担环境污染侵权责任，造成项目单位的损失。

然而在实操中，要证明不存在该因果关系存在一定的难度。新能源作为清洁能源，因其运行所造成的污染大多不属于传统意义上的污染，而是新型的污染，因此鉴定方面较为困难，鉴定结论的效力是否能够得到法院的支持存在较大的不确定性。

为防止因新能源项目运行过程中造成环境污染，同时也出于诉讼发生时易于举证的考虑，建议项目单位应当在项目建设初期，即就拟使用的设施、设备运行参数等与项目所在地的有关部门进行核实，划定项目可能影响的范围，确认其在后期运行不会对该区域外的环境造成影响。此外，在项目运行过程中，建议项目单位亦要定期检测项目设施、设备在运行时所释放的噪声、光影、电磁等是否符合相关法律法规或当地有关机关对于其释放量的上限要求，如有不符的应当尽快予以调整，防止因此导致的法律风险。

---

[1]《民法典》第一千二百二十九条规定，因污染环境、破坏生态造成他人损害的，侵权人应当承担侵权责任。第一千二百三十条规定，因污染环境、破坏生态发生纠纷，行为人应当就法律规定的不承担责任或者减轻责任的情形及其行为与损害之间不存在因果关系承担举证责任。

二、运行故障纠纷

案例：陕西某实业有限公司、陕西某新材料股份有限公司等侵权责任纠纷二审案［陕西省西安市中级人民法院（2021）陕01民终13551号民事判决书］

【案情简介】

2009年12月2日，甲方作为发包方与作为承包方的乙方签订电气设备安装工程施工合同书，约定由承包方承包"某机电厂区10KV专线配电工程"（涉案工程）的建设施工，服务内容为：办理工程供用电手续、工程施工、安装调试直至供电试运行。

2012年8月18日，受让方与发包方签订在建工程转让协议，由发包方将涉案土地使用权及该土地上在建工程转让给受让方，涉案在建工程名称为"某机电迁建项目"，目标资产的转让价格为11 850万元；协议签署之日起10个工作日内，发包方向受让方办理完毕目标资产的移交手续。

2019年10月16日，"某机电迁建项目"的地下转下电缆接头处突然燃烧并发生爆炸，导致受让方处发生停电事故（以下简称10·16停电事故），造成受让方4 153 549元的经济损失。受让方遂以侵权为由向法院起诉，要求发包方、承包方向其承担侵权损害赔偿责任。

【主要争议】

发包方、承包方是否应对受让方停电事故承担损害赔偿责任？

【法院观点】

本案中，承包方并未使用其与发包方签订的电气设备安装工程施工合同书约定的电缆，其采用的铝或铝合金电缆客观上降低了输电承载负荷，虽然承包方所承包施工的案涉工程通过了竣工验收，铝质电缆亦符合高压输电较低载荷的技术规范，但其行为仍为后续事故的发生埋下了隐患，具有相应过错。2009年《侵权责任法》第六条第一款规定："行为人因过错侵害他人民事权益，应当承担侵权责任。"承包方应对受让方因此造成的损失承担相应的责任。

依据发包方与承包方所签订的施工合同第四条约定：对于施工方承包方

采购的设备材料，发包方对于高压输电线缆等是否合乎规格以及是否有西安供电局电气入网许可证等负有验证、审查责任。因此，无论是施工成果的取得方，还是依约负有监管和验收义务的责任方，或者是发包方均对具有极高危险性和极高安全标准且价值昂贵的高压输电设施的验收负有相应责任，尤其是发包方不可能放弃其最基本的注意和把关义务。同时，铝和铜存在三点三倍以上比重差异，本案待装的单盘铜质高压电缆与铝质高压电缆应存在巨大的重量差异，在长达2.8公里的案涉施工过程中，无论是运输装卸，还是施工安装，作为发包定做和依约负有监工义务的发包方，对于承包方更换电缆规格的行为应能轻易发现。发包方对于承包方将铜缆变更为铝缆的变更设计行为是明知的，且双方对于变更设计问题存在意思联络。而且，发包方是向受让方转让案涉输电工程的转让方，故发包方存在未向受让方客观、详尽地告知甚至隐瞒案涉高压输电工程安全注意事项的高度可能性，其侵权过错明显。

因此，另据《民法典》第一千一百六十八条关于"二人以上共同实施侵权行为，造成他人损害的，应当承担连带责任"的规定，本案承包方与发包方应依法承担共同侵权责任。

【案例评析】

根据《民法典》第一千一百六十五条、第一千一百六十八条[1]的相关规定，行为人因过错侵害他人民事权益，并为他人造成损害的，应当承担相应的侵权责任。如有二人以上共同实施侵权行为且造成他人损害的，应承担连带责任。

实践中，发包方作为建设工程项目的投资者和后续的使用者或受益者，其职责贯穿于建设工程项目的整个生命周期。在与承包单位签订建设工程合同之时，通常会对承包单位在施工过程中应使用材料的规格、材质等作出明确的约定，但业主单位并不能因此忽视对施工质量的持续性监督，将事后检查变为提前预防、主动控制，将结果管理变为控制工程施工全过程的各个因素，使工程的施工质量始终处于受控状态，降低工程的后续使用中发生故障

---

[1]《民法典》第一千一百六十五条规定，行为人因过错侵害他人民事权益造成损害的，应当承担侵权责任。依照法律规定推定行为人有过错，其不能证明自己没有过错的，应当承担侵权责任。第一千一百六十八条规定，二人以上共同实施侵权行为，造成他人损害的，应当承担连带责任。

的可能性。

综合司法案例及实操经验，建议业主单位可从以下几个方面对建设工程进行监督：

（1）严格把控施工单位、人员的资质及业务能力审查。

（2）严格把控施工材料进场检验，不应仅以施工材料的出厂合格证明、检验报告等即认定该施工材料符合项目单位的要求。施工材料进场后，项目单位应检验到场的施工材料的种类、型号、材质等是否与施工合同、设计图纸等相符，并对施工材料的使用、存放等进行跟踪检查。

（3）严格把控施工质量监督，对工程设计加强审核，防止因项目单位提供的设计存在缺陷而造成建设工程缺陷。此外，如建设工程所使用的建筑材料、建筑构配件、设备等系由项目单位提供或指定购买，项目单位应审慎核实其采用或指定购买的建筑材料、建筑构配件、设备等是否符合相关法律法规及行业标准，否则，如因此造成建设工程质量存在缺陷的，发包方需承担相应的过错责任。

（4）严格把控工程竣工验收环节，确保工程质量合格、无安全隐患；组织工程的竣工验收是项目单位作为工程发包方的义务，工程竣工后，项目单位应根据施工图纸、说明书、相关法律法规及标准及时进行验收。建设工程竣工经验收合格后，方可交付使用。未经验收或验收不合格的，项目单位需注意不得擅自使用。

另外，如在新能源项目建成后，项目单位拟将该项目转让的，项目单位应注意将其所知晓或应当知晓的关于该新能源项目的全部信息、材料向项目拟受让方完整地披露，如因项目单位隐瞒相关信息而致使受让方遭受损失，项目单位可能因此过错而需对项目受让方承担法律责任。

附　录

附录1　集中式光伏发电项目开发流程法律依据

序号	流程	文件名称	法律适用	法律依据
1	备案前条件	列入本地区年度建设规模指标和年度实施方案	《国家发展改革委国家能源局关于完善光伏发电规模管理和实行竞争方式配置项目的指导意见》	部门规章 2023年9月1日失效	(一) 不限规模的光伏发电类型和地区 1. 利用固定建筑物屋顶、墙面及附属场所建设的光伏发电项目以及全部自发自用的地面光伏电站项目不受年度规模限制，各地区可随时受理项目备案，项目投产后即纳入国家可再生能源发电补贴范围。 2. 鼓励各地区结合电力体制改革总体框架开展光伏发电市场交易等改革创新试点。相关省（自治区、直辖市）发展改革委（能源局）研究制订试点地区光伏发电（含新能源微电网）市场交易改革创新试点方案，报国家发展改革委、国家能源局。国家发展改革委、国家能源局在明确试点相关政策的同时，对试点地区光伏电站建设规模专门作出安排，支持试点工作的顺利进行。 3. 光伏扶贫中的村级电站和集中式电站，不占国家能源局下达的所在省（自治区、直辖市）普通光伏电站建设规模。地方能源主管部门会同扶贫部门，以县为单元按要求编制实施方案，明确扶贫人口数、扶贫收益及分配方式后，经省（自治区、直辖市）发展改革委（能源局）审核后报国家能源局，国家能源局专项下达建设规模。
			《光伏电站开发建设管理办法》	部门规章 现行有效	第八条　省级能源主管部门制定的光伏电站年度开发建设方案可包括项目清单、开工建设与投产时间、建设要求、保障措施等内容，其中项目清单可视发展需要并结合本地实际分类确定为保障性并网项目和市场化并网项目。各地可结合实际，一次性或分批确定项目清单，并及时向社会公布相关情况。纳入光伏电站年度开发建设方案的项目，电网企业应及时办理电网接入手续。鼓励各级能源主管部门采用建立项目库的管理方式，做好光伏电站项目储备。

191

续表

序号	流程		文件名称	法律适用	法律依据
2	项目备案阶段	光伏项目备案文件	《光伏电站项目管理暂行办法》	部门规章 2022年11月30日失效	第十四条 省级能源主管部门依据国务院投资项目管理规定对光伏电站项目实行备案管理。备案项目应符合国家太阳能发电发展规划和国务院能源主管部门下达的本地区年度指导性规模指标和年度实施方案，已落实接入电网条件。
			《光伏电站开发建设管理办法》	部门规章 现行有效	第十二条 按照国务院投资项目管理规定，光伏电站项目实行备案管理。各省（区、市）可制定本省（区、市）光伏电站项目备案管理办法，明确备案机关及其权限等，并向社会公布。备案机关及其工作人员应当依法对项目进行备案，不得擅自增减审查条件，不得超出办理时限。备案机关及有关部门应当加强对光伏电站的事中事后监管。
			《企业投资项目核准和备案管理条例》	行政法规 现行有效	第三条 对关系国家安全、涉及全国重大生产力布局、战略性资源开发和重大公共利益等项目，实行核准管理。具体项目范围以及核准机关、核准权限依照政府核准的投资项目目录执行。政府核准的投资项目目录由国务院投资主管部门会同国务院有关部门提出，报国务院批准后实施，并适时调整。国务院另有规定的，依照其规定。 对前款规定以外的项目，实行备案管理。除国务院另有规定的，实行备案管理的项目按照属地原则备案，备案机关及其权限由省、自治区、直辖市和计划单列市人民政府规定。
3	建设开工前应取得的文件	光伏项目可行性研究报告或类似文件	《光伏电站项目管理暂行办法》	部门规章 2022年11月30日失效	第十一条 光伏电站项目建设前应做好规划选址、资源测评、建设条件论证、市场需求分析等项目开工前的各项准备工作。
			《光伏电站开发建设管理办法》	部门规章 现行有效	第十一条 光伏电站项目建设前应做好规划选址、资源测评、建设条件论证、市场需求分析等各项准备工作，重点落实光伏电站项目的接网消纳条件，符合用地用海和河湖管理、生态环保等有关要求。
4		土地预审与选址意见	《自然资源部关于以"多规合一"为基础推进规划用地"多审合一、多证合一"改革的通知》	部门规章 现行有效	一、合并规划选址和用地预审 将建设项目选址意见书、建设项目用地预审意见合并，自然资源主管部门统一核发建设项目用地预审与选址意见书，不再单独核发建设项目选址意见书、建设项目用地预审意见。

续表

序号	流程	文件名称	法律适用	法律依据
5	建设开工前应取得的文件	使用林地审核同意书/林木采伐许可证	《中华人民共和国森林法实施条例》	行政法规现行有效	第十六条 勘查、开采矿藏和修建道路、水利、电力、通讯等工程，需要占用或者征收、征用林地的，必须遵守下列规定： （一）用地单位应当向县级以上人民政府林业主管部门提出用地申请，经审核同意后，按照国家规定的标准预交森林植被恢复费，领取使用林地审核同意书。用地单位凭使用林地审核同意书依法办理建设用地审批手续。占用或者征收、征用林地未经林业主管部门审核同意的，土地行政主管部门不得受理建设用地申请。 （二）占用或者征收、征用防护林林地或者特种用途林地面积10公顷以上的，用材林、经济林、薪炭林林地及其采伐迹地面积35公顷以上的，其他林地面积70公顷以上的，由国务院林业主管部门审核；占用或者征收、征用林地面积低于上述规定数量的，由省、自治区、直辖市人民政府林业主管部门审核。占用或者征收、征用重点林区的林地的，由国务院林业主管部门审核。 （三）用地单位需要采伐已经批准占用或者征收、征用的林地上的林木时，应当向林地所在地的县级以上地方人民政府林业主管部门或者国务院林业主管部门申请林木采伐许可证。 （四）占用或者征收、征用林地未被批准的，有关林业主管部门应当自接到不予批准通知之日起7日内将收取的森林植被恢复费如数退还。 第十七条 需要临时占用林地的，应当经县级以上人民政府林业主管部门批准。 临时占用林地的期限不得超过两年，并不得在临时占用的林地上修筑永久性建筑物；占用期满后，用地单位必须恢复林业生产条件。
			《中华人民共和国森林法》	法律现行有效	第五十六条 采伐林地上的林木应当申请采伐许可证，并按照采伐许可证的规定进行采伐；采伐自然保护区以外的竹林，不需要申请采伐许可证，但应当符合林木采伐技术规程。 农村居民采伐自留地和房前屋后个人所有的零星林木，不需要申请采伐许可证。 非林地上的农田防护林、防风固沙林、护路林、护岸护堤林和城镇林木等的更新采伐，由有关主管部门按照有关规定管理。 采挖移植林木按照采伐林木管理。具体办法由国务院林业主管部门制定。 禁止伪造、变造、买卖、租赁采伐许可证。

续表

序号	流程	文件名称	法律适用	法律依据
6	建设开工前应取得的文件	使用草地审核同意书	《中华人民共和国草原法》	法律现行有效	第三十八条 进行矿藏开采和工程建设,应当不占或者少占草原;确需征收、征用或者使用草原的,必须经省级以上人民政府草原行政主管部门审核同意后,依照有关土地管理的法律、行政法规办理建设用地审批手续。
7		使用耕地(含基本农田)审核同意书	《中华人民共和国土地管理法》	法律现行有效	第三十条 国家保护耕地,严格控制耕地转为非耕地。国家实行占用耕地补偿制度。非农业建设经批准占用耕地的,按照"占多少,垦多少"的原则,由占用耕地的单位负责开垦与所占用耕地的数量和质量相当的耕地;没有条件开垦或者开垦的耕地不符合要求的,应当按照省、自治区、直辖市的规定缴纳耕地开垦费,专款用于开垦新的耕地。 第四十四条 建设占用土地,涉及农用地转为建设用地的,应当办理农用地转用审批手续。 永久基本农田转为建设用地的,由国务院批准。 在土地利用总体规划确定的城市和村庄、集镇建设用地规模范围内,为实施该规划而将永久基本农田以外的农用地转为建设用地的,按土地利用年度计划分批次按照国务院规定由原批准土地利用总体规划的机关或者其授权的机关批准。在已批准的农用地转用范围内,具体建设项目用地可以由市、县人民政府批准。在土地利用总体规划确定的城市和村庄、集镇建设用地规模范围外,将永久基本农田以外的农用地转为建设用地的,由国务院或者国务院授权的省、自治区、直辖市人民政府批准。 第四十六条 征收下列土地的,由国务院批准: (一)永久基本农田; (二)永久基本农田以外的耕地超过三十五公顷的; (三)其他土地超过七十公顷的。
8		水土保持批复文件	《开发建设项目水土保持方案编报审批管理规定》	部门规章现行有效	第二条 凡从事有可能造成水土流失的开发建设单位和个人,必须编报水土保持方案。其中,审批制项目,在报送可行性研究报告前完成水土保持方案报批手续;核准制项目,在提交项目申请报告前完成水土保持方案报批手续;备案制项目,在办理备案手续后、项目开工前完成水土保持方案报批手续。经批准的水土保持方案应当纳入下阶段设计文件中。 第八条 水行政主管部门审批水土保持方案实行分级审批制度,县级以上地方人民政府水行政主管部门审批的水土保持方案,应报上一级人民政府水行政主管部门备案。

附 录

续表

序号	流程	文件名称	法律适用	法律依据
				中央立项，且征占地面积在50公顷以上或者挖填土石方总量在50万立方米以上的开发建设项目或者限额以上技术改造项目，水土保持方案报告书由国务院水行政主管部门审批。中央立项，征占地面积不足50公顷且挖填土石方总量不足50万立方米的开发建设项目，水土保持方案报告书由省级水行政主管部门审批。 地方立项的开发建设项目和限额以下技术改造项目，水土保持方案报告书由相应级别的水行政主管部门审批。 水土保持方案报告表由开发建设项目所在地县级水行政主管部门审批。 跨地区的项目水土保持方案，报上一级水行政主管部门审批。
9	建设开工前应取得的文件	环境影响评价文件	《建设项目环境影响评价分类管理名录》（2021年版）	部门规章现行有效	地面集中光伏电站（总容量大于6000千瓦，且接入电压等级不小于10千伏）需填报环境影响评价报告表，其他光伏发电适用环境影响评价登记表。
10		环境影响评价文件批复文件	《中华人民共和国环境影响评价法》	法律现行有效	第二十五条 建设项目的环境影响评价文件未依法经审批部门审查或者审查后未予批准的，建设单位不得开工建设。
11		洪水影响评价文件	《中华人民共和国防洪法》	法律现行有效	第三十三条第一款 在洪泛区、蓄滞洪区内建设非防洪建设项目，应当就洪水对建设项目可能产生的影响和建设项目对防洪可能产生的影响作出评价，编制洪水影响评价报告，提出防御措施。洪水影响评价报告未经有关水行政主管部门审查批准的，建设单位不得开工建设。
12		社会稳定风险评估报告及审查意见	《国家发展改革委重大固定资产投资项目社会稳定风险评估暂行办法》	部门规章现行有效	第二条 国家发展改革委审批、核准或者核报国务院审批、核准的在中华人民共和国境内建设实施的固定资产投资项目（简称"项目"，下同），适用本办法。 第三条 项目单位在组织开展重大项目前期工作时，应当对社会稳定风险进行调查分析，征询相关群众意见，查找并列出风险点、风险发生的可能性及影响程度，提出防范和化解风险的方案措施，提出采取相关措施后的社会稳定风险等级建议。 社会稳定风险分析应当作为项目可行性研究报告、项目申请报告的重要内容并设独立篇章。

续表

序号	流程	文件名称	法律适用	法律依据
13	民用机场安全环境保护意见	《民用机场管理条例》	行政法规现行有效	第四十七条 县级以上地方人民政府审批民用机场净空保护区域内的建设项目，应当书面征求民用机场所在地地区民用航空管理机构的意见。
		《中国民用航空总局关于保护机场净空的通告》	部门规章现行有效	三、任何单位和个人在机场净空区域内修建建筑物或设施，必须征得机场管理机构的同意，再报请当地城建规划部门批准后方可实施。
14	建设开工前应取得的文件	压覆矿产资源审批文件	《中华人民共和国矿产资源法》	法律现行有效	第三十三条 在建设铁路、工厂、水库、输油管道、输电线路和各种大型建筑物或者建筑群之前，建设单位必须向所在省、自治区、直辖市地质矿产主管部门了解拟建工程所在地区的矿产资源分布和开采情况。非经国务院授权的部门批准，不得压覆重要矿床。
15		节能登记表备案	《中华人民共和国节约能源法》	法律现行有效	第十五条 国家实行固定资产投资项目节能评估和审查制度。不符合强制性节能标准的项目，建设单位不得开工建设；已经建成的，不得投入生产、使用。政府投资项目不符合强制性节能标准的，依法负责项目审批的机关不得批准建设。具体办法由国务院管理节能工作的部门会同国务院有关部门制定。
16		安全预评价报告以及安全设施设计备案	《建设项目安全设施"三同时"监督管理办法》	部门规章现行有效	第七条 下列建设项目在进行可行性研究时，生产经营单位应当按照国家规定，进行安全预评价： （一）非煤矿矿山建设项目 （二）生产、储存危险化学品（包括使用长输管道输送危险化学品，下同）的建设项目； （三）生产、储存烟花爆竹的建设项目； （四）金属冶炼建设项目； （五）使用危险化学品从事生产并且使用量达到规定数量的化工建设项目（属于危险化学品生产的除外，下同）； （六）法律、行政法规和国务院规定的其他建设项目。
17		地质灾害危险性评估（取消评估报告的备案）	《地质灾害防治条例》	行政法规现行有效	第二十一条 在地质灾害易发区内进行工程建设应当在可行性研究阶段进行地质灾害危险性评估，并将评估结果作为可行性研究报告的组成部分；可行性研究报告未包含地质灾害危险性评估结果的，不得批准其可行性研究报告。 编制地质灾害易发区内的城市总体规划、村庄和集镇规划时，应当对规划区进行地质灾害危险性评估。

续表

序号	流程	文件名称	法律适用	法律依据
18	建设开工前应取得的文件	《关于取消地质灾害危险性评估备案制度的公告》	部门规章现行有效	取消地质灾害危险性评估备案制度,一级评估报告不再报送省级国土资源主管部门备案,二级评估报告不再报送市(地)级国土资源主管部门备案,三级评估报告不再报送县级国土资源主管部门备案;各级评估报告不再报上级国土资源主管部门备查。涉及国务院法规和部门规章的管理制度按相关程序办理。
19	地震安全性评价	《中华人民共和国防震减灾法》	法律现行有效	第三十五条 重大建设工程和可能发生严重次生灾害的建设工程,应当按照国务院有关规定进行地震安全性评价,并按照经审定的地震安全性评价报告所确定的抗震设防要求进行抗震设防。建设工程的地震安全性评价单位应当按照国家有关标准进行地震安全性评价,并对地震安全性评价报告的质量负责。前款规定以外的建设工程,应当按照地震烈度区划图或者地震动参数区划图所确定的抗震设防要求进行抗震设防;对学校、医院等人员密集场所的建设工程,应当按照高于当地房屋建筑的抗震设防要求进行设计和施工,采取有效措施,增强抗震设防能力。
20	文物保护和考古许可	《中华人民共和国文物保护法》	法律现行有效	第二十九条 进行大型基本建设工程,建设单位应当事先报请省、自治区、直辖市人民政府文物行政部门组织从事考古发掘的单位在工程范围内有可能埋藏文物的地方进行考古调查、勘探。考古调查、勘探中发现文物的,由省、自治区、直辖市人民政府文物行政部门根据文物保护的要求会同建设单位共同商定保护措施;遇有重要发现的,由省、自治区、直辖市人民政府文物行政部门及时报国务院文物行政部门处理。
21	军事设施保护意见	《中华人民共和国军事设施保护法实施办法》	行政法规现行有效	第十六条 在作战工程安全保护范围内,禁止开山采石、采矿、爆破,禁止采伐林木;修筑建筑物、构筑物、道路和进行农田水利基本建设,应当征得作战工程管理单位的上级主管军事机关和当地军事设施保护委员会同意,并不得影响作战工程的安全保密和使用效能。
22	电网接入意见	《国家电网公司电厂接入系统前期工作管理办法》	行业规定现行有效	第二十三条 根据国家发展改革委对项目核准的要求,电厂接入电网意见是电源项目核准的支持性文件之一。电厂接入电网申请由电厂项目控股方或母公司向国家电网公司提出,国家电网公司发展策划部为出具电厂接入电网答复文件的归口管理部门。

续表

序号	流程	文件名称	法律适用	法律依据
23	建设开工前应取得的文件	项目接入系统设计方案的评审意见	《国家电网公司电厂接入系统前期工作管理办法》	行业规定 现行有效	第五条　电厂接入系统前期工作在国家电网公司系统内实行统一规划、分级管理。 第十七条　电厂接入系统设计审查工作实行计划管理。各区域电网公司和省级电力公司应及时将电厂接入系统设计报告通过区域电网公司上报公司总部，由公司总部下达评审计划。 第十八条　国家电网公司系统按以下分类情况分别负责管理电厂接入系统设计审查工作： （一）公司总部负责管理跨区送电项目、接入西北750千伏电网和接入特高压电网的电厂项目接入系统设计审查工作； （二）区域电网公司负责管理其它可能以330千伏、500千伏电压等级接入电网的电厂项目接入系统设计审查工作，根据情况可委托省级电力公司组织进行； （三）省级电力公司负责管理规划接入220千伏及以下电网的电厂项目接入系统设计审查工作。 第二十二条　电厂接入系统设计审查后，对于国家发展改革委已同意开展前期工作的电源项目，按照国家电网公司投资管理规定关于公司总部、区域电网公司、省级电力公司的功能定位，由电网公司负责、发电公司配合，抓紧组织开展电厂接入系统工程可行性研究工作。
24		建设用地规划许可证	《中华人民共和国城乡规划法》	法律 现行有效	第三十八条　以出让方式取得国有土地使用权的建设项目，建设单位在取得建设项目的批准、核准、备案文件和签订国有土地使用权出让合同后，向城市、县人民政府城乡规划主管部门领取建设用地规划许可证。
25		建设工程规划许可证	《中华人民共和国城乡规划法》	法律 现行有效	第四十条　在城市、镇规划区内进行建筑物、构筑物、道路、管线和其他工程建设的，建设单位或者个人应当向城市、县人民政府城乡规划主管部门或者省、自治区、直辖市人民政府确定的镇人民政府申请办理建设工程规划许可证。
26		建筑工程施工许可证	《中华人民共和国建筑法》	法律 现行有效	第七条　建筑工程开工前，建设单位应当按照国家有关规定向工程所在地县以上人民政府建设行政主管部门申请领取施工许可证；但是，国务院建设行政主管部门确定的限额以下的小型工程除外。

续表

序号	流程	文件名称	法律适用	法律依据
27	工程建设阶段	招投标文件	《中华人民共和国招标投标法》	法律现行有效	第三条 在中华人民共和国境内进行下列工程建设项目包括项目的勘察、设计、施工、监理以及与工程建设有关的重要设备、材料等的采购，必须进行招标： （一）大型基础设施、公用事业等关系社会公共利益、公众安全的项目； （二）全部或者部分使用国有资金投资或者国家融资的项目； （三）使用国际组织或者外国政府贷款、援助资金的项目。
		《必须招标的基础设施和公用事业项目范围规定》	部门规章现行有效	第二条 不属于《必须招标的工程项目规定》第二条、第三条规定情形的大型基础设施、公用事业等关系社会公共利益、公众安全的项目，必须招标的具体范围包括： （一）煤炭、石油、天然气、电力、新能源等能源基础设施项目；
		《必须招标的工程项目规定》	部门规章现行有效	第二条 全部或者部分使用国有资金投资或者国家融资的项目包括： （一）使用预算资金200万元人民币以上，并且该资金占投资额10%以上的项目； （二）使用国有企业事业单位资金，并且该资金占控股或者主导地位的项目。 第四条 不属于本规定第二条、第三条规定情形的大型基础设施、公用事业等关系社会公共利益、公众安全的项目，必须招标的具体范围由国务院发展改革部门会同国务院有关部门按照确有必要、严格限定的原则制订，报国务院批准。 第五条 本规定第二条至第四条规定范围内的项目，其勘察、设计、施工、监理以及与工程建设有关的重要设备、材料等的采购达到下列标准之一的，必须招标： （一）施工单项合同估算价在400万元人民币以上； （二）重要设备、材料等货物的采购，单项合同估算价在200万元人民币以上； （三）勘察、设计、监理等服务的采购，单项合同估算价在100万元人民币以上。 同一项目中可以合并进行的勘察、设计、施工、监理以及与工程建设有关的重要设备、材料等的采购，合同估算价合计达到前款规定标准的，必须招标。

续表

序号	流程	文件名称	法律适用	法律依据
28	竣工验收	建设项目竣工验收备案文件	《建设工程质量管理条例》	行政法规现行有效	第十七条 建设单位应当严格按照国家有关档案管理的规定,及时收集、整理建设项目各环节的文件资料,建立、健全建设项目档案,并在建设工程竣工验收后,及时向建设行政主管部门或者其他有关部门移交建设项目档案。
29		环境保护设施竣工验收	《建设项目环境保护管理条例》	行政法规现行有效	第十七条 编制环境影响报告书、环境影响报告表的建设项目竣工后,建设单位应当按照国务院环境保护行政主管部门规定的标准和程序,对配套建设的环境保护设施进行验收,编制验收报告。建设单位在环境保护设施验收过程中,应当如实查验、监测、记载建设项目环境保护设施的建设和调试情况,不得弄虚作假。除按照国家规定需要保密的情形外,建设单位应当依法向社会公开验收报告。
30	竣工验收	安全设施验收	《建设项目安全设施"三同时"监督管理办法》	部门规章现行有效	第二十二条 本办法第七条规定的建设项目安全设施竣工或者试运行完成后,生产经营单位应当委托具有相应资质的安全评价机构对安全设施进行验收评价,并编制建设项目安全验收评价报告。建设项目安全验收评价报告应当符合国家标准或者行业标准的规定。生产、储存危险化学品的建设项目和化工建设项目安全验收评价报告除符合本条第二款的规定外,还应当符合有关危险化学品建设项目的规定。
31		消防竣工验收	《中华人民共和国消防法》	法律现行有效	第十三条 国务院住房和城乡建设主管部门规定应当申请消防验收的建设工程竣工,建设单位应当向住房和城乡建设主管部门申请消防验收。前款规定以外的其他建设工程,建设单位在验收后应当报住房和城乡建设主管部门备案,住房和城乡建设主管部门应当进行抽查。依法应当进行消防验收的建设工程,未经消防验收或者消防验收不合格的,禁止投入使用;其他建设工程经依法抽查不合格的,应当停止使用。
32		工程规划核验	《中华人民共和国城乡规划法》	法律现行有效	第四十五条 县级以上地方人民政府城乡规划主管部门按照国务院规定对建设工程是否符合规划条件予以核实。未经核实或者经核实不符合规划条件的,建设单位不得组织竣工验收。建设单位应当在竣工验收后六个月内向城乡规划主管部门报送有关竣工验收资料。

附 录

续表

序号	流程	文件名称	法律适用	法律依据
33		电力建设工程质量监督检查文件	《建设工程质量管理条例》	行政法规现行有效	第四十三条 国家实行建设工程质量监督管理制度。国务院建设行政主管部门对全国的建设工程质量实施统一监督管理。国务院铁路、交通、水利等有关部门按照国务院规定的职责分工，负责对全国的有关专业建设工程质量的监督管理。 县级以上地方人民政府建设行政主管部门对本行政区域内的建设工程质量实施监督管理。县级以上地方人民政府交通、水利等有关部门在各自的职责范围内，负责对本行政区域内的专业建设工程质量的监督管理。
34	竣工验收	水土保持设施验收文件	《中华人民共和国水土保持法实施条例》	行政法规现行有效	第十四条 在山区、丘陵区、风沙区修建铁路、公路、水工程，开办矿山企业、电力企业和其他大中型工业企业，其环境影响报告书中的水土保持方案，必须先经水行政主管部门审查同意。 在山区、丘陵区、风沙区依法开办乡镇集体矿山企业和个体申请采矿，必须填写"水土保持方案报告表"，经县级以上地方人民政府水行政主管部门批准后，方可申请办理采矿批准手续。 建设工程中的水土保持设施竣工验收，应当有水行政主管部门参加并签署意见。水土保持设施经验收不合格的，建设工程不得投产使用。 水土保持方案的具体报批办法，由国务院水行政主管部门会同国务院有关主管部门制定。
35		工程档案验收意见	《建设工程质量管理条例》	行政法规现行有效	第十七条 建设单位应当严格按照国家有关档案管理的规定，及时收集、整理建设项目各环节的文件资料，建立、健全建设项目档案，并在建设工程竣工验收后，及时向建设行政主管部门或者其他有关部门移交建设项目档案。
36		电力业务许可证（发电类）	《电力业务许可证管理规定》	部门规章现行有效	第四条 在中华人民共和国境内从事电力业务，应当按照本规定取得电力业务许可证。除电监会规定的特殊情况外，任何单位或者个人未取得电力业务许可证，不得从事电力业务。 本规定所称电力业务，是指发电、输电、供电业务。其中，供电业务包括配电业务和售电业务。 第七条 电力业务许可证分为发电、输电、供电三个类别。 从事发电业务的，应当取得发电类电力业务许可证。 从事输电业务的，应当取得输电类电力业务许可证。 从事供电业务的，应当取得供电类电力业务许可证。

201

续表

序号	流程	文件名称	法律适用	法律依据
				从事两类以上电力业务的，应当分别取得两类以上电力业务许可证。 从事配电或者售电业务的许可管理办法，由电监会另行规定。
37	竣工验收	机组启动验收交接书(鉴定书)	《发电机组进入及退出商业运营办法》	部门规章现行有效	第七条 发电机组进入商业运营应具备下列条件： （一）签署机组启动验收交接书或鉴定书。 （二）完成并网运行必需的试验项目，电力调度机构已确认发电机组和接入系统设备（装置）满足电网安全稳定运行技术要求和调度管理要求。 （三）签订并网调度协议和购售电合同。 （四）取得电力业务许可证（发电类）。发电机组应在项目完成启动试运工作后3个月内（风电、光伏发电项目应当在并网后6个月内）取得电力业务许可证（发电类），或按规定变更许可事项，分批投产的发电项目应分批申请。符合许可豁免政策的机组除外。 （五）以发电为主、总装机容量五万千瓦及以上的大、中型水电站大坝已经国家认定的机构安全注册或登记备案。
38		商转意见书	《发电机组进入及退出商业运营管理办法》	部门规章2023年6月12日失效	第八条 新建发电机组进入商业运营的程序： （一）发电机组经并网调试运行满足规定的条件后，向相应电力监管机构提交进入商业运营的申请及相关文件。 （二）电力监管机构受理发电企业申请及相关文件后10个工作日内完成审核。电力监管机构经审核认定符合条件的，出具同意新建发电机组进入商业运营的意见书（以下简称商转意见书），并通知相关电网企业。
39		并网验收意见	《电网调度管理条例实施办法》	部门规章现行有效	第三十条 需并网运行的发电厂、机组、变电站或者电网，在与有关电网管理部门签订并网协议之前，应当提出并网申请，由有关电网管理部门审查其是否符合并网运行的条例。 需并网运行的发电厂、机组、变电站或者电网必须具有接受电网统一调度的技术装备和管理设施，应当以下基本条件： （一）新投产设备已通过试运行和启动验收（必须有有关电网管理部门的代表参加）； （二）接受电网统一调度的技术装备和管理设施齐备；

续表

序号	流程	文件名称	法律适用	法律依据
				（三）已向有关电网管理部门提交齐全的技术资料； （四）与有关电网调度机构间的通信通道符合规定，并已具备投运条件； （五）按电力行业标准、规程设计安装的继电保护、安全自动装置已具备投运条例，电网运行所需的安全措施已落实； （六）远动设施已按电力行业标准、规程设计建成，远动信息具备送入有关电网调度机构的电网调度自动化系统的条件； （七）与并网运行有关的计量装置安装齐备并经验收合格； （八）具备正常生产运行的其它条件。
40	竣工验收	电价批复文件	《中华人民共和国电力法》	法律现行有效	第三十七条　上网电价实行同网同质同价。具体办法和实施步骤由国务院规定。电力生产企业有特殊情况需另行制定上网电价的，具体办法由国务院规定。 第三十八条　跨省、自治区、直辖市电网和省级电网内的上网电价，由电力生产企业和电网经营企业协商提出方案，报国务院物价行政主管部门核准。 独立电网内的上网电价，由电力生产企业和电网经营企业协商提出方案，报有管理权的物价行政主管部门核准。 地方投资的电力生产企业所生产的电力，属于在省内各地区形成独立电网的或者自发自用的，其电价可以由省、自治区、直辖市人民政府管理。 第三十九条　跨省、自治区、直辖市电网和独立电网之间、省级电网和独立电网之间的互供电价，由双方协商提出方案，报国务院物价行政主管部门或者其授权的部门核准。 独立电网与独立电网之间的互供电价，由双方协商提出方案，报有管理权的物价行政主管部门核准。 第四十条　跨省、自治区、直辖市电网和省级电网的销售电价，由电网经营企业提出方案，报国务院物价行政主管部门或者其授权的部门核准。 独立电网的销售电价，由电网经营企业提出方案，报有管理权的物价行政主管部门核准。

附录2　分布式光伏发电项目开发流程法律依据

序号	流程	文件名称	法律适用	法律依据
1	项目备案	《分布式光伏发电项目管理暂行办法》	部门规范性文件现行有效	第十条　省级及以下能源主管部门依据国务院投资项目管理规定和国务院能源主管部门下达的本地区分布式光伏发电的年度指导规模指标，对分布式光伏发电项目实行备案管理。具体备案办法由省级人民政府制定。 第十一条　项目备案工作应根据分布式光伏发电项目特点尽可能简化程序，免除发电业务许可、规划选址、土地预审、水土保持、环境影响评价、节能评估及社会风险评估等支持性文件。 第十二条　对个人利用自有住宅及在住宅区域内建设的分布式光伏发电项目，由当地电网企业直接登记并集中向当地能源主管部门备案。不需要国家资金补贴的项目由省级能源主管部门自行管理。 第十三条　各级管理部门和项目单位不得自行变更项目备案文件的主要事项，包括投资主体、建设地点、项目规划、运营模式等，确需变更时，由备案部门按程序办理。
		《关于进一步加强光伏电站建设与运行管理工作的通知》	部门规范性文件2023年4月6日失效	六、规范光伏电站资源配置和项目管理。各省级能源主管部门应按照《光伏电站项目管理暂行办法》等要求，明确光伏电站项目备案条件及流程，并尽可能减少项目备案前置性条件……取得备案的项目在规定时限内未开工，省级及以下能源主管部门可用其他等容量的项目替代。禁止买卖项目备案文件及相关权益，已办理备案手续的光伏电站项目，如果投资主体发生重大变化，应当重新备案。
		《国家发展改革委关于完善陆上风电光伏发电上网标杆电价政策的通知》	部门规范性文件现行有效	二、利用建筑物屋顶及附属场所建设的分布式光伏发电项目，在项目备案时可以选择"自发自用、余电上网"或"全额上网"中的一种模式；已按"自发自用、余电上网"模式执行的项目，在用电负荷显著减少（含消失）或供用电关系无法履行的情况下，允许变更为"全额上网"模式。"全额上网"项目的发电量由电网企业按照当地光伏电站上网标杆电价收购。选择"全额上网"模式，项目单位要向当地能源主管部门申请变更备案，并不得再变更回"自发自用、余电上网"模式。
		《关于完善光伏发电规模管理和实施竞争方式配置项目的指导意见》	部门规范性文件2023年9月1日失效	光伏电站项目纳入年度建设规模后，其投资主体及股权比例、建设规模和建设场址等主要内容不得擅自变更。已纳入年度建设规模、未进入实质性工程建设阶段的项目不得向其他投资人转让，投资主体无力建设，应向所在省（自治区、直辖市）发展改革委（能源局）申请从年度规模中取消，并向原备案机关申请撤销备案。在建设期因企业兼并重组、同一集团内部分工调整等原因需要变更投资主体或股权

续表

序号	流程	文件名称	法律适用	法律依据
				比例的，或者调整建设规模和场址的，项目投资主体应向所在省（自治区、直辖市）发展改革委（能源局）提出申请，获得审核确认后方可实施变更，并向国家能源局派出机构报备，同时在国家可再生能源信息管理平台重新登记有关信息。在项目投产后变更投资主体，应向原备案机关进行变更登记，抄送国家能源局派出机构和当地电网企业，并在国家可再生能源信息管理平台变更登记信息。
2	发电业务许可豁免	《关于贯彻落实"放管服"改革精神优化电力业务许可管理有关事项的通知》	部门规范性文件现行有效	（一）继续实施电力业务许可豁免政策 以下发电项目不纳入电力业务许可管理范围： 1. 经能源主管部门以备案（核准）等方式明确的分布式发电项目
3	项目开工前应取得的文件	用地预审	《建设项目用地预审管理办法》	部门规章现行有效	第四条　建设项目用地实行分级预审。 需人民政府或有批准权的人民政府发展和改革等部门审批的建设项目，由该人民政府的国土资源主管部门预审。 需核准和备案的建设项目，由与核准、备案机关同级的国土资源主管部门预审。 第五条……需备案的建设项目在办理备案手续后，由建设单位提出用地预审申请。
4		用地审批	《建设用地审查报批管理办法》	部门规章现行有效	第四条　在建设项目审批、核准、备案阶段，建设单位应当向建设项目批准机关的同级国土资源主管部门提出建设项目用地预审申请。 受理预审申请的国土资源主管部门应当依据土地利用总体规划、土地使用标准和国家土地供应政策，对建设项目的有关事项进行预审，出具建设项目用地预审意见。
5		电网接入意见	《分布式光伏发电项目管理暂行办法》	部门规范性文件现行有效	第十九条　电网企业收到项目单位并网接入申请后，应在20个工作日内出具并网接入意见，对于集中多点接入的分布式光伏发电项目可延长到30个工作日。 第二十条　以35千伏及以下电压等级接入电网的分布式光伏发电项目，由地市级或县级电网企业按照简化程序办理相关并网手续，并提供并网咨询、电能表安装、并网调试及验收等服务。 第二十一条　以35千伏以上电压等级接入电网且所发电力在并网点范围内使用的分布式光伏发电项目，电网企业应根据其接入方式、电量使用范围，本着简便和及时高效的原则做好并网管理，提供相关服务。

续表

序号	流程	文件名称	法律适用	法律依据
6	环境影响评价备案	《建设项目环境影响评价分类管理名录（2021年版）》	部门规章现行有效	第90类 分布式光伏项目属于"其他光伏项目"类别，应依法填报并备案环境影响登记表。
		《中华人民共和国环境影响评价法》	法律现行有效	第二十二条 建设项目的环境影响报告书、报告表，由建设单位按照国务院的规定报有审批权的生态环境主管部门审批。……国家对环境影响登记表实行备案管理。
		《建设项目环境影响登记表备案管理办法》	部门规章现行有效	第七条 建设项目环境影响登记表备案采用网上备案方式。对国家规定需要保密的建设项目，建设项目环境影响登记表备案采用纸质备案方式。 第九条 建设单位应当在建设项目建成并投入生产运营前，登录网上备案系统，在网上备案系统注册真实信息，在线填报并提交建设项目环境影响登记表。
7	开工建设需取得的文件	建设用地规划许可证	《中华人民共和国城乡规划法》	法律现行有效	第三十八条 以出让方式取得国有土地使用权的建设项目，建设单位在取得建设项目的批准、核准、备案文件和签订国有土地使用权出让合同后，向城市、县人民政府城乡规划主管部门领取建设用地规划许可证。
8		建设工程规划许可证	《中华人民共和国城乡规划法》	法律现行有效	第四十条 在城市、镇规划区内进行建筑物、构筑物、道路、管线和其他工程建设的，建设单位或者个人应当向城市、县人民政府城乡规划主管部门或者省、自治区、直辖市人民政府确定的镇人民政府申请办理建设工程规划许可证。
9		建筑工程施工许可证	《中华人民共和国建筑法》	法律现行有效	第七条 建筑工程开工前，建设单位应当按照国家有关规定向工程所在地县级以上人民政府建设行政主管部门申请领取施工许可证；但是，国务院建设行政主管部门确定的限额以下的小型工程除外。
10	项目招标	《中华人民共和国招标投标法》	法律现行有效	第三条 在中华人民共和国境内进行下列工程建设项目包括项目的勘察、设计、施工、监理以及与工程建设有关的重要设备、材料等的采购，必须进行招标： （一）大型基础设施、公用事业等关系社会公共利益、公众安全的项目； （二）全部或者部分使用国有资金投资或者国家融资的项目； （三）使用国际组织或者外国政府贷款、援助资金的项目。

续表

序号	流程	文件名称	法律适用	法律依据
				第四十九条 违反本法规定,必须进行招标的项目而不招标的,将必须进行招标的项目化整为零或者以其他任何方式规避招标的,责令限期改正,可以处项目合同金额千分之五以上千分之十以下的罚款;对全部或者部分使用国有资金的项目,可以暂停项目执行或者暂停资金拨付;对单位直接负责的主管人员和其他直接责任人员依法给予处分。
		《必须招标的基础设施和公用事业项目范围规定》		第二条 不属于《必须招标的工程项目规定》第二条、第三条规定情形的大型基础设施、公用事业等关系社会公共利益、公众安全的项目,必须招标的具体范围包括: (一) 煤炭、石油、天然气、电力、新能源等能源基础设施项目;
11	施工建设	《分布式光伏发电项目管理暂行办法》	部门规范性文件现行有效	第十六条 分布式光伏发电项目所依托的建筑物及设施应具有合法性,项目单位与项目所依托的建筑物、场地及设施所有人非同一主体时,项目单位应与所有人签订建筑物、场地及设施的使用或租用协议,视经营方式与电力用户签订合同能源服务协议。 第十七条 分布式光伏发电项目的设计和安装应符合有关管理规定、设备标准、建筑工程规范和安全规范等要求。承担项目设计、咨询、安装和监理的单位,应具有国家规定的相应资质。 第十八条 分布式光伏发电项目采用的光伏电池组件、逆变器等设备应通过符合国家规定的认证认可机构的检测认证,符合相关接入电网的技术要求。 第二十二条 接入公共电网的分布式光伏发电项目,接入系统工程以及因接入引起的公共电网改造部分由电网企业投资建设,接入用户侧的分布式光伏发电项目,用户侧的配套工程由项目单位投资建设。因项目接入电网引起的公共电网改造部分由电网企业投资建设。
		《城镇国有土地使用权出让和转让暂行条例》	行政法规现行有效	第四十五条 符合下列条件的,经市、县人民政府土地管理部门和房产管理部门批准,其划拨土地使用权和地上建筑物、其他附着物所有权可以转让、出租、抵押: (一) 土地使用者为公司、企业、其他经济组织和个人; (二) 领有国有土地使用证; (三) 具有地上建筑物、其他附着物合法的产权证明; (四) 依照本条例第二章的规定签订土地使用权出让合同,向当地市、县人民政府补交土地使用权出让金或者以转让、出租、抵押所获收益抵交土地使用权出让金。 转让、出租、抵押前款划拨土地使用权的,分别依照本条例第三章、第四章和第五章的规定办理。

续表

序号	流程	文件名称	法律适用	法律依据
12	竣工验收	《分布式光伏发电项目管理暂行办法》	部门规范性文件现行有效	第二十四条 分布式光伏发电项目本体工程建成后，向电网企业提出并网调试和验收申请。电网企业指导和配合项目单位开展并网运行调试和验收。电网企业应根据国家有关标准制定分布式光伏发电电网接入和并网运行验收办法。 第二十五条 电网企业负责对分布式光伏发电项目的全部发电量、上网电量分别计量，免费提供并安装电能计量表，不向项目单位收取系统备用容量费。电网企业在有关并网接入和运行等所有环节提供的服务均不向项目单位收取费用。
	并网验收	《电网调度管理条例实施办法》	部门规章现行有效	第三十条 需并网运行的发电厂、机组、变电站或者电网，在与有关电网管理部门签订并网协议之前，应当提出并网申请，由有关电网管理部门审查其是否符合并网运行的条例。
	工程规划核验	《建设工程质量管理条例》	行政法规现行有效	第十六条 建设单位收到建设工程竣工报告后，应当组织设计、施工、工程监理等有关单位进行竣工验收。
	消防验收	《中华人民共和国消防法》	法律现行有效	第十三条 国务院住房和城乡建设主管部门规定应当申请消防验收的建设工程竣工，建设单位应当向住房和城乡建设主管部门申请消防验收。 前款规定以外的其他建设工程，建设单位在验收后应当报住房和城乡建设主管部门备案，住房和城乡建设主管部门应当进行抽查。 依法应当进行消防验收的建设工程，未经消防验收或者消防验收不合格的，禁止投入使用；其他建设工程经依法抽查不合格的，应当停止使用。
		《建设工程消防设计审查验收管理暂行规定》	部门规章现行有效	第三十六条 其他建设工程竣工验收合格之日起五个工作日内，建设单位应当报消防设计审查验收主管部门备案。 建设单位办理备案，应当提交下列材料： （一）消防验收备案表； （二）工程竣工验收报告； （三）涉及消防的建设工程竣工图纸。

附录3　陆上集中式风电项目开发流程法律依据

序号	流程		文件名称	法律适用	法律依据
1	项目备案/核准		《风电开发建设管理暂行办法》	部门规范性文件现行有效	第十二条　风电项目开发企业开展前期工作之前应向省级以上政府能源主管部门提出开展风电场项目开发前期工作的申请。按照项目核准权限划分，5万千瓦及以上项目开发前期工作申请由省级政府能源主管部门受理后，上报国务院能源主管部门批复。
			《关于促进新时代新能源高质量发展的实施方案》	部门规范性文件现行有效	推动风电项目由核准制调整为备案制。以新能源为主体的多能互补、源网荷储、微电网等综合能源项目，可作为整体统一办理核准（备案）手续。
2	建设规划指标		《国家能源局关于进一步完善风电年度开发方案管理工作的通知》	部门规范性文件2023年4月6日失效	一、风电年度开发方案是指根据全国风电发展规划要求，按年度编制的滚动实施方案。全国年度开发方案包括各省（区、市）年度建设规模、布局、运行指标和有关管理要求。各省（区、市）年度开发方案根据本省（区、市）风电发展规划和全国年度开发方案的要求编制，包括项目清单、预计项目核准时间、预计项目投产时间、风电运行指标和对本地电网企业的管理要求。
3	项目开工前应取得的文件	用地预审	《建设项目用地预审管理办法》	部门规章现行有效	第四条　建设项目用地实行分级预审。需人民政府或有批准权的人民政府发展和改革等部门审批的建设项目，由该人民政府的国土资源主管部门预审。需核准和备案的建设项目，由与核准、备案机关同级的国土资源主管部门预审。第五条　……需备案的建设项目在办理备案手续后，由建设单位提出用地预审申请。
4		用地审批	《建设用地审查报批管理办法》	部门规章现行有效	第四条　在建设项目审批、核准、备案阶段，建设单位应当向建设项目批准机关的同级国土资源主管部门提出建设项目用地预审申请。受理预审申请的国土资源主管部门应当依据土地利用总体规划、土地使用标准和国家土地供应政策，对建设项目的有关事项进行预审，出具建设项目用地预审意见。
5		电网接入意见	《风电开发建设管理暂行办法》	部门规范性文件现行有效	第十八条　风电场工程项目申请报告应达到可行性研究的深度，并附有下列文件：（一）项目列入全国或所在省（区、市）风电场工程建设规划及年度开发计划的依据文件；（二）项目开发前期工作批复文件，或项目特许权协议，或特许权项目中标通知书；（三）项目可行性研究报告及其技术审查意见；

续表

序号	流程	文件名称	法律适用	法律依据
				（四）土地管理部门出具的关于项目用地预审意见； （五）环境保护管理部门出具的环境影响评价批复意见； （六）安全生产监督管理部门出具的风电场工程安全预评价报告备案函； （七）电网企业出具的关于风电场接入电网运行的意见，或省级以上政府能源主管部门关于项目接入电网的协调意见。 （八）金融机构同意给予项目融资贷款的文件； （九）根据有关法律法规应提交的其它文件。
6	环境影响评价备案	《建设项目环境影响评价分类管理名录（2021年版）》	部门规章现行有效	第90类涉及环境敏感区的总装机容量5万千瓦及以上的陆上风力发电，应依法编制并备案环境影响报告书；其他风力发电，应依法编制并备案环境影响报告表。
		《中华人民共和国环境影响评价法》	法律现行有效	第二十二条　建设项目的环境影响报告书、报告表，由建设单位按照国务院的规定报有审批权的生态环境主管部门审批。……国家对环境影响登记表实行备案管理。
		《建设项目环境影响登记表备案管理办法》	部门规章现行有效	第七条　建设项目环境影响登记表备案采用网上备案方式。对国家规定需要保密的建设项目，建设项目环境影响登记表备案采用纸质备案方式。 第九条 建设单位应当在建设项目建成并投入生产运营前，登录网上备案系统，在网上备案系统注册真实信息，在线填报并提交建设项目环境影响登记表。
7	开工建设需取得的文件	建设用地规划许可证	《中华人民共和国城乡规划法》	法律现行有效	第三十八条 以出让方式取得国有土地使用权的建设项目，建设单位在取得建设项目的批准、核准、备案文件和签订国有土地使用权出让合同后，向城市、县人民政府城乡规划主管部门领取建设用地规划许可证。
8		建设工程规划许可证	《中华人民共和国城乡规划法》	法律现行有效	第四十条 在城市、镇规划区内进行建筑物、构筑物、道路、管线和其他工程建设的，建设单位或者个人应当向城市、县人民政府城乡规划主管部门或者省、自治区、直辖市人民政府确定的镇人民政府申请办理建设工程规划许可证。
9		建筑工程施工许可证	《中华人民共和国建筑法》	法律现行有效	第七条 建筑工程开工前，建设单位应当按照国家有关规定向工程所在地县级以上人民政府建设行政主管部门申请领取施工许可证；但是，国务院建设行政主管部门确定的限额以下的小型工程除外。

续表

序号	流程	文件名称	法律适用	法律依据
10	项目招标	《中华人民共和国招标投标法》	法律现行有效	第三条 在中华人民共和国境内进行下列工程建设项目包括项目的勘察、设计、施工、监理以及与工程建设有关的重要设备、材料等的采购，必须进行招标： （一）大型基础设施、公用事业等关系社会公共利益、公众安全的项目； （二）全部或者部分使用国有资金投资或者国家融资的项目； （三）使用国际组织或者外国政府贷款、援助资金的项目。 第四十九条 违反本法规定，必须进行招标的项目而不招标的，将必须进行招标的项目化整为零或者以其他任何方式规避招标的，责令限期改正，可以处项目合同金额千分之五以上千分之十以下的罚款；对全部或者部分使用国有资金的项目，可以暂停项目执行或者暂停资金拨付；对单位直接负责的主管人员和其他直接责任人员依法给予处分。
		《必须招标的基础设施和公用事业项目范围规定》	部门规范性文件现行有效	第二条 不属于《必须招标的工程项目规定》第二条、第三条规定情形的大型基础设施、公用事业等关系社会公共利益、公众安全的项目，必须招标的具体范围包括： （一）煤炭、石油、天然气、电力、新能源等能源基础设施项目；
11	竣工验收	并网验收	《风电开发建设管理暂行办法》	部门规范性文件现行有效	第二十条 项目所在省级政府能源主管部门负责指导和监督项目竣工验收，协调和督促电网企业完成电网接入配套设施建设并与项目单位签订并网调度协议和购售电合同。项目单位完成土建施工、设备安装和配套电力送出设施，办理好各专项验收，待电网企业建成电力送出配套电网设施后，制定整体工程竣工验收方案，报项目所在地省级政府能源主管部门备案。项目单位和电网企业按有关技术规定和备案的验收方案进行竣工验收，将结果报省级政府能源主管部门，省级政府能源主管部门审核后报国务院能源主管部门备案。 第二十一条 电网企业配合进行项目并网运行调试，按照相关技术规定进行项目电力送出工程和并网运行的竣工验收。完成竣工验收后将结果报省级政府能源主管部门，省级政府能源主管部门审核后报国务院能源主管部门备案。
			《电网调度管理条例实施办法》	部门规章现行有效	第三十条 需并网运行的发电厂、机组、变电站或者电网，在与有关电网管理部门签订并网协议之前，应当提出并网申请，由有关电网管理部门审查其是否符合并网运行的条例。

续表

序号	流程	文件名称	法律适用	法律依据
11	工程规划核验	《建设工程质量管理条例》	行政法规现行有效	第十六条 建设单位收到建设工程竣工报告后,应当组织设计、施工、工程监理等有关单位进行竣工验收。
	消防验收	《中华人民共和国消防法》	法律现行有效	第十三条 国务院住房和城乡建设主管部门规定应当申请消防验收的建设工程竣工,建设单位应当向住房和城乡建设主管部门申请消防验收。 前款规定以外的其他建设工程,建设单位在验收后应当报住房和城乡建设主管部门备案,住房和城乡建设主管部门应当进行抽查。 依法应当进行消防验收的建设工程,未经消防验收或者消防验收不合格的,禁止投入使用;其他建设工程经依法抽查不合格的,应当停止使用。
		《建设工程消防设计审查验收管理暂行规定》	部门规章现行有效	第三十六条 其他建设工程竣工验收合格之日起五个工作日内,建设单位应当报消防设计审查验收主管部门备案。 建设单位办理备案,应当提交下列材料: (一)消防验收备案表; (二)工程竣工验收报告; (三)涉及消防的建设工程竣工图纸。

附录4 陆上分散式风电项目开发流程法律依据

序号	流程	文件名称	法律适用	法律依据
1	项目备案/核准	《分散式风电项目开发建设暂行管理办法》	部门规范性文件现行有效	第九条 各地方要简化分散式风电项目核准流程，建立简便高效规范的核准管理工作机制，鼓励试行项目核准承诺制。地方能源主管部门制订完善的分散式风电项目核准管理工作细则，建立简便高效规范的工作流程，明确项目核准的申报材料、办理流程和办理时限等，并向社会公布。对于试行项目核准承诺制的地区，地方能源主管部门不再审查前置要件，审查方式转变为企业提交相关材料并作出信用承诺，地方能源主管部门审核通过后，即对项目予以核准。
		《关于促进新时代新能源高质量发展的实施方案》	部门规范性文件现行有效	推动风电项目由核准制调整为备案制。以新能源为主体的多能互补、源网荷储、微电网等综合能源项目，可作为整体统一办理核准（备案）手续。
2	项目开工前应取得的文件 / 用地预审	《建设项目用地预审管理办法》	部门规章现行有效	第四条 建设项目用地实行分级预审。 需人民政府或有批准权的人民政府发展和改革等部门审批的建设项目，由该人民政府的国土资源主管部门预审。 需核准和备案的建设项目，由与核准、备案机关同级的国土资源主管部门预审。 第五条 ……需备案的建设项目在办理备案手续后，由建设单位提出用地预审申请。
3	用地审批	《建设用地审查报批管理办法》	部门规章现行有效	第四条 在建设项目审批、核准、备案阶段，建设单位应当向建设项目批准机关的同级国土资源主管部门提出建设项目用地预审申请。 受理预审申请的国土资源主管部门应当依据土地利用总体规划、土地使用标准和国家土地供应政策，对建设项目的有关事项进行预审，出具建设项目用地预审意见。
4	电网接入意见	《分散式风电项目开发建设暂行管理办法》	部门规范性文件现行有效	第十八条 电网企业应完善35千伏及以下电压等级接入分散式风电项目并网和并网运行服务。由地市或县级电网企业设立分散式风电项目"一站式"并网服务窗口，按照简化程序办理电网接入，提供相应并网服务，并及时向社会公布配电网可接入容量信息。 第十九条 ……（一）地市或县级电网企业客户服务中心为分散式风电项目业主提供并网申请受理服务，向项目业主填写并网申请表提供咨询指导，接受相关支持性文件，不得以政府核准文件、

213

续表

序号	流程	文件名称	法律适用	法律依据
				客户有效身份证明之外的材料缺失为由拒绝并网申请。(二) 电网企业为分散式风电项目业主提供接入系统方案制订和咨询服务，并在受理并网申请后20个工作日内，由客户服务中心将接入系统方案送达项目业主，经项目业主确认后实施。(三) 分散式风电项目主体工程和接入系统工程竣工后，客户服务中心受理项目业主并网调试申请，接收相关材料。(四) 电网企业在受理并网调试申请后，10个工作日内完成关口电能计量装置安装服务，并与项目业主（或电力用户）签署购售电合同和并网调度协议。合同和协议内容参照有关部门制订的示范文本内容。(五) 电网企业在关口电能计量装置安装完成后，10个工作日内组织并网调试，调试通过后直接转入并网运行。(六) 电网企业在并网申请受理、接入系统方案制订、合同和协议签署、并网调试全过程服务中，不收取任何费用。
5	环境影响评价备案	《建设项目环境影响评价分类管理名录（2021年版）》	部门规章现行有效	第90类　涉及环境敏感区的总装机容量5万千瓦及以上的陆上风力发电，应依法编制并备案环境影响报告书；其他风力发电，应依法编制并备案环境影响报告表。
		《中华人民共和国环境影响评价法》	法律现行有效	第二十二条　建设项目的环境影响报告书、报告表，由建设单位按照国务院的规定报有审批权的生态环境主管部门审批。……国家对环境影响登记表实行备案管理。
		《建设项目环境影响登记表备案管理办法》	部门规章现行有效	第七条　建设项目环境影响登记表备案采用网上备案方式。对国家规定需要保密的建设项目，建设项目环境影响登记表备案采用纸质备案方式。第九条　建设单位应当在建设项目建成并投入生产运营前，登录网上备案系统，在网上备案系统注册真实信息，在线填报并提交建设项目环境影响登记表。
6	建设用地规划许可证	《中华人民共和国城乡规划法》	法律现行有效	第三十八条　以出让方式取得国有土地使用权的建设项目，建设单位在取得建设项目的批准、核准、备案文件和签订国有土地使用权出让合同后，向城市、县人民政府城乡规划主管部门领取建设用地规划许可证。

续表

序号	流程		文件名称	法律适用	法律依据
7	开工建设需取得的文件	规划许可证	《中华人民共和国城乡规划法》	法律现行有效	第四十条 在城市、镇规划区内进行建筑物、构筑物、道路、管线和其他工程建设的，建设单位或者个人应当向城市、县人民政府城乡规划主管部门或者省、自治区、直辖市人民政府确定的镇人民政府申请办理建设工程规划许可证。
8		建筑工程施工许可证	《中华人民共和国建筑法》	法律现行有效	第七条 建筑工程开工前，建设单位应当按照国家有关规定向工程所在地县级以上人民政府建设行政主管部门申请领取施工许可证；但是，国务院建设行政主管部门确定的限额以下的小型工程除外。
9	项目招标		《中华人民共和国招标投标法》	法律现行有效	第三条 在中华人民共和国境内进行下列工程建设项目包括项目的勘察、设计、施工、监理以及与工程建设有关的重要设备、材料等的采购，必须进行招标： （一）大型基础设施、公用事业等关系社会公共利益、公众安全的项目； （二）全部或者部分使用国有资金投资或者国家融资的项目； （三）使用国际组织或者外国政府贷款、援助资金的项目。 第四十九条 违反本法规定，必须进行招标的项目而不招标的，将必须进行招标的项目化整为零或者以其他任何方式规避招标的，责令限期改正，可以处项目合同金额千分之五以上千分之十以下的罚款；对全部或者部分使用国有资金的项目，可以暂停项目执行或者暂停资金拨付；对单位直接负责的主管人员和其他直接责任人员依法给予处分。
			《必须招标的基础设施和公用事业项目范围规定》	部门规范性文件现行有效	第二条 不属于《必须招标的工程项目规定》第二条、第三条规定情形的大型基础设施、公用事业等关系社会公共利益、公众安全的项目，必须招标的具体范围包括： （一）煤炭、石油、天然气、电力、新能源等能源基础设施项目；
10	竣工验收	并网验收	《分散式风电项目开发建设暂行管理办法》	部门规范性文件现行有效	第十八条 电网企业应完善35千伏及以下电压等级接入分散式风电项目接网和并网运行服务。由地市或县级电网企业设立分散式风电项目"一站式"并网服务窗口，按照简化程序办理电网接入，提供相应并网服务，并及时向社会公布配电网可接入容量信息。 第十九条 ……（一）地市或县级电网企业客户服务中心为分散式风电项目业主提供并网申请受理服

215

续表

序号	流程	文件名称	法律适用	法律依据
				务，向项目业主填写并网申请表提供咨询指导，接受相关支持性文件，不得以政府核准文件、客户有效身份证明之外的材料缺失为由拒绝并网申请。（二）电网企业为分散式风电项目业主提供接入系统方案制订和咨询服务，并在受理并网申请后20个工作日内，由客户服务中心将接入系统方案送达项目业主，经项目业主确认后实施。（三）分散式风电项目主体工程和接入系统工程竣工后，客户服务中心受理项目业主并网调试申请，接收相关材料。（四）电网企业在受理并网调试申请后，10个工作日内完成关口电能计量装置安装服务，并与项目业主（或电力用户）签署购售电合同和并网调度协议。合同和协议内容参照有关部门制订的示范文本内容。（五）电网企业在关口电能计量装置安装完成后，10个工作日内组织并网调试，调试通过后直接转入并网运行。（六）电网企业在并网申请受理、接入系统方案制订、合同和协议签署、并网调试全过程服务中，不收取任何费用。
		《电网调度管理条例实施办法》	部门规章现行有效	第三十条　需并网运行的发电厂、机组、变电站或者电网，在与有关电网管理部门签订并网协议之前，应当提出并网申请，由有关电网管理部门审查其是否符合并网运行的条例。
	工程规划核验	《建设工程质量管理条例》	行政法规现行有效	第十六条　建设单位收到建设工程竣工报告后，应当组织设计、施工、工程监理等有关单位进行竣工验收。
	消防验收	《中华人民共和国消防法》	法律现行有效	第十三条　国务院住房和城乡建设主管部门规定应当申请消防验收的建设工程竣工，建设单位应当向住房和城乡建设主管部门申请消防验收。前款规定以外的其他建设工程，建设单位在验收后应当报住房和城乡建设主管部门备案，住房和城乡建设主管部门应当进行抽查。依法应当进行消防验收的建设工程，未经消防验收或者消防验收不合格的，禁止投入使用；其他建设工程经依法抽查不合格的，应当停止使用。
		《建设工程消防设计审查验收管理暂行规定》	部门规章现行有效	第三十六条　其他建设工程竣工验收合格之日起五个工作日内，建设单位应当报消防设计审查验收主管部门备案。 建设单位办理备案，应当提交下列材料： （一）消防验收备案表； （二）工程竣工验收报告； （三）涉及消防的建设工程竣工图纸。

附录5 海上风电项目开发流程法律依据

序号	流程	文件名称	法律适用	法律依据
1	列入年度开发计划	《海上风电开发建设管理办法》	部门规范性文件现行有效	第六条 海上风电发展规划包括全国海上风电发展规划、各省（自治区、直辖市）以及市县级海上风电发展规划。全国海上风电发展规划和各省（自治区、直辖市）海上风电发展规划应当与可再生能源发展规划、海洋主体功能区规划、海洋功能区划、海岛保护规划、海洋经济发展规划相协调。各省（自治区、直辖市）海上风电发展规划应符合全国海上风电发展规划。 第十三条 ……未纳入海上风电发展规划的海上风电项目，开发企业不得开展海上风电项目建设。
		《政府核准的投资项目目录（2016年本）》	国务院规范性文件现行有效	二、能源 ……风电站：由地方政府在国家依据总量控制制定的建设规划及年度开发指导规模内核准。
2	核准前置条件	用海预审意见	《国家海洋局关于进一步规范海上风电用海管理的意见》	部门规范性文件现行有效	严格执行海上风电项目用海预审制度。……用海预审是企业投资项目核准前置审批事项之一，用海预审意见是核准项目申请报告的必要文件。沿海地方海洋行政主管部门应按照规定程序，主要依据海洋功能区划、海域使用论证报告及专家评审意见等进行预审，并出具用海预审意见。
		《海上风电开发建设管理办法》	部门规范性文件现行有效	第二十一条 项目单位向省级及以下能源主管部门申请核准前，应向海洋行政主管部门提出用海预审申请，按规定程序和要求审查后，由海洋行政主管部门出具项目用海预审意见。
3		用地预审与选址意见书	《建设项目用地预审管理办法》	部门规章现行有效	第五条 ……需核准的建设项目在项目申请报告核准前，由建设单位提出用地预审申请。
4			《自然资源部关于以"多规合一"为基础推进规划用地"多审合一、多证合一"改革的通知》	部门规范性文件现行有效	一、合并规划选址和用地预审 将建设项目选址意见书、建设项目用地预审意见合并，自然资源主管部门统一核发建设项目用地预审与选址意见书，不再单独核发建设项目选址意见书、建设项目用地预审意见。

续表

序号	流程	文件名称	法律适用	法律依据
5	核准前置条件 / 可行性研究报告	《风电开发建设管理暂行办法》	部门规范性文件现行有效	第十八条　风电场工程项目申请报告应达到可行性研究的深度，并附有下列文件： （一）项目列入全国或所在省（区、市）风电场工程建设规划及年度开发计划的依据文件； （二）项目开发前期工作批复文件，或项目特许权协议，或特许权项目中标通知书； （三）项目可行性研究报告及其技术审查意见； （四）土地管理部门出具的关于项目用地预审意见； （五）环境保护管理部门出具的环境影响评价批复意见； （六）安全生产监督管理部门出具的风电场工程安全预评价报告备案函； （七）电网企业出具的关于风电场接入电网运行的意见，或省级以上政府能源主管部门关于项目接入电网的协调意见。 （八）金融机构同意给予项目融资贷款的文件； （九）根据有关法律法规应提交的其它文件。 第十一条　项目前期工作包括选址测风、风能资源评价、建设条件论证、项目开发申请、可行性研究和项目核准前的各项准备工作。
6	项目核准	《海上风电开发建设管理办法》	部门规范性文件现行有效	第十三条　省级及以下能源主管部门按照有关法律法规，依据经国家能源局审定的海上风电发展规划，核准具备建设条件的海上风电项目。核准文件应及时对全社会公开并抄送国家能源局和同级海洋行政主管部门。
		《企业投资项目核准和备案管理条例》	行政法规现行有效	第十二条　项目自核准机关作出予以核准决定或者同意变更决定之日起 2 年内未开工建设，需要延期开工建设的，企业应当在 2 年期限届满的 30 个工作日前，向核准机关申请延期开工建设。核准机关应当自受理申请之日起 20 个工作日内，作出是否同意延期开工建设的决定。开工建设只能延期一次，期限最长不得超过 1 年。国家对项目延期开工建设另有规定的，依照其规定。

附 录

续表

序号	流程	文件名称	法律适用	法律依据
7	选址	《国家海洋局关于进一步规范海上风电用海管理的意见》	部门规范性文件现行有效	海上风电项目用海必须符合海洋主体功能区规划和海洋功能区划，优先选择在海洋功能区划中已明确兼容风电的功能区布置，一般不得占用港口航运区、海洋保护区或保留区等功能区；海洋功能区划中没有明确兼容风电功能的，应当严格科学论证与海洋功能区划的符合性，不得损害所在功能区的基本功能，避免对国防安全和海上交通安全等产生影响。
8	项目用海	《国家海洋局关于进一步规范海上风电用海管理的意见》	部门规范性文件现行有效	单个海上风电场外缘边线包络海域面积原则上每10万千瓦控制在16平方公里左右，除因避让航道等情形以外，应当集中布置，不得随意分块。
9	项目用海	面积	《海上风电开发建设管理办法》	部门规范性文件现行有效	第二十条　海上风电项目建设用海面积和范围按照风电设施实际占用海域面积和安全区占用海域面积界定。海上风机组用海面积为所有风机组塔架占用海域面积之和，单个风电机组塔架用海面积一般按塔架中心点至基础外缘线点再向外扩50m为半径的圆形区域计算；海底电缆用海面积按电缆外缘向两侧各外扩10m宽为界计算；其他永久设施用海面积按《海籍调查规范》的规定计算。各种用海面积不重复计算。
10		《海上风电开发建设管理办法》	部门规范性文件现行有效	第二十二条　海上风电项目核准后，项目单位应按照程序及时向海洋行政主管部门提出海域使用申请，依法取得海域使用权后方可开工建设。
11	海域使用权	《中华人民共和国海域使用管理法》	法律现行有效	第三条　海域属于国家所有，国务院代表国家行使海域所有权。任何单位或者个人不得侵占、买卖或者以其他形式非法转让海域。 单位和个人使用海域，必须依法取得海域使用权。 第十九条　海域使用申请经依法批准后，国务院批准用海的，由国务院海洋行政主管部门登记造册，向海域使用申请人颁发海域使用权证书；地方人民政府批准用海的，由地方人民政府登记造册，向海域使用申请人颁发海域使用权证书。海域使用申请人自领取海域使用权证书之日起，取得海域使用权。 第四十二条　未经批准或者骗取批准，非法占用海域的，责令退还非法占用的海域，恢复海域

219

续表

序号	流程	文件名称	法律适用	法律依据
				原状,没收违法所得,并处非法占用海域期间内该海域面积应缴纳的海域使用金五倍以上十五倍以下的罚款;对未经批准或者骗取批准,进行围海、填海活动的,并处非法占用海域期间内该海域面积应缴纳的海域使用金十倍以上二十倍以下的罚款。
12	项目用海	海域使用权	《中华人民共和国海域使用权管理规定》	部门规范性文件现行有效	第六条 使用海域应当依法进行海域使用论证。 第七条 通过申请审批方式取得海域使用权的,申请人委托有资质的单位开展海域使用论证。 通过招标、拍卖方式取得海域使用权的,组织招标、拍卖的单位委托有资质的单位开展海域使用论证。 第十一条 国务院或国务院投资主管部门审批、核准的建设项目需要使用海域的,申请人应当在项目审批、核准前向国家海洋行政主管部门提出海域使用申请,取得用海预审意见。 地方人民政府或其投资主管部门审批、核准的建设项目需要使用海域的,用海预审程序由地方人民政府海洋行政主管部门自行制定。 第十二条 国家海洋行政主管部门应当按照本规定的用海项目审理程序,进行受理、审查、审核,出具用海预审意见。 第十三条 建设项目经批准后,申请人应当及时将项目批准文件提交海洋行政主管部门。 海洋行政主管部门收到项目批准文件后,依法办理海域使用权报批手续。 第十四条 用海预审意见有效期二年。有效期内,项目拟用海面积、位置和用途等发生改变的,应当重新提出海域使用申请。 第二十七条 海域使用权人不得擅自改变经批准的海域用途;确需改变的,应当以拟改变的海域用途按审批权限重新申请报批。
13	海域使用金	《中华人民共和国海域使用管理法》	法律现行有效	第三十三条 国家实行海域有偿使用制度。 单位和个人使用海域,应当按照国务院的规定缴纳海域使用金。海域使用金应当按照国务院的规定上缴财政。 对渔民使用海域从事养殖活动收取海域使用金的具体实施步骤和办法,由国务院另行规定。 第三十四条 根据不同的用海性质或者情形,海域使用金可以按照规定一次缴纳或者按年度逐年缴纳。

续表

序号	流程	文件名称	法律适用	法律依据
14	项目用海	《国家发展改革委、国家能源局关于完善能源绿色低碳转型体制机制和政策措施的意见》	部门规范性文件现行有效	严格依法规范能源开发涉地（涉海）税费征收。符合条件的海上风电等可再生能源项目可按规定申请减免海域使用金。鼓励在风电等新能源开发建设中推广应用节地技术和节地模式。
15	项目用海 航道通航条件影响评价	《中华人民共和国航道法》	法律现行有效	第二十四条 新建、改建、扩建（以下统称建设）跨越、穿越航道的桥梁、隧道、管道、缆线等建筑物、构筑物，应当符合该航道发展规划技术等级对通航净高、净宽、埋设深度等航道通航条件的要求。
16	项目用海 航道通航条件影响评价	《航道通航条件影响评价审核管理办法》	部门规章现行有效	第二条 ……本办法所称航道通航条件影响评价审核，是指在新建、改建、扩建（以下统称建设）与航道有关的工程前，建设单位根据国家有关规定和技术标准规范，论证评价工程对航道通航条件的影响并提出减小或者消除影响的对策措施，由有审核权的交通运输主管部门或者航道管理机构进行审核。
17	项目用海 无居民海岛	《海上风电开发建设管理办法》	部门规范性文件现行有效	第二十三条 使用无居民海岛建设海上风电的项目单位应当按照《海岛保护法》等法律法规办理无居民海岛使用申请审批手续，并取得无居民海岛使用权后，方可开工建设。
18	项目用海 无居民海岛	《中华人民共和国海岛保护法》	法律现行有效	第三十条 从事全国海岛保护规划确定的可利用无居民海岛的开发利用活动，应当遵守可利用无居民海岛保护和利用规划，采取严格的生态保护措施，避免造成海岛及其周边海域生态系统破坏。 开发利用前款规定的可利用无居民海岛，应当向省、自治区、直辖市人民政府海洋主管部门提出申请，并提交项目论证报告、开发利用具体方案等申请文件，由海洋主管部门组织有关部门和专家审查，提出审查意见，报省、自治区、直辖市人民政府审批。 无居民海岛的开发利用涉及利用特殊用途海岛，或者确需填海连岛以及其他严重改变海岛自然地形、地貌的，由国务院审批。 无居民海岛开发利用审查批准的具体办法，由国务院规定。

续表

序号	流程	文件名称	法律适用	法律依据
				第三十一条 经批准开发利用无居民海岛的，应当依法缴纳使用金。但是，因国防、公务、教学、防灾减灾、非经营性公用基础设施建设和基础测绘、气象观测等公益事业使用无居民海岛的除外。 无居民海岛使用金征收使用管理办法，由国务院财政部门会同国务院海洋主管部门规定。
19	项目开工前应取得的合规文件 / 环境影响评价	《海上风电开发建设管理办法》	部门规范性文件现行有效	第二十四条 项目单位在提出海域使用权申请前，应当按照《海洋环境保护法》《防治海洋工程建设项目污染损害海洋环境管理条例》、地方海洋环境保护相关法规及相关技术标准要求，委托有相应资质的机构编制海上风电项目环境影响报告书，报海洋行政主管部门审查批准。 第二十五条 海上风电项目核准后，项目单位应按环境影响报告书及批准意见的要求，加强环境保护设计，落实环境保护措施；项目核准后建设条件发生变化，应在开工前按《海洋工程环境影响评价管理规定》办理。 第二十六条 海上风电项目建成后，按规定程序申请环境保护设施竣工验收，验收合格后，该项目方可正式投入运营。
20		《建设项目环境影响评价分类管理名录（2021年版）》	部门规章现行有效	第151类 总装机容量5万千瓦及以上的海上风电工程及其输送设施及网络工程应编制环境影响报告书；其他海上风电工程及其输送设施及网络工程应编制环境影响报告表
21	军事设施保护意见	《中华人民共和国军事设施保护法》	法律现行有效	第三十六条 县级以上地方人民政府编制国民经济和社会发展规划、土地利用总体规划、城乡规划和海洋功能区划，安排可能影响军事设施保护的建设项目，国务院有关部门、地方人民政府编制国土空间规划等规划，应当兼顾军事设施保护的需要，并按照规定书面征求有关军事机关的意见。必要时，可以由地方人民政府会同有关部门、有关军事机关对建设项目进行评估。 第三十八条 县级以上地方人民政府安排建设项目或者开辟旅游景点，应当避开军事设施。确实不能避开，需要将军事设施拆除、迁建或者改作民用的，由省、自治区、直辖市人民政府或者国务院有关部门和战区军事机关商定，

附 录

续表

序号	流程	文件名称	法律适用	法律依据
				并报国务院和中央军事委员会批准或者国务院和中央军事委员会授权的机关批准；需要将军事设施改建的，由有关军事机关批准。
22		《军事设施保护法实施办法》	行政法规现行有效	第三十五条 地方在军用电磁环境保护范围内安排建设项目，对军用电磁环境可能产生影响的，应当按照规定征求有关军事机关的意见；必要时，可以由军事设施管理单位和地方有关部门共同对其干扰程度和电磁障碍物的影响情况进行测试和论证。 第三十六条 各级人民政府有关部门审批和验收军用电磁环境保护范围内的建设项目，应当审查发射、辐射电磁信号设备和电磁障碍物的状况，以及征求军事机关意见的情况；未征求军事机关意见或者不符合国家电磁环境保护标准的，不予办理建设或者使用许可手续。
23	项目开工前应取得的合规文件	《运输机场运行安全管理规定》	部门规章现行有效	第一百五十九条 在机场净空保护区域内，机场管理机构应当采取措施，防止下列影响飞行安全的行为发生： (二) 修建靶场、爆炸物仓库等影响飞行安全的建筑物或者设施； 第一百六十五条 任何建筑物、构筑物经空中交通管理部门研究认为对航空器活动地区、内水平面或锥形面范围内的航空器的运行有危害时，应当被视为障碍物，并应当尽可能地予以拆除。
24		机场安全环境保护意见 《民用机场管理条例》	行政法规现行有效	第四十七条 县级以上地方人民政府审批民用机场净空保护区域内的建设项目，应当书面征求民用机场所在地地区民用航空管理机构的意见。 第四十九条 禁止在民用机场净空保护区域内从事下列活动： (三) 设置影响民用机场目视助航设施使用或者飞行员视线的灯光、标志或者物体； 第五十条 在民用机场净空保护区域外从事本条例第四十九条所列活动的，不得影响民用机场净空保护。
25		《中华人民共和国军事设施保护法》	法律现行有效	第二十九条 在军用机场净空保护区域内，禁止修建超出机场净空标准的建筑物、构筑物或者其他设施，不得从事影响飞行安全和机场助航设施使用效能的活动。

223

续表

序号	流程	文件名称	法律适用	法律依据
26	项目开工前应取得的合规文件	《军事设施保护法实施办法》	行政法规现行有效	第二十条 在军用机场净空保护区域内，禁止修建超出机场净空标准的建筑物、构筑物或者其他设施。 第二十三条 在军用机场净空保护区域内建设高大建筑物、构筑物或者其他设施的，建设单位必须在申请立项前书面征求军用机场管理单位的军级以上主管军事机关的意见；未征求军事机关意见或者建设项目设计高度超过军用机场净空保护标准的，国务院有关部门、地方人民政府有关部门不予办理建设许可手续。 第四十八条 违反本办法第二十条、第二十五条的规定，在军用机场净空保护区域内修建超出军用机场净空保护标准的建筑物、构筑物或者其他设施的，由城市规划行政主管部门责令限期拆除超高部分。
27		《中华人民共和国海上交通安全法》	法律现行有效	第四十八条 在中华人民共和国管辖海域内进行施工作业，应当经海事管理机构许可，并核定相应安全作业区。取得海上施工作业许可，应当符合下列条件： （一）施工作业的单位、人员、船舶、设施符合安全航行、停泊、作业的要求； （二）有施工作业方案； （三）有符合海上交通安全和防治船舶污染海洋环境要求的保障措施、应急预案和责任制度。
28	水上水下作业和活动通航许可	《水上水下作业和活动通航安全管理规定》	部门规章现行有效	第五条 在管辖海域内进行下列施工作业，应当经海事管理机构许可，并核定相应安全作业区： （二）构筑、维修、拆除水上水下构筑物或者设施； 第九条 建设单位、主办单位或者施工单位应当根据作业或者活动的范围、气象、海况和通航环境等因素，综合分析水上交通安全和船舶污染水域环境的风险，科学合理编制作业或者活动方案、保障措施方案和应急预案。 第十三条 许可证的有效期由海事管理机构根据作业或者活动的期限及水域环境的特点确定。许可证有效期届满不能结束水上水下作业或者活动的，建设单位、主办单位或者施工单位应当于许可证有效期届满 5 个工作日前向海事管理机构申请办理延续手续，提交延续申请书和相关说明材料，由海事管理机构在原许可证上

续表

序号	流程	文件名称	法律适用	法律依据
29	项目开工前应取得的合规文件	海底电缆路由勘测审批	《铺设海底电缆管道管理规定》	行政法规现行有效	签注延续期限后方能继续从事相应作业或者活动。许可证有效期最长不得超过3年。 第五条 海底电缆、管道所有者（以下简称所有者），须在为铺设所进行的路由调查、勘测实施六十天前，向主管机关提出书面申请。 第六条 海底电缆、管道路由调查、勘测完成后，所有者应当在计划铺设施工六十天前，将最后确定的海底电缆、管道路由报主管机关审批。 第七条 铺设施工完毕后，所有者应当将海底电缆、管道的路线图、位置表等说明资料报送主管机关备案，并抄送港监机关。 第八条 海底电缆、管道的铺设和为铺设所进行的路由调查、勘测活动，不得在获准作业区域以外的海域作业，也不得在获准区域内进行未经批准的作业。 第九条 获准施工的海底电缆、管道在施工前或施工中如需变动，所有者应当及时向主管机关报告。如该项变动重大，主管机关可采取相应措施，直至责令其停止施工。
30			《国家海洋局关于取消海底电缆管道铺设施工许可证的公告》	部门规范性文件现行有效	国家海洋局及所属北海、东海、南海分局负责审批的海底电缆管道铺设施工事项，经批准后，仅下达海底电缆管道铺设施工批复文件，不再发放海底电缆管道铺设施工许可证，海上作业者持批复文件开展铺设施工作业。
31			《自然资源部关于积极做好用地用海要素保障的通知》	部门规范性文件2023年6月13日失效	22.优化海底电缆管道铺设施工和项目用海审批程序。报国务院审批的海底电缆管道项目，海底电缆管道铺设施工申请，可与项目用海申请一并提交审查。路由调查勘测申请审批仍按原规定执行。

附录6 抽水蓄能项目开发流程法律依据

序号	流程		文件名称	法律适用	法律依据
1	项目核准		《政府核准的投资项目目录（2016年本）》	国务院规范性文件现行有效	二、能源 ……抽水蓄能电站：由省级政府按照国家制定的相关规划核准。
2	选点规划		《国家发展和改革委员会关于促进抽水蓄能电站健康有序发展有关问题的意见》	部门规范性文件现行有效	三、加强规划工作 （二）做好选点规划。根据抽水蓄能电站特点，国家能源主管部门统一组织开展选点规划工作，统筹考虑区域电网调峰资源、系统需要和站址资源条件，分析研究抽水蓄能电站建设规模和布局，合理确定推荐站点、建设时序和服务范围，将选点规划作为各地抽水蓄能电站规划建设的基本依据。结合电力系统发展需要，对已完成选点规划的地区适时进行滚动调整，对尚未开展选点规划的地区适时启动规划工作。
3	移民安置		《大中型水利水电工程建设征地补偿和移民安置条例》	行政法规现行有效	第六条 已经成立项目法人的大中型水利水电工程，由项目法人编制移民安置规划大纲，按照审批权限报省、自治区、直辖市人民政府或者国务院移民管理机构审批；省、自治区、直辖市人民政府或者国务院移民管理机构在审批前应当征求移民区和移民安置区县级以上地方人民政府的意见。 第十五条 ……未编制移民安置规划或者移民安置规划未经审核的大中型水利水电工程建设项目，有关部门不得批准或者核准其建设，不得为其办理用地等有关手续。
4	项目开工前应取得的文件	用地预审	《建设项目用地预审管理办法》	部门规章现行有效	第四条 建设项目用地实行分级预审。 需人民政府或有批准权的人民政府发展和改革等部门审批的建设项目，由该人民政府的国土资源主管部门预审。 需核准和备案的建设项目，由与核准、备案机关同级的国土资源主管部门预审。 第五条 ……需备案的建设项目在办理备案手续后，由建设单位提出用地预审申请。
5		用地审批	《建设用地审查报批管理办法》	部门规章现行有效	第四条 在建设项目审批、核准、备案阶段，建设单位应当向建设项目批准机关的同级国土资源主管部门提出建设项目用地预审申请。 受理预审申请的国土资源主管部门应当依据土地利用总体规划、土地使用标准和国家土地供应政策，对建设项目的有关事项进行预审，出具建设项目用地预审意见。

附　录

续表

序号	流程	文件名称	法律适用	法律依据
6	环境影响评价备案	《建设项目环境影响评价分类管理名录（2021年版）》	部门规章现行有效	抽水蓄能项目不在该名录内，因此需要根据各地环境保护主管部门意见确定是否需要办理环评。实务中，已有部分地区要求抽水蓄能项目办理环评。
		《中华人民共和国环境影响评价法》	法律现行有效	第二十二条　建设项目的环境影响报告书、报告表，由建设单位按照国务院的规定报有审批权的生态环境主管部门审批。……国家对环境影响登记表实行备案管理。
		《建设项目环境影响登记表备案管理办法》	部门规章现行有效	第七条　建设项目环境影响登记表备案采用网上备案方式。对国家规定需要保密的建设项目，建设项目环境影响登记表备案采用纸质备案方式。 第九条　建设单位应当在建设项目建成并投入生产运营前，登录网上备案系统，在网上备案系统注册真实信息，在线填报并提交建设项目环境影响登记表。
7	开工建设需取得的文件	建设用地规划许可证	《中华人民共和国城乡规划法》	法律现行有效	第三十八条　以出让方式取得国有土地使用权的建设项目，建设单位在取得建设项目的批准、核准、备案文件和签订国有土地使用权出让合同后，向城市、县人民政府城乡规划主管部门领取建设用地规划许可证。
8		建设工程规划许可证	《中华人民共和国城乡规划法》	法律现行有效	第四十条　在城市、镇规划区内进行建筑物、构筑物、道路、管线和其他工程建设的，建设单位或者个人应当向城市、县人民政府城乡规划主管部门或者省、自治区、直辖市人民政府确定的镇人民政府申请办理建设工程规划许可证。
9		建筑工程施工许可证	《中华人民共和国建筑法》	法律现行有效	第七条　建筑工程开工前，建设单位应当按照国家有关规定向工程所在地县级以上人民政府建设行政主管部门申请领取施工许可证；但是，国务院建设行政主管部门确定的限额以下的小型工程除外。
10	项目招标	《中华人民共和国招标投标法》	法律现行有效	第三条　在中华人民共和国境内进行下列工程建设项目包括项目的勘察、设计、施工、监理以及与工程建设有关的重要设备、材料等的采购，必须进行招标： （一）大型基础设施、公用事业等关系社会公共利益、公众安全的项目； （二）全部或者部分使用国有资金投资或者国家融资的项目； （三）使用国际组织或者外国政府贷款、援助资金的项目。 第四十九条　违反本法规定，必须进行招标的项目而不招标

227

续表

序号	流程	文件名称	法律适用	法律依据
10	项目验收			的,将必须进行招标的项目化整为零或者以其他任何方式规避招标的,责令限期改正,可以处项目合同金额千分之五以上千分之十以下的罚款;对全部或者部分使用国有资金的项目,可以暂停项目执行或者暂停资金拨付;对单位直接负责的主管人员和其他直接责任人员依法给予处分。
		《必须招标的基础设施和公用事业项目范围规定》	部门规范性文件现效	第二条 不属于《必须招标的工程项目规定》第二条、第三条规定情形的大型基础设施、公用事业等关系社会公共利益、公众安全的项目,必须招标的具体范围包括: (一)煤炭、石油、天然气、电力、新能源等能源基础设施项目;
	并网验收	《电网调度管理条例实施办法》	部门规章现行有效	第三十条 需并网运行的发电厂、机组、变电站或者电网,在与有关电网管理部门签订并网协议之前,应当提出并网申请,由有关电网管理部门审查其是否符合并网运行的条例。
	工程规划核验	《建设工程质量管理条例》	行政法规现行有效	第十六条 建设单位收到建设工程竣工报告后,应当组织设计、施工、工程监理等有关单位进行竣工验收。
	消防验收	《中华人民共和国消防法》	法律现行有效	第十三条 国务院住房和城乡建设主管部门规定应当申请消防验收的建设工程竣工,建设单位应向住房和城乡建设主管部门申请消防验收。 前款规定以外的其他建设工程,建设单位在验收后应当报住房和城乡建设主管部门备案,住房和城乡建设主管部门应当进行抽查。 依法应当进行消防验收的建设工程,未经消防验收或者消防验收不合格的,禁止投入使用;其他建设工程经依法抽查不合格的,应当停止使用。
		《建设工程消防设计审查验收管理暂行规定》	部门规章现行有效	第三十六条 其他建设工程竣工验收合格之日起五个工作日内,建设单位应当报消防设计审查验收主管部门备案。 建设单位办理备案,应当提交下列材料: (一)消防验收备案表; (二)工程竣工验收报告; (三)涉及消防的建设工程竣工图纸。

附录7 新型储能项目开发流程法律依据

序号	流程		文件名称	法律适用	法律依据
1	项目备案		《新型储能项目管理规范（暂行）》	部门规范性文件现行有效	第八条 地方能源主管部门依据投资有关法律、法规及配套制度对本地区新型储能项目实行备案管理并将项目备案情况抄送国家能源局派出机构。
2	项目开工前应取得的文件	用地预审	《建设项目用地预审管理办法》	部门规章现行有效	第四条 建设项目用地实行分级预审。 需人民政府或有批准权的人民政府发展和改革等部门审批的建设项目，由该人民政府的国土资源主管部门预审。 需核准和备案的建设项目，由与核准、备案机关同级的国土资源主管部门预审。 第五条 ……需备案的建设项目在办理备案手续后，由建设单位提出用地预审申请。
3		用地审批	《建设用地审查报批管理办法》	部门规章现行有效	第四条 在建设项目审批、核准、备案阶段，建设单位应当向建设项目批准机关的同级国土资源主管部门提出建设项目用地预审申请。 受理预审申请的国土资源主管部门应当依据土地利用总体规划、土地使用标准和国家土地供应政策，对建设项目的有关事项进行预审，出具建设项目用地预审意见。
4	电网接入意见		《新型储能项目管理规范（暂行）》	部门规范性文件现行有效	第十七条 电网企业应公平无歧视为新型储能项目提供电网接入服务。电网企业应按照积极服务、简捷高效的原则，建立和完善新型储能项目接网程序，向已经备案的新型储能项目提供接网服务。
5	环境影响评价备案		《建设项目环境影响评价分类管理名录（2021年版）》	部门规章现行有效	新型储能项目不在该名录内，因此需要根据各地环境保护主管部门意见确定是否需要办理环评。实务中，已有部分地区要求新型储能项目办理环评。

续表

序号	流程	文件名称	法律适用	法律依据
5	环境影响评价备案	《中华人民共和国环境影响评价法》	法律现行有效	第二十二条 建设项目的环境影响报告书、报告表，由建设单位按照国务院的规定报有审批权的生态环境主管部门审批。……国家对环境影响登记表实行备案管理。
		《建设项目环境影响登记表备案管理办法》	部门规章现行有效	第七条 建设项目环境影响登记表备案采用网上备案方式。对国家规定需要保密的建设项目，建设项目环境影响登记表备案采用纸质备案方式。 第九条 建设单位应当在建设项目建成并投入生产运营前，登录网上备案系统，在网上备案系统注册真实信息，在线填报并提交建设项目环境影响登记表。
6	开工建设需取得的文件	建设用地规划许可证	《中华人民共和国城乡规划法》	法律现行有效	第三十八条 以出让方式取得国有土地使用权的建设项目，建设单位在取得建设项目的批准、核准、备案文件和签订国有土地使用权出让合同后，向城市、县人民政府城乡规划主管部门领取建设用地规划许可证。
7		建设工程规划许可证	《中华人民共和国城乡规划法》	法律现行有效	第四十条 在城市、镇规划区内进行建筑物、构筑物、道路、管线和其他工程建设的，建设单位或者个人应当向城市、县人民政府城乡规划主管部门或者省、自治区、直辖市人民政府确定的镇人民政府申请办理建设工程规划许可证。
8		建筑工程施工许可证	《中华人民共和国建筑法》	法律现行有效	第七条 建筑工程开工前，建设单位应当按照国家有关规定向工程所在地县级以上人民政府建设行政主管部门申请领取施工许可证；但是，国务院建设行政主管部门确定的限额以下的小型工程除外。
9	项目招标	《中华人民共和国招标投标法》	法律现行有效	第三条 在中华人民共和国境内进行下列工程建设项目包括项目的勘察、设计、施工、监理以及与工程建设有关的重要设备、材料等的采购，必须进行招标： （一）大型基础设施、公用事业等关系社会公共利益、公众安全的项目； （二）全部或者部分使用国有资金投资或者国家融资的项目； （三）使用国际组织或者外国政府贷款、援助资金的项目。 第四十九条 违反本法规定，必须进行招标的项目而不招标的，将必须进行招标的项目化整为零或者以其他任何方式规避招标的，责令限期改正，可以处项目合同金额千分之五以上千分之十以下的罚款；对全部或者部分使用国有资金的项目，可以暂停项目执行或者暂停资金拨付；对单位直接负责的主管人员和其他直接责任人员依法给予处分。

续表

序号	流程	文件名称	法律适用	法律依据
		《必须招标的基础设施和公用事业项目范围规定》	部门规范性文件现行有效	第二条 不属于《必须招标的工程项目规定》第二条、第三条规定情形的大型基础设施、公用事业等关系社会公共利益、公众安全的项目，必须招标的具体范围包括： （一）煤炭、石油、天然气、电力、新能源等能源基础设施项目； ……
10	竣工验收	《新型储能项目管理规范（暂行）》	部门规范性文件现行有效	第十八条 新型储能项目在并网调试前，应按照国家质量、环境、消防有关规定，完成相关手续。电网企业应按有关标准和规范要求，明确并网调试和验收流程，积极配合开展新型储能项目的并网调试和验收工作。
	并网验收	《电网调度管理条例实施办法》	部门规章现行有效	第三十条 需并网运行的发电厂、机组、变电站或者电网，在与有关电网管理部门签订并网协议之前，应当提出并网申请，由有关电网管理部门审查其是否符合并网运行的条例。
	工程规划核验	《建设工程质量管理条例》	行政法规现行有效	第十六条 建设单位收到建设工程竣工报告后，应当组织设计、施工、工程监理等有关单位进行竣工验收。
	消防验收	《中华人民共和国消防法》	法律现行有效	第十三条 国务院住房和城乡建设主管部门规定应当申请消防验收的建设工程竣工，建设单位应当向住房和城乡建设主管部门申请消防验收。 前款规定以外的其他建设工程，建设单位在验收后应当报住房和城乡建设主管部门备案，住房和城乡建设主管部门应当进行抽查。 依法应当进行消防验收的建设工程，未经消防验收或者消防验收不合格的，禁止投入使用；其他建设工程经依法抽查不合格的，应当停止使用。
		《建设工程消防设计审查验收管理暂行规定》	部门规章现行有效	第三十六条 其他建设工程竣工验收合格之日起五个工作日内，建设单位应当报消防设计审查验收主管部门备案。建设单位办理备案，应当提交下列材料： （一）消防验收备案表；（二）工程竣工验收报告；（三）涉及消防的建设工程竣工图纸。